以实干之姿 勇毅前行

国家能源集团“好故事”
优 秀 作 品 选 集

◎本书编写组

应 急 管 理 出 版 社
· 北 京 ·

U0845680

图书在版编目（CIP）数据

以实干之姿勇毅前行：国家能源集团“好故事”优秀作品选集 / 本书编写组编. -- 北京：应急管理出版社，2023

ISBN 978-7-5020-9663-2

Ⅰ. ①以… Ⅱ. ①本… Ⅲ. ①能源工业—企业集团—精神文明建设—先进事迹—中国 Ⅳ. ①D648

中国版本图书馆 CIP 数据核字(2022)第 215382 号

以实干之姿勇毅前行

——国家能源集团“好故事”优秀作品选集

编　　者　本书编写组
责任编辑　成联君　杨晓艳
责任校对　张艳蕾
封面设计　楚红兵

出版发行　应急管理出版社（北京市朝阳区芍药居 35 号　100029）
电　　话　010-84657898（总编室）　010-84657880（读者服务部）
网　　址　www. cciph. com. cn
印　　刷　北京盛通印刷股份有限公司
经　　销　全国新华书店

开　　本　710mm×1000mm 1/16　**印张**　22 1/4　**字数**　345 千字
版　　次　2023 年 3 月第 1 版　2023 年 3 月第 1 次印刷
社内编号　20221519　**定价**　98.00 元

国家能源集团“好故事”优秀作品选集
编写组成员

主　任　王　敏

成　员　张兴冠　张长岩　孙　琰　杨永红

张熙霖　刘艳领　张　霞　邵　程

茅干辰　张晶洁

序

岁月年轮，铭刻着我们勇毅笃行的追梦足迹；五年光阴，绘就了集团改革发展的壮丽画卷。作为党的十九大之后重组成立的第一家中央企业，国家能源集团以习近平新时代中国特色社会主义思想为指引，深入践行“社会主义是干出来的”伟大号召，完整准确全面贯彻新发展理念，落实“四个革命、一个合作”能源安全新战略，深入推进“一个目标、三型五化、七个一流”发展战略，坚定践行能源基石、转型主力、经济标兵、创新先锋、改革中坚、党建示范“六个担当”，努力创建具有全球竞争力的世界一流示范企业，集团公司改革发展和党的建设各项工作取得丰硕成果。

全体国能人在集团党组的带领下，建功新时代、奋进新征程，在国家能源集团这个广阔而厚重的舞台上施展才华、追逐梦想。他们有的奋战矿井一线，用实干勇担能源供应重任；有的征战海上风电，用青春智慧奉献绿色低碳清洁能源；有的致力煤电大事，勇攀煤炭清洁高效利用技术高峰；有的扎根铁路沿线，用精湛技艺保障万吨重载安全驰行。一个个鲜活的故事、一个个生动的场景、一个个感人的事迹，内蕴着“实干、奉献、创新、争先”的企业精神，彰显着国能人踔厉奋发、勇毅前行的昂扬姿态，书写着集团公司高质量发展的新时代答卷。

集团公司在全系统开展的国家能源集团“好故事”优秀作品评选活动，深入挖掘一线题材，创意表达、艺术呈现，涌现出一大批体现企业精神文明、展示员工实干风采、展现企业发展成就的优秀作品。本书精选收录的 50 篇好故事，既是广大干部职工工作生活的现实写照，也是集团公司红色基因和企业文化的生动诠释。这些故事，每天都在发生，时刻激励着我们不断前行。

成就催人奋进，奋斗未有穷期。让我们紧密团结在以习近平同志为核心的党中央周围，不忘初心、牢记使命，撸起袖子加油干，奋勇争先启新程，向着中国式现代化的美好前景，在新时代发展道路上团结奋进，在世界一流企业建设中担当作为，干出一番经得起检验的辉煌业绩，推动国家能源集团这艘“能源巨轮”乘风破浪、扬帆远航。

祝福国能，也期待着一篇又一篇的好故事、新故事。

2023 年 3 月 16 日

目　录

Part 1　实　干

温暖这个寒冬 / 惠小和　潘锡涛　马俊虎……3
风雪夜的生命接力 / 岳婷婷　范毓蓉……11
“痴”人追梦 / 马俊虎……15
守得云开见月明 / 陈　虎……21
疫情隔不断中巴友谊路 / 赵庆云……29
奋进“春天里” / 邹春蕾　刘恺伦……35
96 小时合力化解“燃煤之急” / 金玉子……41
井上井下 / 牛　硕……48
云中的秘密 / 罗　玮……59
浑身铁锈的男人 / 史　记……64
十三小时夜未眠　激战强风保供电 / 孙睦涵……69
耕耘不辍的犁铧 / 邱凤臣……74
“黑大爷” / 雍居杰……82

Part 2　奉　献

生命的颜色 / 裴建国……89

一坝连起三代人 / 王　艳 97
火种 / 周　玮　李星辰 102
白鹤的故事 / 任少华 111
我们永远记得他 / 陆　烨 119
温柔了岁月　美好了人间 / 苏彦鹏 125
南非高原上的“骆驼人” / 姚　亮 131
聚“星”成“火”绽光芒 / 莫　冰 137
扶上马　送一程 / 刘春艳　蒋亦宸 142
白杨礼赞 / 王小燕 149
“鱼鸟天堂”的幸福歌 / 莫　冰　张　楫 155
此生无悔入煤海　一片赤诚换真情 / 陈　垚 160
植此青绿 / 曹　鹏 166
再见！美丽东谷河 / 杨守丽 172
深山峡谷写青春 / 刘春丽 176

Part 3　创　新

一块煤的新征程 / 李明月　侯艳波　张术娟　丛丽兵 183
从水火模式向多元赋能的“嬗变”之路 / 胡本帅　郭　颖 191
“智”赢未来 / 张　楫　马生福 201
沧海月明　风正帆悬 / 吴威威　高腾腾 208
“大块头”有大智慧 / 赵月明 216
从技术跟随到技术引领 / 冯　青 224

奋进新能源　激活发展路 / 田利波　杨伟俊 231
放歌，在“烯望”的田野上 / 赵　鹏 238

Part 4　争　先

驭风而来　乘风而上 / 韩召维　王　菁 245
舞动的工业芭蕾 / 李媛媛 252
过断层 / 李振友 259
二十载坚守　终将“水患”变“水利” / 曹志国 266
一江清水向东流 / 邵　玮　窦　斌 271
凤凰涅槃　浴火重生 / 莫　冰 278
攀登，向上而行 / 武舒楠　王博文　戴雨露　张　泽 287
逐梦深蓝 / 曹友欣 299
初心不改　“青山”不老 / 陆　烨 306
赶考之路 / 李晓辉　李红英 314
传承一种力量　闪光一种精神 / 樊照玲 319
“走上梁山”的故事 / 张志远 326
萤烛微光曾辉日月 / 刘　慧 333
守护绿水青山　争做“双碳”践行者 / 冯海波 339

国家能源集团“好故事”
优 秀 作 品 选 集

实干

PART 1

Part 1 | 第一篇

温暖这个寒冬

惠小和　潘锡涛　马俊虎

神东煤炭　煤炭经营分公司　宁夏煤业

2021 年 9 月下旬开始，一场毫无征兆的限电潮席卷了我国多个地区。几个月来，从华东到华北，再到华南、东北，20 多个省（区、市）出现了限电或出台了有序用电措施，对工业生产、群众生活等社会方方面面产生了不同程度的影响。

1990 年之前出生的人，大多对停电有着遥远的记忆，不少人都曾在蜡烛或者煤油灯摇曳的火光中读过书写过字，还依稀记得空气中飘荡的蜡烛烟气和头发被烧焦的味道。现在，各种各样的电器早已占据并彻底改变了我们的生活，一旦停电，面对的就是极度的不方便和严重的不适应，甚至可能出现各种危急的情况。

9 月底的东北，不少地区已经提前入冬，但距离开始供暖还有一段时间，沈阳、大连、伊春……多地出现断电，时长从一两个小时到一两天。蜡烛早已脱销，家家户户都几十几百根地囤货，频繁的断电也让电热毯、电暖器、空调这些应急的保暖设备成为摆设。网上报道的事情越来越多，有住在 20 层的孕妇因电梯停运只能艰难爬楼，有城市信号灯停电导致交通严重瘫痪……随着屋子里的温度一点一点下降，不少人开始心急了。

9 月 26 日，“东北限电”词条登上微博热搜，一石激起千层浪，所有人都在问，东北发生了什么？据第一财经报道，近期电力供应持续紧张，不能满足用电增长的需求，缺口特别巨大。为了保障供电安全，吉林、辽宁两省对部分地区的居民用电等采取了较严格的拉闸限电。

事实上，这场席卷全国的限电背后，有着更为复杂的原因。最直接的是，常态化疫情防控后，工业生产快速恢复，用电量迅速攀升，冬季取暖需求进一步拉升了煤炭需求。与此同时，煤炭先进产能释放没能够跟上市场需求变化，很多地方由于对碳达峰碳中和的片面理解，“一刀切”式地去煤，煤炭供不应求，电厂买煤困难，价格不断升高，形成了越发越亏的恶性循环。

冬天越来越近，燃煤和供电需求持续上升，不少电厂煤炭库存低于警戒水平，漫漫长冬如何保障民生和工业生产用煤，已经成为迫在眉睫的问题。

解燃“煤”之急

关键时刻，国家出手了。

党中央、国务院高度重视供暖季能源保供工作，作出了系统部署和安排。国家发展改革委、国家能源局多次召集相关企业开会，要求坚持以人民为中心，多措并举加强供需调节，采取多种措施，确保能源稳定供应，确保居民用能安全。国务院国资委几度召开会议对能源央企做好电力热力保供工作进行统筹协调。集中力量办大事，国家的体制优势再一次彰显，一系列的安排，打消了人们的顾虑，回应了社会的关切，神州大地上，一场能源保供大战由此打响，这个寒冷的冬季，绝不能再有人因煤电短缺而忍受严寒之苦。

保供最根本的就是增加煤炭电力生产。作为我国一次能源和二次能源供应最大的企业，国家能源集团责无旁贷地挑起能源保供的大梁。集团公司第一时间成立能源保供工作领导小组，建立保供制度，每周召开能源保供工作会议；针对保供重中之重的东北地区，又成立了东北保供工作专班，坚决守住能源保供底线，发挥能源供应稳定器和压舱石作用，全力保障民生用能安全。

国家能源集团神东煤炭基地是我国首个两亿吨煤炭生产基地，这里13座矿井、28支采煤队、11个选煤厂、24个装车站蓄势待发、全线出击。保供任务下达后，神东对过去6个月的所有数据进行核对汇总分析，对生产和辅助单位进行全面盘点，不漏过一个细节，随后立下增产700万吨的军令状，精密组织每一个煤矿、区队、班组的生产，优化每一个洗选环节、装车站的外运。神东三万名员工攒足了精神，铆足了干劲，决心多出煤、出好煤、快运煤。为了保证增产数量，各区队制定了非常详细的考核激励标准，以班保日、日保周、周保月、月保季的原则组织生产，最大限度地释放产能。

11月13日，大柳塔选煤厂装车站装车员周晓玲紧盯屏幕数据，看着当班第四列火车缓缓移动，娴熟地操作着每一个按钮，“轰隆”声响起，滚滚乌金顺着溜槽均匀地落入车厢，一节接一节，随着当天最后一节装完，运煤专列驶出。这一天，神东刷新了近三年来单日外运139列的纪录，周晓玲也创造了一个班装车三列半的新纪录。

神东上湾煤矿综采一队同时负责一个采煤工作面贯通和另一个大采高工作面安装任务。12 月底的一天，队长段伟在检查时发现，工作场所一个二十多斤重的大钢销突然断裂，掉进半米深的泥浆里。在做好安全防护后，他毫不犹豫走进泥浆弯下身子，经过十几分钟的“盲人穿针”，大钢销终于完美归位，而全身裹满煤泥的他，被冻得瑟瑟发抖。在保供的这段时间里，段伟两个多月没有回家，常常在井下微弱的光线中盯着防爆手机处理区队各类业务，视力急速下降二百多度。在他的带领下，全队员工停休，不讲条件，全力以赴，月推进 377 米，创综采月度最高推进纪录。

春节就要到了，为了保质保量完成春节期间的煤炭生产任务，神东矿工们放弃了阖家团圆的机会，驻守在幽深的巷道里、隆隆的轰鸣声中。神东补连塔煤矿综采一队队长康国彪已经连续三个春节没有回家了，也说不清楚保供开始后自己连续上了多少天班。“上一次我休班一天回家时，女儿还没有放寒假。听爱人说，她看见我在家睡着，围着我的床转来转去都不想去上学。”康国彪提起女儿时，眼睛有点湿润。可是这个春节有所不同，让他没想到的是，除夕之夜《新闻联播》的镜头里，他在热火朝天的采煤现场，能有机会代表国家能源集团郑重承诺，一定会保质保量完成春节期间的煤炭生产任务。

煤炭生产出来，需要以最快速度运到需要的地方。海拔 1533 米的山西神池南站是国家能源集团运煤的交通枢纽，这里有 42 条股道，占地面积达 4.2 平方千米，是中国乃至亚洲最长的一级两场横列式两万吨重载列车编组站，这里连接包神、新朔、朔黄、大秦 4 条运输线，日均接发万吨、1.6 万吨和 2 万吨重载列车 110 趟，输送煤炭百万吨以上。

11 月 6 日，寒风肆虐，气温骤降，一场强降雪来袭，让神池南站原本就紧张的保供工作面临前所未有的考验。为最大限度地保障风雪天气站场道岔设备的正常运转，将风雪对运输秩序造成的影响降到最低，神池南站负责人李林贵傍晚 5 点在行车室开始组织除雪动员：“今晚我们所有在岗人员全部上线，立马分 10 个组 6 小时轮班制清扫积雪”。面对超过 25 厘米厚的积雪，顶着 8 级寒风，神池南站区和 15 家驻站单位组成千人扫雪突击队扑进茫茫雪夜。风雪不止，人员不撤，值班员每隔 12 小时换一次班，确保了 42 条股道、445 组道岔丝毫未受恶劣天气影响，全部正常运行。

截至 2021 年 12 月，国家能源集团商品煤资源量累计完成 6.7 亿吨，同比增长 7%，下水煤占北方港口总量的约 40%；发电量完成 10380 亿千瓦时，其中火电发电量 8674 亿千瓦时，同比增长 16%，约占全国火电发电量的 18%，用实际行动兑现了能源保供的承诺。

东北的“暖”冬

神东哈拉沟煤矿综采二队检修工牛盛名，是 2021 年刚参加工作的研究生。他年前买好特产，计划着回哈尔滨老家过团圆年。但看着全公司都处在保供的紧张状态，他将特产发了快递，选择就地过年。除夕那天，他跟着班长和其他同事，从早上 8 点连续干到晚上 7 点，吃年夜饭的时候，他跟父母视频通话的第一句问候是：“爸，咱家暖不暖？”“暖的啊，今年的暖气不错。”牛爸爸高兴地回答。

此时的哈尔滨室外零下二十多摄氏度，戴着帽子口罩围脖全副武装出去走一圈，裸露在外的皮肤也会被冻得生疼，眼睫毛上很快就结起了冰。哈尔滨是著名的冰城，冬季漫长寒冷，暖气暖不暖直接关系到居民的生活质量。牛爸爸知道，今年的温暖里有儿子的一份努力。

在哈尔滨，国家能源集团哈尔滨热电厂负责主城区平房区共 1615 万平方米的供热面积，占到该区的 90% 以上，哈尔滨市供热期长达 183 天，哈热供热每年要提前 20 天试运行，推迟 10 天结束供暖，实际供热时间超过半年。

12 月的一个傍晚，老旧小区一个住户打电话反映屋里不热，哈热热力分公司供热运维二站班长陈增春带人上门测温，发现暖气片很热，室内温度却不高。原因是楼房老旧，保温性能差，窗户还漏风。解决这种问题本来并非供热单位的职责，可陈增春还是放心不下，带着工友们用塑料布把窗户封上，直到温度一点一点升上来，才放心离开。哈热直供的供热区域中，有四分之一是类似这样的老旧小区，为了让居民家里暖和起来，哈热热力分公司想尽各种办法进行管网改造，同时通过技术手段降低能耗和生产成本。政府规定供热季室内温度需达到 18 摄氏度。哈热供热负责的区域内居住的老年人多，公司将供暖标准保持在 20 摄氏度以上，哈热供热在当地老百姓心里早已跟温暖画上了等号。几年下来，居民和客户送来的锦旗，会议室里都挂不下，只能摞在一起。

同一天，1200 多千米外，傍晚 5 点，“东北地区煤炭保供船舶‘新祥志’轮计划来津装船，煤种‘保供 5000’，预计明日抵锚，请协助尽快装船”的调度指令传到国能销售集团天津分公司调运协调部王宇飞手上。煤炭经营分公司（国能销售集团）肩负着全国约 1/8 的电煤供应，组织煤源、运力的速度决定着保供任务的推进速度。这是一场与时间的赛跑。接到指令后，王宇飞立即行动，迅速联系船代公司和港务公司，安排临时进港的泊位及时间。随后，他马不停蹄赶到业务大厅，以最快的速度办理完报港手续。

此时，“神华 526”轮正在自营码头进行装船作业，只有确保“神华 526”按时离港，“新祥志”轮才能按计划停靠。中控员柳伟每隔一小时与港务公司督促加快作业进度，正在码头现场值班室的货调员焦勇临时将夜班到港的“保供 5000”煤炭调卸至便于单独取料装船的场地，为高效装船做好准备。经过紧张的作业，4 时 51 分“神华 526”轮装船完毕，6 时 30 分离港，确保了保供船“新祥志”轮的泊位。8 时 23 分，“新祥志”轮顺利靠泊；10 时，伴随着取料机的轰鸣声，一块块黑亮的乌金经装船机平稳又快速地投放至“新祥志”轮的货舱中。一小时后

“新祥志”轮装船完毕，满载煤炭的货轮，带着国家能源集团的情谊驶向东北！保供以来，“新祥志”轮港口作业停时较 10 月船舶在港平均停时缩短了 22 小时，大大加速了煤炭转运时效。

从煤炭采掘，到变成电力热力进入千家万户，一个环节紧扣下一个环节，一场接力接着下一场接力，国家能源集团全面发挥矿电路港航一体化优势，筑牢了整个保供产业链的安全防线。

尾 声

2021 年的寒冬已经过去，国家能源集团圆满完成了保供任务，守住了这个冬天的温暖，守住了千家万户的其乐融融。这里有一个个建在矿井下、大洋上、车站场的党支部，鲜红的党旗在保供一线高高飘扬。这里有一个个充满爱和热情的国家能源人，舍小家为大家，奋斗在火热生产一线。因为他们，这个冬天不再寒冷。

2022 年 5 月 11 日，国务院常务会议召开，会议对确保能源供应作出部署。会议要求要优化政策，安全有序释放先进煤炭产能，决不允许出现拉闸限电。

限电，将再次成为人们的记忆。感谢能源人，感谢每一位在漫漫寒冬里守护万家灯火的人。

Part 1 | 第二篇

风雪夜的生命接力

岳婷婷 范毓蓉

国家能源集团国华能源投资有限公司

“有 7 名人员被困在了距离你们风电场 3.5 千米处的雪地里，其中有 2 名是去救援的民警同志，拜托你们迅速出动专业设备前去救援！”2021 年 1 月 22 日晚 11 点 30 分左右，伴随着急促的电话铃声，国家能源集团国华投资新疆玛依塔斯风电场接到玛依塔斯喇嘛昭乡派出所打来的求救电话。

他们所在的这个区域，位于新疆塔城地区额敏县喇嘛昭乡西南部，距离哈萨克斯坦仅 100 多千米，是塔额盆地与准噶尔盆地东西交流的“咽喉要道”，是我国著名的玛依塔斯风区。这里东西风交替频繁，一年大风天数超过 150 天，冬季的“白毛风”司空见惯，积雪厚度曾达 8 米，属于世界罕见的暴风雪灾害地段，大风吹翻汽车都是平常的事。

接到电话后，风电站立即启动应急预案，研究部署救援任务。当时，瞬间风速达 41.6 米 / 秒（14 级），气温将近零下 30 摄氏度，能见度不足 1 米。刚准备休息的郑鹏主动请缨：“我熟悉风电场周边地形，让我去吧。”他带领 2 名员工开着铲车、皮卡冲进了风雪中。深夜、暴雪、飓风，积雪最厚处达到 3 米，目之所及只有被车灯照亮的肆意狂舞的雪片。

虽然风电场距离国道只有 500 米，但他们艰难前行了 1 个小时仍没找到通往国道的路，车窗上都附满了冰花。“这样不行，我下去在前面带路，你们开车跟在后面。”郑鹏拿着手电筒，冒着肆意横行的暴风雪，在没过膝盖的积雪里带领铲车和皮卡缓慢前行。飓风随时都能把人吹倒，郑鹏使出了浑身力气稳住身体，连爬带走艰难前行，暴雪狠狠地打在脸上和身上，像刀割一样，他的脸和手脚很快被冻麻木了，但他丝毫顾不上理会几乎要将人埋没的暴风雪。“人命大过天，我们必须尽快找到他们，否则有可能有生命危险。”但前行了一段路后，铲车也被困在了积雪中。

此时的郑鹏，头上、脸上、身上都积了厚厚的一层冰霜，完全成了个雪人，他没有丝毫的迟疑和退缩，果断地舍弃铲车，引领皮卡车一点点继续前行。途中遇到一辆被困的小汽车，让他们惊出一身冷汗：主驾玻璃全都碎了。幸好车里没人，悬起的心略微放松了点。

凌晨 4 点，他们终于到达了救援现场。郑鹏赶紧上前查看，发现警车的车门已被大风刮坏，靠一条绳索勉强拽着，狂风暴雪沿着车门缝直灌进去，7 名被困人员全部蜷缩在警车里，一个个冻得浑身发抖，靠近车门的 1 名民警腿部已经完全动弹不得，好在人员都平安无事。郑鹏和同事们赶紧把被困人员连抬带拖转移到皮卡车上，随后踏上了艰难的返程之路。返程时，依旧由 1 人在前引路，铲车、皮卡车一点点缓慢跟进。这时的风雪更大、温度更低了，体感温度已跌破零下 30 摄氏度，开着皮卡车的郑鹏将头探出窗外看着侧面的路基引路，拼尽全力稳住车辆方向盘。他们的脸被“冰刀”刮得生疼，头发上结出的冰霜就好像雾凇一般，手和脚也早都冻僵了，只能靠着仅存的体力和求生的信念坚持着……

凌晨 5 点，他们在离风电场 500 米左右的地方迷路了，郑鹏又跳

下车徒步找路，花了近 1 小时才找到方向。在离风电场只剩 200 米的时候，手机电量不足 5%，风雪刮得车辆来回摇晃，提心吊胆的他们，一心盼着风雪能小点，能尽快回到风电场。可就在这时，皮卡车和铲车陷入了深深的积雪中，再也前进不了半步。

当时，正是黎明前的至暗时刻，漫天风雪仿佛要和他们拼个你死我活，风刮得更紧、雪下得更猛了，风速超过了 40 米 / 秒，车窗上有缝隙的地方都被冰冷坚硬的冰雪塞满。风雪太大，风电场也无法派人前去支援，郑鹏不停地安抚大家："咱们快到了，风雪很快就会小，大家耐心等着，千万不要下车。"

过了半小时，终于隐约看到风电场升压站透出的灯光，他们决定弃车徒步前行。郑鹏担心刚缓过来的民警被冻伤，特意给他裹好棉衣，大

家手拉着手，深一脚、浅一脚地往风电场慢慢走去。快到升压站门前时，冻伤的民警再也支撑不住了，脚下一软瘫倒在地，郑鹏立即半扛着他回到了风电场。历时 7 个多小时的救援终于圆满结束。

“最后时刻，在铲车上看着主控楼微弱的灯光，就好像黑夜中的灯塔，给了我们无限的力量和温暖，让我们觉得所有的付出都是值得的。”郑鹏质朴的语言，将漫天风雪掩藏在了身后。

风雪总会过去，温暖常存人间。像这样的事情，郑鹏和他的同事们经历了很多，他们把这里的牧民当成亲人朋友，把青春挥洒在雪域高原，把真情撒播在戈壁牧场，温暖着哈萨克族牧民的心。

Part 1 | 第三篇

“痴”人追梦

马俊虎

宁夏煤业公司新闻中心

在 2020 年国家科学技术奖励大会上，国家能源集团 400 万吨 / 年煤间接液化成套技术创新开发及产业化项目获国家科技进步一等奖，向世界宣告：煤制油技术中国造。点“煤”成“油”的背后，是 37 项重大技术、装备及材料自主国产化的支撑，是煤间接液化基础理论、关键技术、重大装备及材料、工程放大及系统集成技术、节能节水等方面的创新突破。至此，国家能源集团成为全球唯一同时掌握百万吨级煤直接液化和煤间接液化两种煤制油核心技术的公司，打破了国外煤制油技术垄断。

梦缘起

其作始也简，其将毕也必巨。20 年前，国家能源集团提出建设煤制油项目时，国外同行技术封锁，一些专家学者质疑的声音不绝于耳“一没技术、二无人才，靠卖煤为生的你们，想建煤制油化工基地，简直就是痴人说梦”。

煤间接液化是将煤炭经过一系列化学反应“变”成油和气，是煤化工领域最高深的“魔术”。彼时，我国煤间接液化技术还是一片空白。南非沙索尔公司是全球煤间接液化方面的龙头企业，国内企业纷纷到南非考察，希望引进技术。国家能源集团宁煤公司与沙索尔公司“拉锯式”谈判持续了近10年时间，依然没有得到理想结果，沙索尔公司仅费托合成一项技术就要价25亿美元。10年的磕磕绊绊证明了一个道理：核心技术只能靠自己。

2004年5月，在北京大学进修的姚敏接到领导电话：“准备准备，好好看看《甲醇生产操作问答》《碳一化工主要产品生产技术》两本书，负责宁东基地第一个煤化工建设项目。”姚敏进修结束后，和同事5人组成了煤制甲醇筹建处，开始了煤制油项目建设前期探索。

同时，项目开始广纳国内化工领域英才。北京燕山石化的老专家刘志芳加入，九江石化总工程师钱效南加入……“这里是个大家庭，我浑身有使不完的劲儿！”现任宁夏煤业公司副总经理的杨加义说，“煤制油想要成功，大家就要齐心、敢闯、敢拼。”

工作完全是超负荷的！时任MTP装置车间主任的袁玉龙经常三五个月“住”在装置现场；外聘专家梅占魁将毕生积累的知识与心血撒在了宁东这片热土上，3000多个日日夜夜始终奋战在建设现场；连续3天没沾床边儿的黄斌，竟然站着睡着了……

年产25万吨煤基甲醇项目、年产21万吨二甲醚装置、6万吨聚甲醛项目、60万吨煤基甲醇项目、50万吨煤基烯烃项目以及年产50

万吨甲醇制烯烃项目相继建成投产，为煤制油积累经验和技术。

执所念

煤制油项目的核心装置——气化装置，在烯烃项目使用过程中发生过不少问题，国家能源集团宁煤公司向装置提供方西门子公司提出修改方案。但无论提出的问题还是修改方案均被对方拒绝。经过谈判，西门子公司提出报价为 2 亿元的“天价”修改费。

核心技术受制于人，煤炭化学工业技术研究院的井云环心里特别不是滋味儿，她说：“我们中国人一定行！再难，也要搞出我们自己的技术。”她带领科研人员常驻生产装置现场，爬框架、穿管廊，抓住 GSP 气化装置改造和停炉检修机会，钻进气化炉炉膛内部查看水冷壁磨损情况。气化炉高 17 米，炉内空间狭窄，炉口仅能容纳一个身材瘦小的人进去，井云环二话不说，戴上安全帽硬是挤了进去，一只手拿手电，一只手紧紧抓住直梯，还要不时查看气化炉水冷壁挂渣情况，一不留心就有掉下去的危险，紧张加上炉内温度较高，一趟下来，她身上的衣服几乎被汗水渗透了。一位男同事曾问她：“井主任，我都吓得不行了，你不怕吗？”“怕，可不进去咱们就拿不到一手资料，再怕也要上！”

经历了三个由春到冬的轮回后，他们的不懈努力换来了回报：2014 年 11 月，成功开发出具有自主知识产权的单台日耗煤 2200 吨“神宁炉”干煤粉气化技术，让我国大型煤化工项目摆脱了依赖国外技术的困境，为我国在世界煤化工领域赢得了发言权，2 项核心专利分别获中国专利金奖、中国石油和化学工业联合会专利金奖，为煤炭间接液化项目建设铺平了道路。

之后，国家能源集团宁煤公司决定采用具有自主知识产权的中科合成油公司中温浆态费托合成成套技术，独资建设 400 万吨 / 年煤炭间接液化项目。

400 万吨 / 年煤炭间接液化示范项目是国家“十二五”期间重点建设的煤炭深加工示范项目，是当时世界石油化工及煤化工行业一次性投资建设规模最大的化工项目之一，其规模之大，令人惊叹。动静工艺设备 1.3 万余台，仪表设备 11 万台，阀门 21 万台，总桩基 3.6 万余根，浇筑混凝土 173 万立方米，钢结构 27 万吨，管道 3292 千米，电气、仪表电缆 2.5 万千米，其工程量在任何一个化工项目中都极为少见。

时任公司副总经理、煤制油项目建设总指挥的姚敏，号称“拼命三郎”，股骨头手术后刚扔掉拐杖就奔赴工地，14 层楼高的气化框架每天要爬两次，不分昼夜。再次被强行送医院时，股骨头已经坏死，从此一副人工髋关节支撑着他继续前行。

2015 年夏天，躺在病床上的年逾古稀的梅占魁被确诊为肺癌后，依然与病魔顽强斗争，直到晚期躺在病床上仍手不离图纸，不忘询问项目建设进展情况。他说：“如果再多给我两年时间，让我在有生之年，看着煤制油项目建起来，这辈子也就没什么遗憾了！”

蔡力宏在项目工程安装关键阶段被聘为项目建设总指挥，为了改变核心压缩机设备全部进口的状况，他带领年轻技术骨干深入厂家，详细考察国内压缩机制造厂家技术能力、工作业绩、供货周期，对制造厂的管理体系运转、企业文化做了深入了解，对每一项影响项目建设和后续生产运行的小问题都不放过。经过反复论证，最终选择了技术最优、能力最强、设备最有保障的国内厂家，改变了原有设备由德国西门子、美国通用等行业巨头垄断的历史，不仅实现了大型离心式压缩机国内制造生产，也有效提高了我国大型压缩机的制造水平。

李虎是党员技术创新工作室的带头人。为了确保投料试车成功，他开创了“三创五精”工作法，解决了费托合成装置负荷无法提高、费托合成反应器催化剂消耗高等一系列“卡脖子”问题。

一天凌晨 2 点，李虎红着眼睛坐在中控室，目不转睛地紧盯着电脑。油品合成装置 2 系列费托反应器进气量达到 34.5 万标准立方米 / 时，油品 A 线负荷就可以达到 100%！这么重要的时刻，已经昼夜奋战 48 小时的李虎丝毫不敢放松。突然，他从椅子靠背上坐起，紧盯着画面中的一个数值，猛地拿起对讲机，通知当班人员赶赴现场，进行倒盲板操作。原来，吸收塔出现液泛现象，画面中一个液位压差上涨，如果继续上涨，

将导致后系统带水，有可能对压缩机等核心装置造成严重损坏，造成多系列停车的严重后果，但此时此刻现场无丝毫预警。面对险情，李虎沉着指挥，应急得当，避免了事故，保证了第二天装置满负荷运行成果的顺利实现。从百十个数据中一眼就看到了波动异常的一个，是李虎日积月累与装置打交道的“熟稔”，也是李虎将装置运行参数波动范围铭记于心的“认真”。

终圆梦

2016 年 12 月 21 日，煤间接液化工艺流程全部打通，产出合成油品，我国成为世界上少数掌握直接、间接两种工艺大型煤制油技术的国家。

2017 年底，400 万吨 / 年煤间接液化成套技术创新开发及产业化项目两条线全部投产。

2020 年开展装置建成后首次全深度大检修，消除影响装置运行的一系列瓶颈问题，一次性实现双线满负荷运行，日产、月产连续刷新纪录。

“痴”人追梦终圆梦。现在，国家能源集团宁煤公司终于攻克了大型煤间接液化“卡脖子”关键核心技术，实现了从千吨级中试到 400 万吨的工程放大，国产化率高达 98% 以上，带动国家装备制造业整体发展，形成了可复制、可推广的煤间接液化成套技术，整体技术水平居于世界领先地位。如今正朝着低碳化、高端化、多元化转型升级，续写梦想新篇章。

Part 1 | 第四篇

守得云开见月明

陈　虎

国家能源集团传媒中心有限公司

“禹划九州，始有荆州”，荆州的历史已长达 3000 多年。现在，这座距离武汉仅 230 千米的城市，已经成为长江中游交通枢纽之一。

在城市东郊，有一座热电厂——国家能源集团湖北荆州热电公司，它拥有 2 台 33 万千瓦亚临界供热机组，使这里成为荆州市经济技术开发区唯一的“热源点”，周边聚集了近百家生产企业。

2020 年，面对新冠疫情席卷而来的严峻形势，这家电厂的员工和令人敬佩的医务人员一样，全力以赴投入这场没有硝烟的战斗中，不仅保证了非常时期的区域能源供应，还为地方疫后重振和社会经济发展提供了强劲动力。回顾起这段特殊时期，一幕幕画面、一个个场景，让人难忘。

历史上的首次“封厂”

时间回到 2020 年初，也正是武汉疫情肆虐之时。

2月2日那天，也就是武汉火神山医院正式交付的日子，荆州市启动了一级响应，实行全面的交通管制，那一刻，荆州市仿佛按下了暂停键。

“市场可以暂停，但我们能源供应不可能暂停。”热电厂的总经理、党委副书记刘广恩介绍说，“因为2020年春节后，荆州地方企业已开始陆续复工，我们这个热电厂是开发区唯一的热源，生产不可能停！”

这一天，电厂决定成立驻厂保电团队。

1997年参加工作的方宇，是电厂发电部的副主任，本来第一批驻厂人员名单中没有他。

“可能是领导考虑到我女儿还小，毕竟只有三个月大，妻子在家一个人忙不过来。”方宇回忆道。

但他短暂思考后，还是提出了申请，他说：“我们部门是全厂核心，这时候绝对不能出问题，我对设备情况还是比较熟悉的，我来吧！”

对于热电厂日常工作来说，供热和发电都不是什么难题，但问题是，如何保证员工到岗工作，又不能发生交叉感染？这也是当时很多开工企业都面临的一个问题。

方宇说：“在我们制定的应急预案中，我们班组当中出现一例病例，那整个班组都会被隔离，一旦遇到这种情况就比较麻烦了，因为电厂很多岗位是不可替代的。”

为此，最严格的隔离措施开始实施，发电部员工上班期间全部穿不透气的隔离衣，就连当时非常稀罕的3M口罩，也都优先配备至发电部等关键班组。电厂甚至要求员工在宿舍休息时，也必须佩戴口罩，并且严禁串门。大家调侃道，生活要进入“单调”状态了。

但更严格的考验来临了。2 月 18 日，受到疫情升级的影响，荆州热电公司不得不采取更特殊的运作模式，他们按照最少化原则配置岗位人员，实行全厂封闭运行管理，也就是大家口中的“封厂”。

2月18日中午12点，电厂大门缓缓关闭，201名驻厂人员全部就位，这家热电厂历史上首次封闭管理模式拉开了序幕。

那一片菜地的故事

电厂封闭了，吃成了首个难题！刚开始还好，食堂尚能应付。但到了 2 月底，肉类和蔬菜，市面上就供应不上了。周军开始头疼了。

周军是电厂后勤服务中心的经理，他当时负责全厂 201 人的吃喝拉撒。刚刚把会议室、仿真机室改造成临时宿舍，勉强解决完人员住宿的问题，接下来怎么保证一日三餐，成为他每日最重要的工作。他手下有 7 个人，但这 7 个人是临时拼凑的，每日负责择菜、剁肉的小胡，没人知道他是电厂洒水车驾驶员……

周军盘算了一下，库存的米面粮油尚可保证，但蔬菜蛋奶已经“见底”了，怎么办？周军只能去“菜地”挖菜了。

这个“菜地”，原本是电厂二期工程的施工准备用地，项目尚未开工。2019 年的时候，周军把它开辟成了一块 5 亩的厨房菜园，平日零星可给食堂供应点蔬菜瓜果。

所有人都未曾想到，当时这块最不起眼的菜地，在一年后成为大家的“救命田”。在供应最困难的那段时期，菜地每天的产量维持在 200

斤左右，基本保证了驻厂期间全厂的蔬菜供应。

做过食堂管理的人都知道，餐饮还面临一个口味搭配问题，更何况是在物资极其紧张的疫情时期。这时候，就出现了“南瓜和胡萝卜”的故事。

故事是这样的：食堂费尽周折采购了一批南瓜，南瓜存放久了不宜食用，只得尽快变着花样“消化”。所以，南瓜饼、南瓜汤、炒南瓜、炖南瓜……相继出炉，把所有人吃得“够够”的。

有一天，南瓜终于吃完了，但是……又运来一批胡萝卜。有员工直接崩溃：“吃完南瓜吃胡萝卜，我是兔子吗？”对于大家的抱怨，周军认为：“特殊时期有牢骚正常，同志们能坚守在一线已实属不易了，我们也不知道疫情到底会持续多久。”

一枚别样的军功章

说到这里，会有人不解，如此困难，这家电厂为何还要坚持生产？

“因为我们是热电厂，负责为企业提供过热蒸汽。”该厂综合产业部热网维护班的刘涛介绍。

“我们的供热管线分为东线和北线，总长度 32 千米，覆盖了 2 个工业园区，整个荆州经济技术开发区和沙市开发区 93 家企业的热能供应全部由我们负责。比如，美的集团在中国最大的冰箱生产基地就在我们附近，我们厂的过热蒸汽可用于冰箱金属表面处理和聚氨酯泡沫的生产。”近百家企业的能源供应集于一身，很难想象这时候发生“断供”，会引起怎样的连锁反应。

2 月 20 日，终端电脑显示，一个轴承升温 16 摄氏度，这个“小事情”立刻引起了值班人员的警觉。维修人员反复排查发现，这次升温的背后，其实连带着一次空预导轴承故障跳闸，它极有可能引起机组“非停”，这事让所有人感到后怕。为此，所有涉及停机检修的作业均被推迟，那些可能影响到机组稳定的因素被反复排查，电厂整个团队处于“高度警戒”状态。

这时候，优质服务也是关键，热电厂综合产业部开发了充值系统方便用户“线上办理”；有时还通过调整供热任务，为企业提供安全可靠的“汽源”。

2020 年春节期间，为保证处于蒸汽管线“末端”的一家医用防护用品企业的生产，热电厂专门调节机组负荷来配合它的生产。这也许就是特殊时期的“特殊照顾”吧。

2020 年 4 月，因能源保供任务出色完成，荆州热电公司被地方评为“全区首批疫情防控工作先进企业”。这个荣誉对于他们算是实至名归，也是一枚别样的军功章。

一笔挣钱的买卖

2020 年 5 月，湖北疫情逐步缓和，大家也终于缓过劲来。这时候，热电厂各部门都动了起来，想办法把延误的工作找补回来。综合产业部主任刘丹，开始盘算那笔“最挣钱”的买卖了。

粉煤灰原本是电厂的固体废弃物，但它也是很好的建筑原材料。刘丹口中的买卖就是粉煤灰销售。

在西部许多地区，由于市场消化需求不足，电厂的粉煤灰都是做填埋处理。但在荆州当地，粉煤灰却是热销产品，每吨售价高达 100 元至 180 元不等。这意味着，一年 20 多万吨产量的粉煤灰，将会为热电厂带来可观的销售收入。但这时候，刘丹有些着急，他需要“扩大”市场了。

仔细测算发现，粉煤灰的销售距离不宜超过 150 千米，因为交通费用会影响销售。在满足地方企业的需求后，刘丹抓住了疫情期间高速免费的“良机”，相继将 1 万多吨粉煤灰卖到了邻省湖南，上百万的收入，也算是疫情带来的一次“意外收获”。

除了卖得“巧”，刘丹还得想办法卖“贵”点。电厂建有一个 3 万吨的灰库，用来储存粉煤灰的，行情不好时，刘丹就库存不出售。正常月份，他就公开竞价！

没错！就是公开竞价销售粉煤灰。为此，电厂专门研发一套“粉煤灰竞价销售系统”，每周三统一网上竞价，所有的购买方均可公开参与竞价。热电厂一方成为最大受益方。

2020年，在机组开工不足、热力销售有限的情况下，热电厂粉煤灰等副产品卖出去2400万元。这不仅有效缓解了经营压力，甚至还一度让这家电厂成为当地粉煤灰销售“龙头”企业。

待到山花烂漫时

在最困难的时候，他们始终坚信阴霾终将散去，阳光终将来临。他们挺过了最艰难的日子，终于迎来了山花烂漫时。3月23日，电厂正式解除封闭隔离时，全厂201名职工已经坚守阵地整整50天，期间没有一起安全事故发生，也没有一名同事被感染，他们取得了来之不易的胜利！

这些坚守岗位的员工，也无时无刻不在关心着自己的家人。电厂同事讲述了一件小事：2月中下旬，来自国家能源集团海南公司援助的100余吨水果陆续抵达湖北，迅速分发至在鄂企业。荆州热电厂员工每人都分到了6个哈密瓜，但却没人舍得吃，因为他们知道家里那时候早就没水果了……他们委托外出公务的同事，开着全厂唯一一辆带特别通行证的车，花了两天的时间，把那些哈密瓜分批捎带回各家。

他们实现了“职工零感染、安全零事故”的目标，还为地方经济复苏提供了坚实保障。

回顾这段往事，抗疫、坚守、奋战成为这家热电厂的关键词。正如人们说的那样，哪有什么岁月静好，不过是有人在替我们负重前行！

Part 1 | 第五篇

疫情隔不断中巴友谊路

赵庆云

江苏公司国能江苏电力工程技术有限公司

“恰希玛 C4 机组一次并网成功！”“机组满负荷运行 168 小时，各参数正常！”2021 年 11 月 7 日，隔着 3 个小时的时差，多媒体大厅“恰希玛 C4/RFO3 项目”远程专家组和远在巴基斯坦的大修技术支持项目部 5 位“大白”正在共享项目进度，这是新冠疫情暴发以来江苏电力工程技术公司第 3 次派员，通过创新技术服务，完成核电机组检修技术指导工作。

“逆行战队”白袍套蓝袍

2020 年 9 月，由 15 位检修专家组成的技术监督人员身穿防护服，携带 19 箱防疫、检修物资勇敢踏上飞往伊斯兰堡的航班。

“我们一定严格遵守防疫制度，打赢疫情防控和核电检修双重攻坚战！”

“我们是党员，我们保证完成任务！”

当时国内国际防疫形势对比明显，但是巴基斯坦电力供应十分紧张，恰希玛 C2/R7 换料大修任务紧迫，但谁又有信心打赢疫情防控和核电检修双重攻坚战呢？工程技术公司虽然拥有丰富的跨国检修经验，但此次任务非比寻常。因此，他们提前一个多月就开始准备各项方案，购置防疫物资，在尽力完善防疫管理制度的同时，也在不断优化项目方案，在保障技术力量的前提下，最大限度地压缩团队人员数量。

为了确保顺利完成任务，公司组织人员身穿防护服，佩戴 KN95 口罩、护目镜和医用手套携重出行。因为他们必须在海关检查、登机等漫长旅途中全程严密防护，同时克服困难、团结协作，保障随身的行李以及 19 箱防疫物品、生活物资顺利抵达。

有组织的团队，在困难面前，更会坚守自己的纪律。昨日，他们是电力设备的医生，现在，他们更是身兼防护重责的“大白”。

在伊斯兰堡国际机场和去往驻地的路途上，“大白”们发现巴铁人员极少佩戴口罩，隔离、消杀等措施也很松散，于是更加坚定了严格遵守防疫管控的理念。待 10 月 31 日完成项目合约任务后返回时，恰希玛电厂已有数名巴方人员确诊新冠肺炎，而我们的“大白”做到了零感染和零携带。

“朋友！欢迎！”

踟蹰的脚步，最终保持住了 2 米的安全距离，张开的臂膀，却没能相互拥抱，一句真情流露的欢迎，眼中伴随有闪动的亮光。

“兄弟，我们又来啦！”这一来，不仅仅跨越了喜马拉雅，更是延续了近三十年的友谊，寒暑不惧，风雨兼程，坚强而无畏。

“巴基斯坦恰希玛核电站是 20 世纪 90 年代的中国援建项目，我们单位从一期机组首次检修就开始了”，负责带队的姚经理对同行的小耿介绍道，“从 C1 到 C4，每次换料检修，我们不但顺利完成生产任务，机组顺利带满负荷，而且在生产生活中尊重巴方习俗，用扎实的技术、可靠的服务和真诚的友情赢得了他们的信任。”

“中国、巴基斯坦，兄弟，有你们在，我们就放心了。”C2 常规岛汽轮机平台，巴方一名技术负责人通过翻译开始了技术交流，“这次 DEH 转速探头在轴套起吊过程中受到了损伤……”

一句“恰巴蒂？”的问候，带着浓浓的“您吃了吗？”式乡土仪式感。巴基斯坦经济基础相对薄弱，技术力量不足，但是人民淳朴真诚，十分珍视中巴友谊。巴方希望通过历次检修，逐渐培养自己的技术团队和检修力量。中方人员克服语言障碍，手把手，心连心，努力帮助他们学习技术，而巴方技术人员的逐步成长也是我们能够精简团队，实现从检修服务到技术支持的重要前提。

“孤勇者”一路畅行

疫情肆虐无常，安全形势如晦，巴铁兄弟又发出新的邀请。2021年9月，恰希玛 C4/RFO3 项目技术支持迫在眉睫，五名技术监督人员重整战袍，孤勇前行。

去吗？去啊！以最卑微的梦

战吗？战啊！以最孤高的梦

致那黑夜中的呜咽与怒吼

谁说站在光里的才算英雄

最不起眼的电力检修工人，却知道，巴基斯坦恰希玛核电站是我国自行设计、建造的第一座出口商用核电站，是我国当时最大的高科技成套出口项目。在巴基斯坦卡拉奇，中国华龙一号最新核电机组也正在紧张施工，用实际行动持续深化中巴新时代全面战略合作伙伴关系、推动构建人类命运共同体和“一带一路”倡议走深走实。

最不起眼的电力检修工人，却明白，中国积极践行“一带一路”倡议，探索和平发展之路，需要千千万万的开拓创新者。这条开拓创新路，就在每一个平凡劳动者的脚下，就在每一个技术工人的手上。身负近三十年的深厚友谊，保障恰希玛核电机组检修，就是维护祖国的信誉。

最不起眼的电力检修工人，在人民之中是平凡的，在时代面前是渺小的，但在使命的号召下，却又变得勇敢而伟大！这就是工程技术公司服务品牌能够闪亮在巴基斯坦人心中的秘密。

“每个英雄不管出身设置是逆风还是绝境，都能奋力为自己而战，为梦想而战。”

“创新”拓宽友谊路。

“现场视频已接收。”

“高压转子中心测量数据已发送。”

“数据收讫，1 个小时后完成分析并报送。”

多媒体大厅，恰希玛项目远程技术支持组正紧张处理 C1/RFO14 项目信息。这是疫情暴发以来，工程技术公司面临新形势，改变传统检修路子，创新发展的远程技术服务新模式。

“4 瓦瓦温安装就绪，阿萨德表示新工具非常棒，感谢技术支持！”视频中的大胡子一手竖起大拇指，一手举着一支圆珠笔笔管。

原来，4 瓦等瓦温元件需采用潜孔安装，巴方技术人员由于疲劳和操作不熟练，3 个小时都未完成瓦温元件的潜孔内固定。现场“大白”发来技术支持请求。多媒体大厅远程技术支持组立即调出 C1 机组瓦块资料，具有丰富安装操作经验的热控小组很快分析出该项安装作业的痛点：潜孔空间狭窄，带有预应力弹簧的温度元件不容易固定。热控小组经过研讨，指导巴方技术人员临时使用一支圆珠笔的笔管作为工具，套入元件引线对元件头进行固定，再安装潜孔内的螺丝。

视频中，远程技术支持组看到，在“新工具”的辅助下，不到3分钟，就完成了一支瓦温元件的潜孔固定。

“虽然现场只有五位专家，但是反馈非常及时，服务十分到位。”巴方现场负责人表示。

“我们组织了经验丰富的远程技术团队，并进行了远程服务验证，请你们放心。”远程技术支持组回应道。

在汲取以往检修、技术支持经验基础上，公司结合现代化远程技术设备，通过把技术核心“留”在国内，远程指导服务机组检修；万里之外，五位“大白”深入现场一线，采集必要信息，执行精准服务。这种技术服务模式创新，大大降低了后勤压力和各项经济成本，最大限度地保障技术服务需求，而且延续了工程跨国技术服务关系，完全契合疫情下的跨国服务项目。

自2002年9月首次应邀参加巴基斯坦核电检修项目，公司已完成24次跨国技术服务项目。新冠疫情暴发以来，虽然巴方单位出现多起感染病例，但工程技术公司依然坚持拓展、勇于创新，三度踏上万里征程，以坚实的管理和技术功底，做到防疫零传染、零携带，保障了检修机组按期启动、满负荷运行，为中巴友谊续写时代新篇章。

Part 1 | 第六篇

奋进“春天里”

邹春蕾　刘恺伦

国家能源集团煤炭经营分公司

改革的故事，从春天讲起。

2020 年的春天，国家能源集团宣布，将神华销售集团与国电燃料公司进行重组整合，成立国家能源集团煤炭经营分公司，负责集团公司煤炭运营业务及煤炭电子交易平台的运营管理，并用 5 个月左右的时间完成人员、业务与分支机构整合。是年，国家能源集团煤炭经营分公司应运而生，重整行装再出发。

背靠全球领先的国家能源集团一体化产运销网络，诞生于国企改革三年行动开局之年，新成立的煤炭经营分公司注定要接受更大的考验，冲刺更高的目标，也必将创造更多的改革价值。

▶ 云程发轫　足起变革

对于一家重组成立的企业而言，理顺机构设置、解决历史遗留问题是横亘在面前的“两座大山”，而煤炭经营公司面临的问题更加复杂。

重组整合之后，确立实行“一套人马，四块牌子”，煤炭经营分公司、国能销售集团、神华煤炭运销公司和国电燃料公司同步发展。这种“以一拖多”的管理机制，以及治理主体交叉多元的治理结构，带来的考验更加多元。

这是关乎改革前途命运的第一战。经过近半年时间的解放思想大讨论，一种具有创新借鉴意义的企业治理新思路在各路智慧碰撞中诞生——将四块牌子的决策事项标准进行统一，形成“党委核心领导、董事会战略决策、经理层全权经营”的企业治理结构。

这一模式下，不仅明确了党委在决策、执行、监督各环节的责权和工作方式，更加突出了党委在现代企业治理中的领导作用。同时，强化了董事会系统化、合规化和标准化管理，做到“双向进入、交叉任职”“内外兼顾、层次分明”，有效规避了决策程序的雷同、决策过程的重复和决策导向的单一。

与此同时，煤炭经营分公司敢于涉“深水区”、啃“硬骨头”，在“破”与“立”中扎实推进三项制度改革：全面落实企业经理层任期制和契约化，打破“铁交椅”；以岗择人、竞争上岗，让员工“能上能下”，打破“铁饭碗”；构建动态薪酬管理体系，打破“铁工资”。

打通堵点，消解痛点，击中要点——在改革引力之下，煤炭经营分公司机制体制改革蹄疾步稳。在“年轻化、专业化、市场化、有为有位、无为让位”的用人导向下，总部机关部门正副职“80后”占比达34%，基层单位“80后”“90后”科级干部占比达54%。开放的职级职位评聘体系，畅通了各类人员的发展通道，拓宽了人才发展空间。员工平均浮动薪酬占工资总额的 73.3%，通过“奖优罚末”，使“挣”工资的理念深入人心，有效激发了干部员工队伍活力，企业改革发展内生动能进一步增强。

当下有为 果之累累

设 16 个总部部门，下辖或受托管理 23 个二级单位及 19 家三级单位……作为国家能源集团产运销“一体化运营”的枢纽单位，煤炭经营分公司负责全集团近 65% 的煤炭销售业务和外购煤业务，以及中国神华 95% 以上的煤炭销售业务。面对庞大而多元的运营机构，煤炭经营分公司紧扣“一体化运营”主线，持续推进“一盘棋”保供，“大营销”增收，“大协同”增效。

2021 年，煤炭市场持续波动、供需关系连续变化。作为保障“一体化运营”的排头兵和先锋队，煤炭经营分公司所属华北公司灵活应对市场新变化，祭出提质创效的组合拳：研究新政策及新定价机制，全力做好京津冀地区稳价保供工作；将天津王佐口定价模式调整为“一站一价”，外购煤、自产煤合计全年增收约 1.3 亿元；探索无追索权应收账款保理业务合作，提前回收 3.99 亿元煤款；创新开展“外购煤分价格期指导采购”，降低电厂燃料采购成本，已为 5 家内部电厂节约采购成本超 1.26 亿元。“真金白银”有力检验了“一体化运营”的先进性和协同创效的活力。

煤炭经营分公司重组后，承担“两湖一江”区域内部电厂煤炭供应重担的“海进江”面临巨大的挑战。一是责任大，华中区域内部电厂18家，装机容量2853万千瓦，每年约有4000万吨“海进江”煤炭需求。二是难度高，“海进江”业务模式复杂，从矿区到电厂运距超过3000千米，海轮、江轮、湖轮、铁运、汽运最多需5次装卸，最长运送时间为30天。三是协同难，各电厂分散于区域内的大江、大湖、大山，自行组织的运输存在集中度不高、标准不统一、保障性不强等问题。

面对困难，所属华中分公司以创新答题：开创性推行多项运输管理标准，树立行业标杆；创建质数量公式、运价指数等技术标准，破解行业关键性技术难题；开展集约化、规模化的中转码头作业管控，显著提升中转过驳效率，打造安全、标准、绿色、高效的“海进江”煤炭运输体系，开启了“海进江”煤炭保供新时代。在2021年煤炭供应极其紧张的形势下，内部电厂无一燃煤告急。

海外筑梦　天地广阔

2020年，煤炭经营分公司将目光投向海外，“锁定印尼煤”“扩大俄罗斯煤”“引进南非煤”，实现进口煤采购资源多元化产地布局，找到了更加广阔的舞台。

重启进口煤战略，煤炭经营分公司将进口煤采购计划纳入一体化“总盘子”，有效保障一体化供应，助力内部电厂降本增效，实现集团整体效益最大化。2021年，进口煤经营超2200万吨，营业收入超137亿元，实现利润超1.1亿元。其中，一体化电厂累计完成1592万吨，同比增加

434 万吨，采购价格较当期外购煤价格累计低 12.5 亿元，为构建“大营销”“大协同”经营格局提供有力的煤源保障，实现了集团整体效益最大化。

巩固并扩大海外进口煤资源“朋友圈”，千方百计组织海外直采资源，确保在资源紧张时期有煤可供、物美价优。同时，以点带面，以北仑、谏壁为突破口，创造性推出直销终端用户的长协购销模式，通过示范效应推动签订 2022 年各类长协累计超 600 万吨，实现全国主要下水煤区域进口长协供应“全覆盖”，推动国际煤炭贸易事业行稳致远。

负行千里 棋局重布

披星戴月转战南北，日夜兼程布局东西。伴随国企改革的步伐，公司创新探索数字经济与能源经济融合发展，落棋千钧。

让平台解放线下工作。2019 年 8 月成立的国家能源集团电子商务有限公司以此为初心，以计、调、输、配、售五大线下业务流节点为发力点，打通一切可以打通的数据传输节点，创建一切可以由平台创建的电子单据，自动化一切可以减少人工参与的业务流程，对于每一个历史功能都抱着能重做一次的匠心，走遍了全集团所有二级单位，为各业务单位重塑平台模块。

经过近三年的探索布局，电商公司已基本在线上打通了交易、执行、结算等各业务环节，初步完成集团电商平台数字化基础能力布局。

实际上，煤炭经营分公司在数字化上的发轫才刚刚开始。2021 年，山西采购中心完成数智可视化站台建设，打造“数智”样板，为“智慧山采”探路；华中分公司以数字化变革推动智慧物流体系建设，实现销售数量与管理质量全面提升；大手笔完成对内外部数据资源的统一收集、管理和使用，实现各系统协同管控，搭建 62 个系统联合运作的信息化框架体系……目前，公司阶段性实现了“降本增效、协同共享、持续创新、风险预控和智慧决策”的既定目标，信息化建设水平在国家能源集团内部由 B 级提升到 A 级，统建系统得分排名第 5，谱写了煤炭运销战线上新的宏伟篇章。

重组三年，改革之花，璀璨绽放。国企改革三年行动迎来收官之年之际，公司改革发展渐入佳境。2021 年，全年 21 项生产经营关键指标创历史新高，各基层单位 156 项经营指标刷新历史纪录。2022 年 1—4 月，完成煤炭销售超过 1.7 亿吨，实现营业收入 1121 亿元，同比增长 367 亿元；实现利润总额 15.49 亿元，同比增长 5.01 亿元，创效指标达历史最高水平。

过往耕耘不辍，未来探索不止。重整行装再出发的煤炭经营分公司，将以“创”为航，以“干”为帆，勇往直前行进在“春天里”，驶向一片新天地！

Part 1 | 第七篇

96 小时合力化解“燃煤之急”

金玉子

安徽公司国能神皖合肥发电有限责任公司

2020年6月以来，巢湖流域遭受了百年不遇的特大洪水，雨量之多、水位之高、汛期之长均创历史之最。其间，受合肥地区强降雨和长江高水位顶托影响，西河水位上涨迅速，缺口站水位超警戒水位 1.5 米。由于河湖水位的快速上涨，裕溪闸、黄雒闸水位已高出开闸水位 2 米，西河流域航道全面禁航，待航道畅通至少还需要 20 天。

此时正值“迎峰度夏”的关键时期，庐江公司煤炭库存急剧下降。截至 8 月 2 日，煤场库存仅 7.5 万吨，只可维持单机运行约 16 天。为避免无煤停机，保证合肥地区安全稳定的电力供应，该公司迅速启动燃料公路运输应急方案，一场速度与激情的“燃煤保供”突击战正式打响。

集结号响，上下齐心开辟运煤通道

针对采取公路方式中转运煤情况，公司党委第一时间组织相关职能部门及承运单位共同从环保性、经济性、可行性等方面研讨应急运输方案。为确保万无一失，公司主要领导带队前往芜湖市，了解运煤江轮潜在停靠地点的水情变化情况，现场考察芜湖市至庐江县运输路线情况，摸清水淹路段，优化备用路线。

8 月 5 日 10 时，在芜湖市芜湖长能物流有限责任公司会议室，公司燃料调运相关人员与芜湖长能、宏亚航运积极磋商，最终达成从芜湖市海深湖码头，途经芜湖长江大桥、通江大道、S319、县道 071，到达公司煤场的运输路线，并确定次日白天首辆煤炭运输货车必须到达公司煤场；经多轮商谈，敲定了运输价格，尽可能减少燃料运输成本的增幅，严控成本，确保边际利润；反复沟通确认车辆装载及运输要求，及时明确各方主体责任，现场签订安全、环保协议，确保运输全过程不发生安全、环保事件。

8 月 5 日 16 时 30 分，公司燃料调运商谈人员马不停蹄，迅速赶回公司，组织参与本次燃料调运保障人员召开协调动员会。来自各部门的支援人员迅速组成了中转码头管理、码头磅房管理、货车在途管理、公司磅房管理、进厂管理五个保障工作小组，按照公司燃料公路运输应急方案，组建煤炭应急运输调度微信群，明晰分工与职责，迅速行动落实各项准备工作。

8 月 6 日 10 时 20 分，参与燃料调运作业的人员前往原定芜湖市海深湖码头途中，及时发现长江北岸也有可完成煤炭中转作业的码头——金山码头，不仅缩短了运输路程，且价格在原有基础上可再降低 5 元 / 吨，进一步提升了该公司的发电收益。

8 月 6 日 12 时 34 分，皖正和 188 江轮顺利靠泊芜湖金山港，中转码头管理工作小组立即展开接卸作业，运输车辆迅速在码头集结、整装待发，近 2 个小时的忙碌后，皖 A92557 燃料运输货车正式开始装卸煤炭。

8 月 6 日 15 时，第一辆满载煤炭的运输车辆在码头完成雨布覆盖、车厢漏缝密封、过磅称重等既定流程后，缓缓驶出芜湖金山码头，奔赴公司煤场。

8 月 6 日 18 时 29 分，第一辆装载 37.6 吨煤炭的重型货车，紧急抵达公司煤场。庐江公司仅用 30 个小时，顺利开辟了一条燃料公路运输通道，开创了“汽车快运”的先河。

众志成城，通宵达旦力保煤炭运输

运输路线单程 122 千米，累计投入 120 辆运输货车循环往返，仅用 96 个小时就完成 2 万余吨煤炭的中转装卸及运输工作。庐江公司、承运单位等百余名人员众志成城，坚守岗位连续工作 4 个日夜，没有一刻休息，没有一丝懈怠，超负荷、高标准地完成了本次煤炭调运作业，及时解决了该公司“燃煤之急”。

准备充分，环环相扣稳推进。庐江公司积极与沿途政府、交通、环保部门沟通协调，请求支持，打通运输通道；根据汽车运煤计划数量、车型特点、进场路况等，反复勘察卸煤最佳路径和场所，最终确定西三、西四区煤场作为这次汽车煤存储场所；提前腾空场地、虚位以待，及时维护车道、铺路架桥。煤炭应急运输保障协调动员会后，各工作小组迅速行动，充分协调各方资源，组织人员开展作业前专项培训，合理安排保障值班人员，提前备足覆盖雨布、密封膨胀剂、过磅单据、过磅卡、打印机等作业物资，积极准备保障工作；各保障人员提前熟悉车辆装卸、入厂、过磅、沿途巡查等流程，以保障各环节顺利进行。

精诚合作，高效运转快速达。金山码头作业现场，运输货车提前排队，依次进入煤炭装卸、雨布覆盖、称重过磅区域，准确核对车辆信息与过磅数据，及时在微信群上传车辆信息及影像资料。沿途巡查人员 24 小时不间断巡回检查，及时通报路况信息，检查督促运输车辆规范行驶，协调运输车辆途中需解决的问题，确保车辆在途快速通行。公司物流部

门，安排专人引导指挥运输车辆依次过磅称重，沿指定路线行驶至干煤棚卸煤。煤场不断优化作业方式，运输车辆、煤场机械、现场指挥人员高效合作，实现了 3 ~ 5 辆运输货车同时开展卸煤作业，切实提高了接

卸效率。各保障人员精诚合作，各环节高效运作，累计运输煤炭470车次，平均日运输煤炭5000吨，平均每辆运输货车单趟全流程仅用4个小时，煤场未出现运输货车拥堵滞留现象。

严防死守，安全环保有保障。庐江公司充分彰显央企社会责任，高度重视本次煤炭调运的安全、环保管控，封堵一切安全环保隐患，确保煤炭调运全流程安全、环保可控在控。中转码头作业人员持续强化现场安全提醒及作业监督管理，尽可能减少装载抛撒；严格按照路政部门要求的车辆运输吨位实施装载，严禁车辆超载上路；逐车检查雨布覆盖及车厢密封情况，及时用泡沫膨胀剂密封车厢缝隙处。沿途巡查人员全程监察在途车辆的雨布覆盖、扬尘抛撒、安全行驶等情况，一经发现立即叫停运输车辆，完成整改后才可继续行驶，确保不影响沿线居民正常生活秩序。运输车辆进入煤场前均要进行安全技术交底，详细学习进厂过磅卸煤告知函，确保厂内作业安全、规范。空车离开煤场时，安排专人清洗运输车辆车轮等关键部位，从源头上管控污染；每天投入20余人不定期清扫厂内及进出厂道路，赢得了当地群众的赞誉。

精细管理，车辆发运零差错。该公司充分利用信息化管控平台，借助微信工作群，全流程实施规范化、信息化管控，确保煤炭颗粒归仓。提前收集录入运输车辆及司机信息建立原始台账，严格验收江船煤炭封存情况，仔细检查车厢空置情况。各环节积极沟通、密切配合，所有车辆信息及影像资料全部上传煤炭应急运输调度微信群，专人负责整理保存车辆原始资料。不断摸索经验，优化过磅单据、车辆办卡、称重作业、收卡等环节，耐心指导车辆司机各项操作流程，安排专人引导车辆司机持芜湖装车码头过磅单红联换取厂内过磅称重卡，规范完成全流程作业；

及时对比分析中转码头称重记录与厂内称重记录，若发现异常，及时联系中转码头称重人员核对确认、分析查找原因，严防煤炭损失。其间，累计完成运输车辆过磅 1880 次，圆满实现每辆运输货车均进行过磅称重，且零差错，热值损耗不足万分之五，保质保量完成了 2 万吨煤炭转运工作。

乘“峰”破浪，全线出击演绎庐电激情

燃料公路运输战线长、运载频繁、风险大，是庐江公司燃料运输有史以来的第一次，也是最难的一次。

面对重重考验，不畏高温炙烤，该公司全体干部员工沉着冷静、从容应对、自觉行动，第一时间组织成立 11 人的领导协调小组，全程驻场指导、协调调度及问题处理。由各部门组成 50 余人的“燃料保供”突击队主动担责，不计个人得失，不畏艰辛，烈日下、风雨里，坚守在中转码头、运输途中、公司磅房、煤场等储、装、运环节进行现场勘察、监督及管理，严格落实江船验收、船煤未完封存、空车检查、密封检查、途中巡查、过磅复核、卸煤加仓等工作，确保各环节安全、稳定、顺畅，减少损耗，降低安全、环保风险。

公司主要领导多次前往芜湖中转作业码头，与多方协调煤炭调运事宜，现场指挥各环节安全环保、科学规范、稳步高效作业，并为煤炭调运保障人员送去防暑降温药品、饮品等，为坚守保供一线的员工送去夏日“清凉”。

疾风知劲草，烈火炼真金。这场“燃料保供”突击战，既是考验党员干部初心使命的战场，也是检验广大党员干部战斗力的战场。其间，经营党支部全员出动，奋战在中转最前线，以严谨的作风守护公司的利益；管理党支部主动请缨参与保供，日夜兼程，在沿途筑起了安全环保屏障；生产党支部坚守煤场，不畏环境艰苦，与“黑色”共舞，诠释电力人豪迈气概。各党支部和广大党员充分发挥战斗堡垒作用和先锋模范作用，以来之能战、战之能胜的“战时”状态，让党旗高高飘扬在“燃料保供”战斗第一线，以实际行动，让胸前的党徽始终焕发着熠熠光辉。

全体参战人员，在现场紧张氛围感召下，上下齐心、众志成城，边干边学，根据现场情况适时调整工作程序和作业方法，在实践中摸索，不断优化调整各环节流程及衔接，实现了各个环节、工序、管理的最佳高效协作。96 个小时连续运转，470 车次运输货车往返作业，累计完成 20269 吨燃煤安全、环保转运，庐电人创造了一个闪亮且不朽的数据与光环。2020 年庐江公司调运燃料总量达 252 万吨，为全面完成“增量补欠”工作提供了坚实有力的保障。

Part 1 | 第八篇

井上井下

牛　硕

中国神华能源股份有限公司

在鄂尔多斯和陕西的交界处，隶属神东煤炭集团的千万吨级矿井群就坐落在这里。周边设备管理中心、生产服务中心等辅助煤炭生产的各类公司有序服务着各大矿井，故事就发生在其中的神东地测公司里。

试卷风波

“杨队，请您来安管办一趟，有点事儿。”神东地测公司安管办王主任口气冰冷，言语上的客气，却更让人心慌。

“好，马上过去。”物探队的队长杨晓强作镇定，拿着电话的手心瞬间冒出了汗，平时一起打篮球的王主任，温和儒雅，突然这个语气说话，肯定出了什么大事！

一边走，杨晓一边回忆近期的工作，把和安全沾边的所有安排都捋了一遍，也没找出什么特别的事儿，紧张和疑惑始终在身边围绕，被搅得心神不定。

走进安管办的大门，杨队想赔着笑脸，但看见王主任铁青着脸坐在那，只能又憋了回去。桌面上摆放着厚厚一沓试卷，还有两张被单独放在旁边，卷面上的得分都是 98 分，鲜艳刺眼。

“你自己看看，怎么回事！”王主任轻轻地拍了拍桌面，落在杨队心里，却像重重锤了两下，心脏也跟着一揪。

仔细辨别，这套题目是前阵子新入队员工班组三级安全培训的结业考试试卷，试题还是自己一道一道选出来的，与培训的内容相符，涉及的知识点还比较全面，自己也挺满意。

“这个我没漏题，我保证，出题后我都拿 U 盘拷走了。”杨队赶紧表态。因为很久以前的一次安全考试，出题的试卷在电脑桌面留存，被来打印资料的员工看到，导致题目泄露，被狠狠地批评过一次，心里留下了阴影。

“你再仔细看看，那个字迹。”王主任打断了表态，“错的题目是一样的，选错的选项也是一样的。”

杨队拿起两张试卷反复对比，发现试卷的笔迹的确一模一样，唯一的差别，就是名字不一样，一张是齐勇，一张是刘大鹏。冷汗，瞬间又从后背冒了出来。

齐勇和刘大鹏，是物探队新来的刚毕业大学生，也确实参加了安全培训和考试，但为什么笔迹是一样的？杨队也是一头雾水。

“我打个电话了解下，您稍等。”杨队赶紧拿出电话，火急火燎地翻出了通讯录，“嘟……嘟……”每一秒都像是等待了一个小时，直到“喂”的一声响起了，才让他焦急的情绪缓解了一些。

原来，在考试的当天，刘大鹏家里临时有急事，签过了签到表就走了，还拜托一起来的齐勇替答了试卷，也是侥幸心理在作祟，才惹出来这么一档子事。

“他们确实都参加安全培训了吗？”听到了解释，王主任的脸色稍微缓解了一些。

“参加了，参加了，我这还有照片，坐在最边上的就是刘大鹏。”杨队翻出手机照片，指着一个人的身影解释道，“我们每天培训后还有随堂测试，检验一天的学习效果，他还答过问题，全都对了。”

“那就重新考试，安全培训可不是小事，那是给员工绷紧安全红线的‘线轴子’，‘线轴子’都没有了，你说那安全的线不得松松垮垮，早晚出事？”王主任语重心长，杨队羞愧难当。

“我检讨，马上安排重新考试，我也会严格批评教育的。”杨队拿起试卷，郑重说到。

往回走的路上，杨队心里暗下决定，看来还得出点“猛料”，让新来的这帮小子长点记性才行，安全上的那些事儿才能记得更牢。

井下“惊魂”

“李轩、赵成，今天跟我去布尔台干超前探，一班二班去活鸡兔干工作面……”班前会，杨队有条不紊地安排着工作任务。

超前探就是到采掘工作面迎头处，探测前方是否有水害，给煤炭采掘提供技术支持。这类工作最危险，因为往前一步就可能是采空区，随时面临突发事故。

随着光亮不断被吞噬，空气也逐渐变得阴冷，新员工李轩、赵成跟随师傅杨队坐着皮卡车，往井下深处驶去。

脚下是煤渣和水混合的煤泥，一步一个深深的脚印；前方是只有矿灯照亮的道路，一眼望不穿的黑暗。他们扛着机器，伴随着沉沉的喘息声，下车步行 2 千米，来到了道路的尽头。

熟练摆好方向，仪器上微弱的亮光显示着测量的数据。凭着井上的多次业务讲解，新来的员工也能熟练地完成工作任务。就在测量结束时，前方的采空区突然传来沙沙的声响，煤炭碎片随着煤壁滚落下来，砸在了地上。

“你们听，‘丝丝’声！”说着，杨队走到两人旁边，“你们看，煤顶挂着水。”随着矿灯灯光的指示，可以明显看到顶板有水珠出现。

李轩和赵成慌乱起来，隐隐记得安全培训中的关键字眼，“丝丝”声、挂汗，就是突水的前兆！

“突水？！”两人异口同声惊讶地叫道，眼神里满是不可思议，不敢相信自己会赶上这样的大事。

突水是煤矿井下五大自然灾害之一，地面水和地下水通过各种通道涌入矿井，严重时会灌满矿井低位区，水下无人能生还！必须要在“水漫金山”前逃出矿井。

“拿着仪器快跑！”杨队一边后退，一边急忙大声催促着。

“怎么办，怎么办？”两人像热锅上的蚂蚁，正手足无措之时，听到杨队叫喊，才想起抱着设备，赶紧跑了起来。

仪器很重，10 公斤；线圈支架很长，3 米。扛着跑很不方便，再加上厚厚的工服和沉沉的工靴，李轩和赵成一会就浑身大汗，疲惫不堪。

又跑了一会儿，两人嗓子干得像着了火，汗水像溃坝的洪水连成线往下淌，累得只能蹲下来，呼哧呼哧喘不上气。反观杨队，因为长期打篮球，身体素质好，一会就甩开两人一大截。

“快跑，快跑，趁水还没来！”杨队急促地喊道，又回来拽起两人，继续跑起来。

杂乱的脚步声，急促的呼吸声，在空空的巷道回响着，里面还夹杂着两人紧张急促的心跳声。

突然，一阵巨响传来，后面铺天盖地的洪水蜂拥而至，夹杂着煤块和煤末，冲垮了顶板的支架，冲破了煤壁的护网，像猛虎下山一样，仿佛要吞吃掉所有能看见的东西……李轩害怕地回头张望，却发现什么也没有，甩甩头，赶快把自己的臆想抛出脑海，太吓人了！

三人跑出了 5 千米，李轩和赵成再也坚持不住，话也说不出来，蹲下直摆手，表示跑不了了。

这时，杨队紧张的神情消失了，深呼吸了几次，等待气息平稳了问道：“你们再想想，突水事故的预兆是什么？”

“啊？”两人蹲在地上，现在才反应过来，这次的“突水事故”有些蹊跷，“煤岩层，突然发潮，颜色变暗，巷道壁、煤壁出现挂红、挂汗……”两人累得说不全一句话，你一句我一句补充着背了起来。

“沙沙声是煤块受挤压掉落，并不是丝丝的水声；顶板的水滴是空气遇冷形成的，煤壁没有挂汗，而且颜色并没有变红。”杨队走到旁边，指着煤壁解释着。“你们看，学到的东西在实际中并没有很好地应用，杯弓蛇影，加上我一忽悠，你们就自乱阵脚了。”

“跑的时候也不能瞎跑，要是出路被水隔断，就往高处跑，如果地位高，水就漫不上来，等待救援。”

“我们要是跑到偏僻的地方，那救援能找到我们吗？”两人稍稍缓过气来，疑惑地问道。

“每个下井的人都有定位仪，会准确找到大家的。”杨队指了指挎在腰间的定位仪，“我们做物探就是探测哪有水害，是煤炭采掘的‘眼睛’，有我们在，出现突水事故的概率小之又小，看把你们吓得不轻呀。”

“那井下也是会有其他灾害的，在井下就挺害怕的。”李轩不服气地说道。

“现在神东煤矿的智慧化程度越来越高，都出了机器人巡检、机器人掏槽、机器人焊接……说不定以后还有机器人物探、机器人采煤，根本就不用下井了。”杨队脸上洋溢着自豪，兴奋地畅想着神东煤矿的未来。

“哦对，遇到危险了，还拿什么仪器，生命最重要！”杨队佯怒，虚打了两人一下，“还有，你们这身体素质太差了，下班了都来跟我打篮球，关键时候顶用。”

两人听了，无力地点点头：“这次可记住了。”

巧解矛盾

最近杨队很苦恼，主要因为妻子对自己没时间陪伴很不满。

随着国家对矿井安全生产工作的日益重视，矿井物探技术已成为煤矿水害防治的重要手段，各矿井对物探的需求量也随之剧增，身为物探队的队长，杨队的工作繁忙度和压力可想而知。

因为要往返各大矿区，杨队已经3周没回家了，妻子的电话打了一个又一个：老丈人过生日再不回去，以后就别回家了。

升了井，杨队赶紧交代了手头上的工作，匆匆忙忙开车往家赶，虽然时间有些晚了，但好歹去了比没去强。

“当当当……”敲门声断断续续，与杨队心虚的状态完美契合。

门开了，妻子看了看表，阴着脸接过水果，絮叨着：“还是晚了半个小时，一桌饭就等你呢，一天天心里就装着工作，家也不要了。”

杨队自知理亏，也不敢吱声，赶紧从包里掏出准备的二锅头，给老丈人端了过去。他知道老丈人爱喝酒，把老丈人搞定，先“端了”妻子的“后台”。

老丈人笑吟吟接过白酒，再加上一桌子丰盛的晚餐，一家人其乐融融。

“小杨呀，最近工作挺忙啊？”酒足饭饱，老丈人拉起了家常。

“爸，你可别问了，这一个月，一天没着家，不是这个矿要超前探，就是那个矿要做工作面，和那个音频仪器，比我都亲……”一听工作，妻子满肚子埋怨又涌了上来。

“铃铃铃……”还没等妻子说完，杨队的电话响了起来。

几句对话后，杨队撂下了电话，满脸歉意地看着妻子，结巴道：“公司有个成果报告还得我去看下，矿井那边挺着急，没这个报告他们也不敢开工，安全是个大事……”

“行了，行了，别说了。”妻子不耐烦地打断他的话，“你就在这儿，哪也不许去！”

杨队急得直搓手，可自己喝了酒，妻子要是不开车送，还真不好回去。

“你看看隔壁老李，在银行上班，一天过手的钱也有几百万了吧，也没见像你这么忙啊，不知道的还以为你赚了几百万呢。”妻子一边收拾碗筷，一边气呼呼说着。

“他那又没什么人命关天的事，我们得给井下采煤提供准确方向，还要预知各个工作面的水情，防止发生突水事故。”杨队解释道，“矿井多，事情就多，我们测的结果，可关乎井下好多人的性命呢。”

“怎么会？矿井那么大，要是来水了就往上跑，灌满矿井也得很长时间吧，还跑不上去？”妻子不服地说道。

“2005 年 7 月 7 日，上栗县赤山镇高兰永胜煤矿发生一起特大透水事故，死亡 15 人，直接经济损失 500 万元……”杨队直接打开手机，里面传来了视频报道声音。

妻子拿过手机，里面有很多关于矿井安全教育视频，都是杨队给员工定期播放观看的，时常敲响安全警钟。

“2005 年 8 月 7 日，广东省兴宁市大兴煤矿发生特别重大透水责任事故，造成 121 人死亡，直接经济损失 4725 万元……”

妻子又点开一个，还是矿井发生的突水事故。里面大水淹没矿井的凶相让人心里一惊，不忍直视。

妻子吓得赶紧关闭了视频，感慨道：“你说他们要是知道哪有水，不就没事了？绕过有水的地方，再……”

刚说到一半，妻子突然意识到了什么，望向一脸笑意的杨队，脸突然红了。

“走，我送你去公司。”妻子放下抹布，拿起车钥匙，拉着杨队走出了家门，“你得好好搞物探，把那些水都找出来，让矿井安安全全的！”

铁面柔情

“什么？只安排我们三个新员工去寸草塔煤矿做瞬变？”

面对杨队的安排，物探队刚来还不到2个月的三名新员工，不约而同地瞪大了眼睛，发出了疑问。

“对，就你们三个，我也会去的。”看着他们松了一口气的表情，杨队又补充道，“不过我只负责联系下井车辆，活儿还得你们自己干！”

三名新员工面面相觑，挠着头不知所措。

今年，物探队来了十几名新员工，王超、朱有成、林旭东就是其中三名“新兵蛋子”，虽然经历了各自师傅的“手把手”教学，也参加了N场实战演练，但没有老员工指导独自作业，还是大姑娘上轿——头一回。

设备充电、分装器具、准备衣物……一系列入井前的准备工作，三个人按照以往，进行得井井有条，只不过没有师傅在旁边提醒，总是感觉落了什么东西，说白了，就是心里不踏实。

“瞬变的参数设置你们记得不？”在前往寸草塔煤矿的路上，王超翻着培训时拍的照片，询问着队友。

“线圈设置1.5米，匝数设置40……”其他两个人像背顺口溜一样，背出了数据，“下个月队里还要进行瞬变操作班组竞赛呢，早背熟了。”

三个人一边叨咕着，一边用手演示着测量的角度和方式。

到达矿井，几人更换了下井的衣服，佩戴好自救器和矿灯，正要登上下井车辆，却被杨队喝止了。

几人呆站在原地，大眼瞪小眼，又恍然大悟，按亮了矿灯，检查了自救器的指示器，大声报告："矿灯完好，自救器指示在正常范围内。"

杨队这才满意地点点头："进入矿井，矿灯不亮，啥也干不成；自救器不能用，背着就是个累赘，你们一定要养成习惯，下井前检查好装备，要不然下去就是'巨婴'，还得别人时刻照顾你。"

进入了黑洞洞的井下，黑暗的吞噬和阴冷的风吹又让三人紧张了起来。

"做吧。"杨队站在旁边示意开始，却一点提示的意思也没有。三个人最后的一点期望也破灭了，按照以往的记忆摆好角度，测量起来。

每当做完一组数据，三人都会看向杨队，想问问是否正确，可杨队却扔下一句“做错了明天还来干”，就转过头去。

数据波形在仪器上绘制出来，矿灯的灯光只能照清显示器上的数据，却看不清三人脑门上冒出来的汗水和杨队欣慰的笑容。

9 个点的 27 组数据全部测量完成了，杨队赶紧绷起脸庞：“做完了就走吧。”

“您不看看数据正确吗？”朱有成忍不住，终于问出了自己的担心。

“这得你们看，做错了你们自己负责。”杨队嘴上放着狠话，心里却说：“你们做得都正确，好样的！”

三个人又讨论一会，反复确认，最终意见达成一致才同意升井。来到地面后，杨队恢复了平日的温和，拍着他们的肩膀表扬道：“做得很好，给点压力，你们才成长得快呀！”

听到了赞扬，三人心里悬着的石头才算落地。“这次操作我可都记住了，下次自己单独干也没问题了。”林旭东不禁感慨道。

“还有入井前把装备检查好，我可不想当‘巨婴’。”王超急着补充道。

几人同时哈哈大笑起来。

安全工作，一直是公司最重视的工作，也是杨队投入精力最多的事情。新老员工的安全教育，探测技术的教学传承，一个是保障人的自身安全，一个是保障矿井采掘的安全，只有誓死守护住它们，才能兑现神东人守护生命安全、家庭幸福、企业发展的安全誓言，才能实现创百年神东、做世界煤炭企业领跑者的企业愿景。

安全，是一切的基础。

Part 1 | 第九篇

云中的秘密

罗 玮

国能大渡河流域水电开发有限公司

一

“玖巴卓，恰巴抱雄（快点走，要下雨了）。”

藏族大爷波扎西抬头打量着天上异常阴沉的云，一边加快脚步挥打着羊群，一边催促着河边嬉戏的小孙女回家。

“风沿谷下行，雨要来；风沿谷上行，天要晴。”波扎西重复着古老的藏族谚语，告诉他的小孙女，似乎有一场大雨即将来临。

往年的 6 月，丹巴的阳光总是如流金般灿烂，云天纯净而又热烈，清澈的江水流过开满野花的草地，仿佛风中都包含着自然的气息。今年，丹巴 6 月的天气却仿佛一个阴郁的孩子，高耸的藏寨古碉上时常衬托着阴霾、灰黑的天空。河谷的风催促着天空的云向丹巴上空集聚，瘦骨嶙峋的老人吆喝着羊群走在回家的路上，这个熟知丹巴河谷气候的老人，

怎么也不会想到迎接他们的是一场史无前例的暴雨。

二

和波扎西一样心系丹巴大气云层变化的，还有一群在千里之外的人，他们穿着灰色的工作服，在电脑屏幕前关注着丹巴天气的异常变化。卫星云图、数据、图形……不停地做着分析演算。

“刚才汇总了美国国家环境预测中心、欧洲气候中心的背景场数据，结合我们自建的105个遥测站点观测资料，分析结果显示不乐观。大渡河上游将面临新一轮强降雨，未来3日上游累计面雨量可能超过40毫米。”一位身着灰色工作服的高个男子站起来说道，“目前来看，洪峰将在丹巴形成，其峰值流量可能达到3000立方米/秒啊。”

听闻此言，旁边一位年轻的女博士皱起眉头，神情严肃地说道：“恐怕比这还要严重。”

“你们看”，女博士指向电脑屏幕，“高精度水情气象系统WRF模型预报成果显示，大渡河上游区域受青藏高原东部多低值系统影响，同时孟加拉湾风暴提供了充沛的水汽条件，我判断这次大渡河上游持续的强降雨天气，可能导致丹巴流量超过4200立方米/秒。”

“啊？超过4200立方米/秒？！那不是达到丹巴历史最大流量了？恐怕沿江的一些地方都会被淹没！”高个男子直起身，愁云布满了他惊讶的脸。

女博士抬起头，推了推眼镜：“得赶紧跟领导汇报，紧急安排气象会商、发布预警信息才行！”

三

丹巴上空的云层越积越厚。波扎西和孙女回到家中，外面已经淅淅沥沥地下起了小雨，如丝的小雨从空中降落，给隐在密林深处的寨房披上了蝉翼般的白纱。

“咚咚咚！”一阵急迫的敲门声响起，不等波扎西开门，丹巴县岳扎乡红五月村支部书记袁乾军已推门而入，焦急地喊道：“波扎西，快跟我来，成都那方的人告诉我们，大渡河要发大洪水了，咱们得赶紧离开这里！”

“我知道，看这天就知道会有一场洪水。但我在这住了几十年了，洪水什么时候淹到我家屋头来啊。洪水上不来的，你还是快去疏散那些住在低洼地带的村民吧。”波扎西点起了手中的叶子烟，烟头的火光在暗沉的屋内显得十分微弱。

“你别说你在这住了几十年了，成都那方预测的可是百年一遇的洪水啊！”村支书连忙解释道。

“百年一遇？有这么严重吗？”波扎西将信将疑。

“别人有现代化的预测设备，比你的经验管用多了。上面要求的 2290 米高程以下的村民都要撤离，快跟我走吧！”

波扎西有一丝迟疑，似乎也感觉到了情况不容乐观。“那我得把我的羊一起带上。羊没了，什么都没了啊。”

“好好好，再不走才是什么都没了。”

话音刚落，村支书急忙拉着老人一家和他们的羊群到高地的避险点而去。

四

乌黑的云已把丹巴的上空遮得密不透风，伴随着滂沱的大雨，大渡河上洪水肆意，浊浪滚滚。

小孙女每天守护羊群，看着爷爷加入了村支书的队伍，作为志愿者奔走在抗洪抢险一线。在他们身边，还有一群身着灰色工作服、头戴白色安全帽的人，护堤、救援、抢险……暴雨未停，险情频现。丹巴流量创纪录达到 4900 立方米 / 秒！从护堤到堵管涌再到转移群众，一场场硬仗，他们众志成城筑起抗洪抢险中最坚固的堤坝。

远在成都的国家能源集团大渡河公司生产指挥中心，有序启动特大洪水应急处置预案，科学开展洪水滚动预报、过程推演和闸门调度，与丹巴百姓们一道，共同应对这场暴雨攻坚战。他们向长江防总、四川省防办汇报洪水预报成果，征得支持后提前开展预泄腾库；他们向四川省电力调度控制中心沟通协调，加大电站出力增加下泄水量；他们向地方政府发布特大洪水预警，通报大渡河流域业主单位，积极做好抗洪抢险准备。瀑布沟水电站，作为大渡河中游控制性水库，在最大洪峰汇聚前提前 48 小时开闸泄洪，腾空库容 3.58 亿立方米，确保洪水平稳过境，削峰率达到 40%，有力保障了下游沿江两岸居民的生产生活安全。

五

一周后，被洪水洗涤后的山谷恢复了往日平静，长风吹散了云朵，让丹巴的天空只剩下一种蓝，重现了万里无云的艳阳天。三五结对的山羊在山间湿滑的岩石上来回跳跃，夏日的朝阳从小金山上升起，透进了丹巴“6 · 15”抗洪抢险表彰大会的礼堂。

小孙女坐在被评为抗洪抢险先进的波扎西身边，忍不住指了指坐在前排穿着灰色工作服、头顶白色安全帽的人，悄悄问爷爷：“他们是什么人啊？”

“他们和我们一样，也是大渡河人，但比我们更懂丹巴的云。”

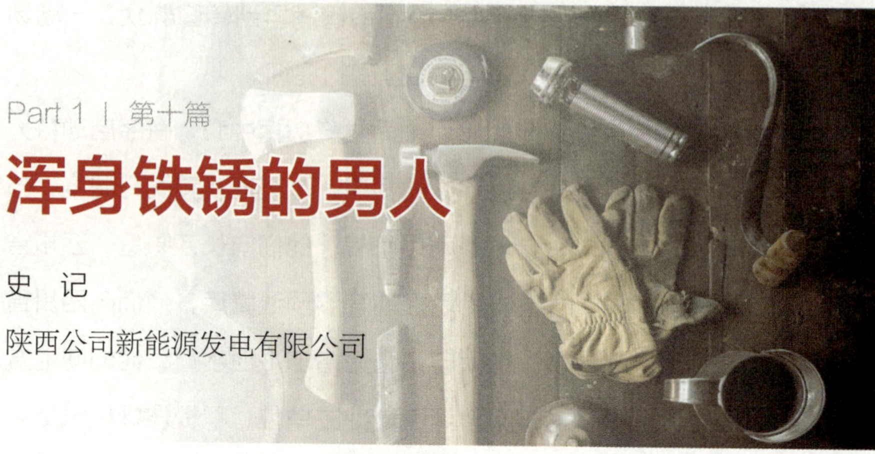

Part 1 | 第十篇

浑身铁锈的男人

史 记

陕西公司新能源发电有限公司

繁食沟人。

繁食沟人不是某个人，而是一个群体。他们从全国各地跑到这个犄角旮旯的小村子，来到这个风电场，做的不是什么高大上的工作，就是敲打螺丝、更换备件、检修电路、擦拭油污之类。如果给典型的繁食沟人做一张特写的话，他应该是三十出头的中年男人，身材粗壮，脸庞黑红，皮肤粗糙。

老韩就是典型的繁食沟人。管他叫“老韩”并不是因为他比我老，而是这里的一个习惯，管你多少岁，来到这个场站，便一律姓前冠以“老”字称呼，如“老史”“老曹”“老潘”等，不管你愿不愿意，大家就这样叫开了。

我到繁食沟报到的时候是在一个雪夜，晚上十点多走进场站。白天风场忙着检修还没来得及安排，刚将行李放在空荡荡的房间，场长吼了一嗓子：“老韩，你去弄几张床来。”老韩便带了几个人，走到库房，爬到最上面，吃力地往外拽出几块床板。

我略微打量了一下老韩，高大粗壮的体型，脸上高原红且不说，身上红色的工作服满是油污，看起来就像是被一群人拿着生满了红锈的钢管胖揍了一顿似的。浑身该脏的地方一点都不含糊，不该脏的地方也起到了衬托作用，整个人看起来就像是一块锈铁。

后来才知道老韩也就刚刚大学毕业一年多的光景，那时节“陕西风电第一塔”的招牌也才刚刚立起来，运行不到一年。这样看来，老韩算是陕西风电事业的先驱。

因为老韩是检修班长，平时干活我便跟老韩一起。那辆用于日常执勤的皮卡车也是同一个德行，该生锈的地方无一不生锈，不该生锈的地方则全是泥点子。神奇的是，虽车破但发动机、刹车、底盘不存在任何问题，风场不会拿安全开玩笑。风机都种在黄土高原最高的塬顶上，老韩驾驶着这辆已经行驶三十多万公里的“破车”，稳稳行驶在沟沟峁峁中，让我惊叹不已。

一百多台风机散落在方圆几十公里的各个山头，两台风机的距离看似近在眼前实际却远在天边。虽然编号相连，却隔着一道深沟，绕过去有十几公里。蜘蛛网一样的各种羊肠小道把人绕得晕头转向，老韩却对每台风机的方位了如指掌，总能在每次出行前规划出最优的路线。这还不是最神奇的，最让我惊讶的是到了晚上。

有一台风机位于一处农户旁边，因为一些经济纠纷，村民禁止我们去检修维护这台风机。但这台风机也争气，几个月不用维护，也依然坚强地运转着，每日每夜稳定地给风场输送着电力，堪称风场劳模。

可再坚挺也有撂挑子的时候。白天的时候我和老韩开着皮卡车尝试着去检修，可刚靠近便被拦了下来，各种交涉无果。于是便在夜深人静、黎明前最黑暗的时候，一行人提上收拾好的工具，跟做贼似的，远远地便关掉车灯，缓缓靠近风机。机舱的灯不敢开，助爬器也不敢用，只能打着头灯，摸黑爬了上去，不敢发出一点声响，连大气都不敢出，直到最后跳上车，悄悄地驶出几百米之外才敢大口地喘气。而这其中最让我想不通的是老韩怎么在漆黑的夜晚，驾驶着一辆车灯都不开的“破车”，在清一色的沟峁山梁中找到一条正确的道路。因为即使到了现在，已经在那里待了好几年，到了晚上，我依然跟瞎子一样分不清东西南北。

而这还不是最让我惊叹的地方。

风机箱式变压器的油品需要定期过滤，由于滤油时风机电力中断，便需要携带发电机提供电力。笨重的发电机体型巨大，风场的皮卡车无法运载，老韩便从自己家里将三轮拖拉机开过来，这更是一辆锈得连漆皮都看不见的农用车。我们将三轮车的箱壁全都打开放平，然后把发电机平放上去，老韩便一路上晃晃悠悠地开着。在十几度陡坡的崎岖路面上，看着老韩乌龟一样不紧不慢地缓慢爬升，头戴一顶草帽，不需要任何的修饰，便是活脱脱的乡下老农形象。有的风机距离升压站比较远，老韩要这样慢慢地开一个多小时，有的时候我坐在旁边陪着一起唠嗑，不到十分钟整个屁股都麻木了。

生活的背景色是土黄色，无休止的呼啸狂风是生活的白噪声。没有城市的热闹，繁食沟的夜总是来得早一些，也漫长了很多。秋水般的夜会在每个夜晚漫无边际地弥漫，把整个人包裹起来。老韩宿舍床头、案首堆满了各种图纸，脱掉一身的铁锈，静坐桌前，这时候的老韩化身“韩工”，在纵横交错的电路图中细细探索，寻找着一条通往梦想的道路。

十年了，十年时光足以使这片半个多世纪以前的黄土地上的星星之

火燃成燎原之势，席卷全国；十年时光也能使四十多年前梁家河的白衣少年蜕变成清华才俊；十年时光也足够陕西新能源在定、靖两县种出一片钢铁森林；十年时光也将一群刚走出校门的青葱少年被西风吹成了粗糙汉子，裹上一身铁锈。

老韩把家安在了当地的县城，婆姨也是当地的。因为在风场上班二十来天才能休假，老韩的媳妇有时会带着娃来看老韩，听着他小两口在院子里逗娃的欢声笑语，老韩化身成“狗粮贩子”。

有的时候老韩会挺着个肚腩，拿着篮球吃力地投篮，好不容易进了一个，牙牙学语的儿子在旁边手舞足蹈，婆姨的眼中满是笑意。老韩肥胖的身躯再没有机会在球场风驰电掣，博取满堂喝彩，但却有了两个忠实的迷粉儿，永远支持着他。距离繁食沟直线距离最近的电影院在 200 千米外的榆林，老韩会在休假的时候开车带上娃去看电影。县城有一家叫作麦肯基的连锁快餐店，老韩偶尔也会带娃去吃自助餐。真正的麦当劳、星巴克在几百千米以外，但是碎娃才不在乎，依然吃得欢天喜地。

这里是毛乌素沙漠的边缘地带，一年只刮一场风，从春刮到冬。但夕阳下的繁食沟美轮美奂，树林里的鸟儿懒洋洋地鸣叫着，黄昏隐去了天地间的一切细节，把最好的一面呈现在你眼前。

这群浑身长满铁锈的男人，在黄土地上坚强地生长着。他们像蚂蚁一样，辛勤劳作，默默无闻；他们又像猛兽，敢于面对一切艰难险阻；他们是拓荒者，前往一切无人到达的地方；他们是普通人，小心翼翼地经营着自己的小小生活。

尽管他们浑身铁锈色，却是红通通、红艳艳的红色，也是梁家河天空飘扬着的永不磨灭的红色。

Part 1 | 第十一篇

十三小时夜未眠 激战强风保供电

孙睦涵

龙源电力江苏龙源风力发电有限公司

一直以来，风就是龙源电力人的“最佳拍档”，呼啸着送来源源不断的绿色能源。但是，一场突如其来的瞬时强风，如果应对不当，也会对安全生产造成严重威胁。

2021 年 4 月 30 日 18—22 时，南通市出现大范围强雷暴大风极端天气，最大风力超过 14 级。龙源江苏公司南通区域维保中心的环港、凌洋、东凌、东元 4 个工段均处于强风影响区域。一场没有硝烟的战争，已悄然打响。

提前预警显功效 运筹帷幄掌先机

时间回溯到 2021 年 4 月 30 日下午，此时仍是一片风和日丽之景，刚刚荣获“全国工人先锋号”的龙源江苏集中监控中心内，值班员们一边有条不紊地处理手头工作，一边憧憬着即将到来的“五一”假期。

在安排假期工作计划时，值班员丁艳通过功率系统发现预测曲线不似以往平稳的波浪形，而呈现罕见的“J”形，说明短期内将有强风过境。监控中心迅速联络南通市气象台，获悉东北南下冷涡即将在南通地区和江淮暖气团迎头交锋，形成烈性强对流天气，预计风力 14 级，相当于 2018 年的台风之王“山竹”。

灾情就是命令，时间就是红线！监控中心团队立即将情况汇报部门、请示领导，并于当晚 20 时 14 分，在强风来临前 30 分钟向南通区域 4 个工段发布强风红色预警信号。同时，监控中心所在党支部启动“党员留下来”机制，增派 2 名党员到岗值班，加强当晚值班力量。

▶ 严阵以待守战线　临危不乱抗险情

接到通知后，各工段立即启动防台应急预案，全员留场值守，盘点人员、车辆、备件妥当安置，清查各电力设施、架构、门窗闭锁牢靠，所有职工严阵以待面对险情。半小时后，风暴袭来，机组瞬时风速一度达到 54.15 米 / 秒，4 工段 340 台机组全部按照应急预案进入保护模式，全负荷切出并网发电状态。

夜幕下的东凌工段，天昏地暗，狂风卷集、怒号着吞噬所经过的一切。在党支部书记兼工段长杨建军的组织下，党员带动群众，分小组把守好中控室、保护室、通信室、开关室等重要场所，随时汇报遇到的异常情况; 强风警报解除前，任何人任何情况下不得离开建筑外出。安全员顾星星彻夜坚守中控室，刺耳的警报声萦绕耳边，一波未平一波又起。至强风警报解除，全场 119 台风机超过 2/3 受累停运，5 条线路先后跳闸……

半夜时分，风雨渐歇，大家这才走出来看到了满地的狼藉：玻璃大门碎了一地、旗杆拦腰折断、车棚倒塌、防火沙箱损坏、重达 8 吨的水箱甚至从生活楼顶砸至场站路中……仅仅一座升压站内，就出现了多处设施损毁。

东凌工段连夜部署，加紧确认场区及站内各处受损情况，设计恢复方案，全力抢修受损设备，加强二次灾害防范工作，确保设施安全、负荷稳定。监控中心迅速导出东凌机组故障汇总表，按故障类型分类，结合机位分布，连夜制定抢修路线图，最大化提高一线工作效率。

区域维保聚合力　党员冲锋干在前

5 月 1 日清晨，龙源电力江苏公司主要领导及生运本部人员第一时间赶到现场，积极协调联系供电公司、外委单位、线缆维修单位等，加快救援设施入场、替换备品运输等工作。

一方有难、八方支援！得益于新运检模式的实施，由南通区域维保中心统一调配，受灾相对较轻的环港、凌洋、东元 3 个工段抽派检修力量，由党员 18 人、骨干 11 人就地组成 3 支党员突击队，火速支援东凌工段。6 时前，3 支突击队便全员到位。

在热火朝天的抢修阵地上，一辆辆满载人员、工具、备件的车辆沿着道路疾驰，一台台机组在突击队员们手中重新焕发生机，一条条线路随着他们的脚步依次恢复供电。

至中午 11 时，东凌工段除线路原因停机外，其余 38 台机组全部恢复运行。这意味着，在此次极端天气灾害中，该公司仅耗时 13 个小时，便将除硬性损伤外的所有受影响机组及输电设备全部恢复运行，稳定出力！

面对 14 级风时奋力坚守，长达 13 个小时勠力攻坚，江苏龙源人在“五一”这天唱响了一曲致敬劳动者的赞歌！在这群最可爱的人身上，我们看到了公司传承下来的龙源精神。这种精神，是“全国工人先锋号”的实干奉献，是“中央企业先进集体”的创新争先，是国家能源集团先进基层党组织的红色担当。这种精神，也必将在“十四五”新征程上，助力公司蓬勃发展、乘风破浪，为建设具有全球竞争力的世界一流示范企业再建新功！

Part 1 | 第十二篇

耕耘不辍的犁铧

邱凤臣

国神公司鄂温克电厂

金秋十月，雄壮巍峨、层林尽染的泰山沐浴着秋日的暖阳。正值收获的季节，举目四望，到处是红彤彤的柿子、黑黝黝的板栗、绿油油的核桃，忙碌着秋收的父老乡亲满面笑容的褶皱里洋溢着欢欣和幸福！母亲一边擦拭着额头的汗水，一边在氤氲的蒸汽中开启蒸馍的大锅。餐桌上一壶烫热的老酒在翘首等候劳作晚归的父亲。

“女士们、先生们，本次航班即将降落海拉尔东山机场，地面温度零下 4 摄氏度，请您及时添加衣物……”。

逯良猛然间醒来，揉揉双眼，透过舷窗，竟然在满目枯黄的旷野沟壑里见到了积雪！他下意识地缩了一下脖子，不由得想起了高中语文课本中的那句诗，“北风卷地白草折，胡天八月即飞雪”，不由得心中五味杂陈，有忐忑和依恋，有好奇和憧憬。三个月前，还是山东电力高等专科学校一个不谙世事、稚气未脱的学生，在经过三个月的就职培训后，他被分配到地处呼伦贝尔孟根楚鲁草原腹地的鄂温克电厂，即将成为一名草原“电力人”。

伴随着航班降落前的盘旋和起落，逯良坐直了身子，用力做了几下吞咽动作，似乎是要把思乡的念头咽到肚子里，也是在提醒自己不能忘记临行前父母的叮嘱："踏踏实实，干好工作。"十年后的今天，父母这句朴实的话语仍言犹在耳！

成 长

2012年的早春三月，呼伦贝尔草原上依然寒风凛冽。鄂温克电厂及其三百余员工在严霜苦寒里经历了一次凤凰涅槃般的浴火重生后，正在不舍昼夜地赶抢工期，向着机组投产的目标奋力前行！

"逯良，人资部找你去一趟"，一名工友扯着嗓子连着喊了两遍，在启动锅炉的轰鸣声中，逯良一边抹着额头的汗水，一边高声答应着跑过来。

两天前，考虑到机组投产运营指日可待。厂领导考虑加强燃料管理，指令老员工郭工遴选青年员工组建相应的管理团队。郭工第一个想到的就是逯良，"这孩子，勤快、踏实、好学，也会来事儿，是块干管理的材料！"经老员工的举荐，逯良从生产一线进入燃料管理工作的归口部门计划经营部，面对全新未知的工作领域，这个来自泰山脚下的年轻人，自此开启了人生新的旅程。

为人做事踏实、牢靠、勤奋、好学，是逯良的同事们给予他的评价。在燃料管理领域埋头苦干了一年多后，基于他的良好表现，领导安排逯良转岗到"综合计划"岗位，逯良的职业生涯再次发生角色转换——进入电力营销领域。

作为一名电力专业毕业的理工男，逯良此前对营销领域可以说是“一无所知”，这个剪着板寸发型，有着一双灵动眸子的齐鲁子弟，秉承了孔孟之乡的好学之风！在到计划经营部报到的当天日记里，逯良只写下了一句话：“强化自身学习，努力提高专业技能。”当年举荐他的郭工成了他的第一个良师益友，师傅手把手地教，徒弟心贴心地学，不出旬日，逯良就能独当一面、独立开展工作了。但要求严格的郭工却时时告诫逯良一定要多读书、多领悟，所谓“功夫在诗外”，燃料管理是这样，电力营销也是如此。

此后，《营销心理学》《市场营销学》等书籍成了他的枕边书。同寝的舍友看到这些书已被翻阅得卷了边时，无不十分讶异，舍友小高开着玩笑说：“信奉实干主义的逯良同志怎么做起学问来了？”逯良郑重

地回答道："俗话说，干一行，精一行，专业书籍看得多了，自然是可以一通百通、精益求精。作为火电厂的员工，我们都需要了解更多的电力知识和火电发展态势。书本上的理论也是实践经验的概括和总结，我们无偿地拿来为己所用，不是一件很划算的事吗？"

在进入新的工作岗位不到一年的时间里，这个二十岁出头的毛头小子，居然准确找到了营销人员的定位并快速成长为知识结构完整、处事干练、敏而好学的新生代电力营销人。他在日记中写道："如果说工作的经验就是你走过的路，那么学习一定是前进的灯塔。"

▶磨　炼

2021 年深冬清晨 5 时许，逯良蹑手蹑脚地起床，拧亮书房里的台灯，开始编写自己一日的工作计划。面对千头万绪的工作，为避免疏忽和遗漏，这个习惯他已经坚持了近十年。早计划、晚总结，这是他有条不紊地开展工作并成绩突出的"法宝"。计划完成后，他又手脚麻利地为孕期待产的妻子准备好早餐。6 时 40 分，天空漆黑如墨。此时逯良已坐上通勤班车，驶向 70 千米外的厂区。

通勤班车的暖风给得很足，车内的鼾声此起彼伏。逯良努力抵御着不断袭来的困意，在脑海里再次梳理当天的工作计划，以及年终岁尾即将来临之际自己作为一名营销人员所能展现的工作成果。上半年，受能耗双控对发电量冲击的影响，鄂温克电厂发电量及营销市场似乎提前进入了寒冬。在公司及厂领导高瞻远瞩的决策部署下，自己协同生产运行有关人员，仔细研读蒙东区域交易规则，以交易规则中要求的风火成交比例为切入点，成功获得东北电网及内蒙古工信厅的支持并促成鄂温克电厂蒙东区域风火置换转移电量 1.6 亿千瓦时，获得收益 925 万元，有效降低了能耗双控对发电量下降的不利影响。一年来，鄂温克电厂完成发电量 58.99 亿千瓦时，同比增加 4.7 亿千瓦时。年累计完成 4916 小时，在蒙东区域同类型非供热机组中位列第 1 名，利用小时较平均值高 123 小时。这个喜人的成绩，是近三百名鄂电人无私奉献的结果，电力营销在其间的辛勤付出及不可替代的作用也得到了厂领导的充分肯定。想到这里，满满的成就感袭上心头，不觉间班车已行程过半，逯良调整了一下坐姿，快速地进入梦乡。

这一觉虽短，却无比香甜！

奉　献

逯良下班回到家，急匆匆打开房门，看到妻子正在收纳自己昨日出差归来的行装时，一丝心酸涌上他的心头。他嗫嚅着：“别收拾了，我马上还要走，去沈阳。”妻子的双手一下子静止了，抬头嗔怪地说：“你还能分得清哪里是家哪里是旅店吗？”他正要愧疚地解释着什么，妻子却又笑着说：“人家开玩笑呢！工作要紧！”边说着，妻子又重新为他打理行装。望着妻子，逯良心里热乎乎的。2021 年，国家发展改革委下发的 1439 号文对火电企业产生了实质性影响。为了完成公司布置的营销任务，这个营销战线上年轻的“老兵”夜以继日地梳理、研读国家关于电价改革的政策，密切跟踪送出及受入多区域燃煤发电上网电价改革形势下的交易情况，积极联合区域内火电机组，多次赴内蒙古工信厅、东北电网公司、辽宁省工信厅和发展改革委就电价调增事宜进行沟通汇报。在他的工作日记里有这样一段表述："只要一想到时间紧任务重，就不敢有半点怠慢。自己从事的工作，对于鄂温克电厂而言，是牵一发而动全身。公司能把这么重要的工作交给我，这是公司对我的信任，更是我自己历练和成长的机遇。"

在和妻子谈恋爱时，逯良就把营销工作的性质和特点给未来的妻子做了详尽的介绍。看到恋人表示理解和支持时，他又一本正经地说："我姓逯，这个字做动词时，是行走的意思。我不远千里从内地来到边疆，是要追寻两个恋人，一个是你、一个是男人的事业。"他说到做到，最终也应验了他的"说文解字"，一边背负着家庭，一边为了事业，一直行走在路上。

▶ 收 获

七月的呼伦贝尔，天高云淡，绿草如茵。

鄂温克电厂分管经营的副总经理办公室里，领导把一份名为《关于2021 年"国家能源杯"智能建设电力交易技能竞赛的通知》的文件递给逯良，"小逯，看看这个竞赛通知，再给我说一说当下电力交易的形势和电力营销从业人员技能要求，有什么说什么。"此刻的逯良，心如鹿撞，这个竞赛通知，他已浏览过多次，其内容早已烂熟于心，自己也无数次憧憬着代表国神公司参赛，但也无数次自我否定。“领导，从竞赛内容来看，我们需要紧紧围绕‘十四五’目标任务，统筹规划现货交易管理，将技能实战和理论知识相结合。针对此项内容，参赛人员在学习火电相关知识的同时，更需要对风力和水力等新能源进行充分的了解。特别是在‘双碳’要求下，发电行业主要是火力发电，由于风力发电受制于环境的要求，大部分可以维持风力发电的电厂需要建立在人群稀少的区域，当地所需电力本身较少，风力发电难以发挥最大效能。在未来的发电行业当中，火力发电仍旧需要作为主流出现在市场当中，只不过这种情况下，以‘绿色发展——创新、创造、创效’为要求，则是更需要在火力发电的环节做出相应的创新，加快推进电力市场化的进程。”领导看着侃侃而谈的逯良，微笑着说：“如果让你参赛，有什么困难吗？”看到连日来一直在憧憬着的参赛梦想近在咫尺，逯良的心跳更快了！稍事平静后，他坦承道：“别的困难没有，就是有些知识在我自学过程中难以消化，担心……”领导抬手打断了他的回答，“准备准备，出去学习”。

培训学习伊始，逯良便被华北电力大学培训团队的专业水平所折服，华北电力大学是电力系统高校中的“黄埔”，他百倍珍惜这次学习机会，一时间淡化了大赛前的紧张和对赛事结果的期许，全身心地投身于交易和实操培训之中。在每天高强度的培训学习之余，逯良依然能够坚持自己“早计划、晚总结”的习惯。翻开他的培训学习总结笔记，其覆盖面之广、专业性之深、信息量之大，无不让人对这个外表憨厚的年轻人刮目相看。在培训学习第一天的总结笔记中，他写道：“随着电力现货市场的推进，电力逐渐回归商品属性，在保证安全用电的前提下，在合适的时间提前量上，形成与电力用户相适应的负荷变化曲线的交易计划，以集中出清的手段实现电量交易的充分竞争。改变原有的‘传统的计划调度＋电力直接交易＋优先发电计划’调度方式，增加发电企业的灵活性。”2021 年 10 月，“国家能源杯”智能建设电力交易技能竞赛拉开帷幕。作为代表国神公司参赛的 12 名队员之一的逯良，距离他入职鄂温克电厂已整整十年。有了赛前强化培训的良好收获，加之十年来的不辍钻研进取，还有临行前妻子鼓励的话语，让此时的逯良，一个电力营销战线上年轻的老兵信心满满、底气十足。他和队友们团结协作、奋勇争先，经过激烈的角逐，国神公司代表队最终获得团体第一名。

早春三月，呼伦贝尔草原依然银装素裹，但春天的脚步近了，不消十数日，便会冰消雪融。牧民耕耘的犁铧又会在大地上描绘美好的图画。就在这幅画的旁边，被誉为“草原明珠”的鄂温克电厂坐落于此，三百余名电力员工也像这犁铧，不分四季、不舍昼夜地耕耘，农人的犁铧耕耘土地、收获食粮，鄂电人耕耘理想、收获光明。

逯良和他的同事们就是这片草原上耕耘不辍的犁铧。

Part 1 | 第十三篇

“黑大爷”

雍居杰

重庆公司国能重庆风电开发有限公司

这个被称为“黑大爷”的男人，名叫任继成，是国家能源集团重庆风电公司副总工程师兼工程部主任，也是集团公司劳模。除此之外，他还有一个特别的身份，他是我的师父。

“黑大爷”年轻时一点都不黑，还是个白白净净的帅小伙。怎么变成现在这样的？一切还得从 2011 年他进入公司后说起。在投身风电事业的那一刻开始他就常与烈日为伴，与风雨为友。作为一名老党员，十余年来，他主持并全过程参与了狮子坪、大堡梁、千野草场、回山坪等四个风电场的工程建设工作，从前期选址到基础浇筑，从大件运输到风机吊装，都亲力亲为。

在狮子坪机位选址过程中，由于压覆矿的问题，设计院不得不舍弃 6 个风资源利用率较高的机位。“黑大爷”看在眼里，急在心里，作为工程部主任的他，怎会甘心让这么好的机位被轻易舍弃？于是，他顶着火辣辣的太阳，在 40 摄氏度的高温天气里挥汗如雨，带领地质勘探队反复实地勘察、提取数据。经过不懈努力，最终找到了风资源利用率较好的几个山头，填补了被舍弃 6 个机位的遗憾。这一优化，使狮子坪风场年平均利用时长提升了近 30 个小时，为后来圆满完成年度目标打下了坚实基础。真是踏破铁鞋无觅处，得来全靠“黑大爷”！

4 个风场 145 个机位，每个都是他一脚一脚、一个一个亲自选出来的。烈阳日复一日、年复一年晒在他的脸上，白面小伙便渐渐成了如今的“黑大爷”。

选址过程中，我和队友们埋怨脸都晒脱皮了，他总是安慰我们：“年轻人，坚持一下，这脸啊，多晒几个项目，晒成我这样就不会脱皮了。”大家都说任主任的脸越来越黑，说明公司发展越来越快，建设项目越来越多。就这样，一来二往，“黑大爷”的名头就在公司叫开了。

说完“黑大爷”的由来，咱们来说说他的专业能力。“黑大爷”从事工程建设工作已经 30 多年，一直兢兢业业，善于创新。他提出的一系列优化建议，大大节约了工程造价，加快了工程进度。

大家还记得前段时间网红“刀片”公路吗？“刀片”公路的惊险壮观，让许多游客和摄影爱好者慕名而去，每周末前往“刀片”公路游览的游客达上千人。

这段道路正是公司大堡梁风场内的 1.5 千米主道路，由两侧悬崖峭壁的山脊上通过，像是在“刀片上行走”，被业内外喻为“全国最难风场主道路”。

这一段 1.5 千米道路的背后，正是“黑大爷”带领我们奋战的无数个日日夜夜。

2015 年，公司大堡梁风电项目开工建设。由于七曜山山势险峻，施工作业面狭窄，我们只能采用 1 台小型挖机和 1 台小型钻机一点一点地掘进，如同两只小蚂蚁啃骨头，进展十分缓慢。眼看着大堡梁风场全面投产的时间越来越近，我们整个团队都一筹莫展、忧心忡忡。

正当大家束手无策之际，“黑大爷”当机立断，创新采用了“梁板混凝土预制板加宽道路”的“土办法”。这个“土办法”，不仅保证了大件运输的安全，还大大缩短了工期，节省了几千万的施工成本。

如果没有这段“刀片”公路，大堡梁风电场将损失 20 台机组的容量，回山坪 8 万千瓦风电场的建设也只能“胎死腹中”。如果没有这段“刀片”公路，公司后续 12 万千瓦风电项目也将化为泡影，回山坪二期项目更无从谈起。

“黑大爷”就是用这么一个“小创举”，解决了一个“大难题”。

“黑大爷”的专业精神和创新精神，深深地鼓舞着我和我的同事们。他是一个平常话挺多的人，但在工作时却少有言语，我见得最多的，就是他埋头苦思的神情和忙忙碌碌的背影。

“黑大爷”曾说：“劳动最光荣，工作中要努力做‘劳模’，生活中也要努力做‘劳模’。”这些年他经常在外奔波，和妻子聚少离多，心里觉得特别对不起妻子和女儿。所以只要一回到家，他就抢着做家务。

我很幸运，遇到了“黑大爷”这样一位师父。他让我懂得了“劳动最光荣”不是一句空话，它需要脚踏实地的干劲，也需要愚公移山的韧劲，还需要钉钉子般的钻劲。

他也让我懂得了：日拱一卒，功不唐捐。只要努力，只要坚持，我们每个人都可以在平凡的岗位上做出不平凡的成绩。虽然我们日常做的往往都是一些具体细微的工作，但正是这些具体细微的工作，汇聚起了

每一个人的力量，才能推动公司的不断向前发展。

一直以来，我们始终在党中央和上级党组织的坚强领导下，披荆斩棘、砥砺奋进，从没有固定办公场所，没有专业技术管理团队，没有成型经验，成长为资产质量优、利润贡献大、党建根基深的重庆风电领跑企业。越来越多像“黑大爷”一样的劳动模范涌现出来。大家心往一处想，劲往一处使，成为第二个、第三个“黑大爷”。“黑大爷”式的风电人不惧烈日当头、风餐露宿，扎实践行“社会主义是干出来的”伟大号召，只争朝夕干、精益求精干、团结一心干，就这样把集团在渝新能源装机容量从零干到了 30 万千瓦，位居重庆第一。

成绩已成过去，新的航标就在前方。“十四五”吹响了加快能源绿色转型的号角。2022 年，是党的二十大召开之年，是国企三年改革行动的收官之年，也是公司“绿色效益再翻番，坚持不懈创一流”的发展之年，做好全年工作，对我们提高发展质量和效益，铸就新的竞争优势，具有十分重要的意义。面对新形势、新要求，我们要增强信心决心，保持战略定力，一张蓝图干到底，奋力推动各项工作再上新台阶。在碳达峰、碳中和的愿景和“十四五”绿色发展规划下，我们要坚定不移跟党走，贯彻落实集团公司、重庆公司各项决策部署，以坚如磐石的信心，只争朝夕的劲头，坚韧不拔的毅力，扎实推进各项年度目标任务圆满完成，努力将“十四五”蓝图变为实景，为重庆公司“保 A 争先”，为国家能源集团在渝新能源事业高质量发展再作新贡献，以实际行动践行党的二十大精神！

国家能源集团“好故事”
优 秀 作 品 选 集

奉献

PART 2

Part 2 | 第一篇

生命的颜色

裴建国

神东煤炭洗选中心

国家能源集团神东矿区地处毛乌素沙漠，矿区开发之前这里经常大风蔽日、风沙弥漫，当地人形容这里“有风沙一片，无风一片沙，白天点油灯，黑夜沙堵门”。康世勇作为一名治沙老兵，在与风沙相伴的 39 年里，和沙培养了很深的感情，他说：“沙漠是一种未被人类科学、有效利用的特殊资源，如果你不了解沙漠，就会厌恶或恐惧，但当你摸清沙的脾气，加以科学治理，沙漠完全可以与人类和谐共处。”

▶ 在这片沙漠扎根下来

1979 年，从小饱受风沙之苦的康世勇报考内蒙古林学院治沙专业，他决心好好了解这片沙漠。大学毕业后，康世勇分配到伊克昭盟林业治沙造林研究所从事生态建设科研工作，工作的 8 年时间里，他先后参加了毛乌素沙地飞播林实验区建设研究、毛乌素沙地建立杨柴飞播林采种基地研究等多项生态科研课题。

随着我国能源开发战略的西移，20 世纪 80 年代初期，神府东胜煤田被国家列入能源现代化大规模开发建设重点项目。1991 年，31 岁的康世勇作为生态专业林业工程师，来到内蒙古东胜煤田开发经营公司开展治沙工作。

就在康世勇准备“大展宏图”的时候，一次严重交通事故，差点剪断了他腾飞的翅膀。1991 年 10 月 21 日晚，工地上忙碌了一天的康世勇在回家的路上，乘坐的 212 吉普车与包神铁路线上行驶的火车头相撞，康世勇被直接抛出了车外……

据当晚值班医生回忆，康世勇身上从头到脚受伤之处多达 52 处，脑部还有积液，通过头颅钻孔引流引液手术，导出的积液有一瓶半。幸运的是，经过长达一个半月的治疗，总算是把康世勇从死亡线上拽了回来。用康世勇自己的话说，我这是捡回了一条命，是我的第二次生命。

挫折因治沙而起，消灭挫折的斗志也必然因治沙愈发坚定，这是康世勇对生命的意义和价值新的思考。1992 年正月初八，春节假期刚过，康世勇的脚伤还没有痊愈，就拄着拐杖上班了。从那时起，康世勇就将自己第二次生命全身心投入筑建我国两亿吨级现代化生态绿色型煤炭矿区的事业之中。

此后，康世勇相继在神东绿化公司、矿业服务公司和神东环保管理处工作，担任过生态修复建设工程的规划设计室主任、项目部经理和支部书记，矿区林草绿地管护场支部书记兼副场长，物业服务处绿化队长等一线职务。不论在哪个单位、哪个岗位，康世勇始终都没有离开过他一生挚爱的防沙治沙工作。

做不好，我们会挨骂的

同样是沙地，不同的地方有不同的自然特性，如何让自己视为“孩子”的幼苗在这样的新环境中成活，靠的就是实事求是、因地制宜、一地一策。

1999 年 1—10 月，国家能源集团委托国家林业局调查规划设计院完成《1999 — 2008 年神府东胜矿区生态建设工程规划》方案，建设项目以乌兰木伦河为轴心，布设在河流两侧各 8 ~ 15 千米的范围，规划作业总面积 36184 公顷。

在内业规划布局讨论过程中，国家林业局提出的方案是布局以乔灌为主、乔灌草相结合的防护林体系。作为项目协作单位的负责人，康世勇则提出了不同的意见：神东矿区由北至南年平均降水量仅为 370 ~ 410 毫米，而地表蒸发量却高达 1100 ~ 1500 毫米，是降水量的 3 ~ 4 倍，加之地表被风沙土和黄土所覆盖，土壤呈现出缺水、结构松散和肥力贫瘠的状况，这就决定了不适宜大面积发展和营造以乔木为主的防护林植被。同时，沙柳是毛乌素沙漠的乡土植物，耐干旱、抗沙埋，极易成活，春季造林时埋入沙地湿沙层即可成活，建设成本较其他树种可节省 45% 以上。所以，应栽种以抗旱、抗性强、耐贫瘠的灌木和小灌木为主，规划灌草乔混合配置相结合的生态建设方式。

经过规划组严谨、细致的反复论证，采纳了康世勇的意见，最终不仅达到了预期的效果，而且节约了大量成本。

康世勇说："必须实事求是，否则就做不好，做不好会挨骂的。"

康世勇是这样说的，也是这样做的。经粗略统计，经康世勇完成的生态修复工程项目的规划设计任务达千余项，涉及了生态修复建设的大部分专业类别，造价在38万～260万元之间的项目就有200余项。如:神东矿区1999—2008年生态建设工程规划方案、神东矿区马家塔露天矿土地复垦建设工程规划设计、神东矿区上湾煤矿红石圈渠小流域水土保持综合治理工程设计……

山窝窝里长出了金疙瘩

就这样，在一代代"康世勇"们的参与和见证下，经过37年的开发建设，中国煤炭产业最靓丽的名片——神东，成功走出了一条生态优先、绿色低碳的高质量发展新路子，为黄河流域、全国煤炭行业生态保护和高质量发展提供可借鉴、可复制、可推广的典型模式和示范标杆，成为黄河几字湾上的“绿色引擎”。

截至2021年12月底，神东累计投入生态环保治理资金52亿多元，总计治理荒漠化土地面积384平方千米，矿区植被覆盖率由开发初期的3%提高到64%以上，创造纯经济利润9.48亿元，昔日的“荒三角”“黄三角”“穷三角”已经转变成为“金三角”“绿三角”“富三角”。

现在，沿着乌兰木伦河顺流而下，由北向南走进神东矿区，映入眼帘的是簇拥着千万吨矿井工业园区的各种乔灌木、花草镶嵌而成的绿色植物群落，坐落其中的13座千万吨矿井，给人们呈现出了一道独特的“产煤不见煤，蓝天白云飞”的靓丽画面。

星光不负赶路人

长期专注于神东生态修复建设实践的康世勇，一直在做治沙实践经验总结和理论研究。截至2021年，康世勇先后发表了100余篇关于生态修复建设科技论文和专题报告、唯一署名的著作4本、担任编委和作者的著作4本，其中不乏国际权威期刊，《中国神华神东2亿吨煤炭矿区荒漠化防治模式》于2018年发表在美国《气象与环境》（英文刊）国际自然科学杂志，荣获的奖项更是数不胜数。

康世勇本人也先后被聘为内蒙古鄂尔多斯市生态修复建设标准化专家、中国管理科学研究院学术委员会管理科学研究特约研究员、中国治沙暨沙业学会荒漠矿业生态修复专业委员会委员、中国治沙暨沙业学会荒漠矿业生态修复专业委员会主办的学术刊物《矿山生态修复》科技专业杂志编委会编委、中国治沙暨沙业学会理事。

他先后三次作为中国治沙专家代表登上了国际级会议的舞台，分享了中国的治沙经验。每次分享完毕，那些参会的“大鼻子、蓝眼睛”们无不竖起大拇指，他说这是对中国防治荒漠化工作竖起的大拇指。

退休不褪色

康世勇在长期与风沙的斗争中，身体也慢慢地亮起了“红灯”，耳鸣、视力模糊、失眠等各种问题接踵而来。2005 年 11 月，经体检和复查，确诊为 II 型糖尿病，康世勇在经历短暂低谷后马上打起了精神，“独创”了一套绿色“自疗”方法，康世勇把它称为七驾“绿色马车”，即心理干预、治疗教育、饮食控制、适量运动、血糖检测、药物治疗、中医治疗多管齐下。十几年如一日，通过“自疗”，康世勇昔日血糖高峰期间所出现的各种病症现象大幅度减轻，有些基本上消失了。他说这是他的第三次生命。

2020 年 7 月 29 日，60 岁的康世勇退休了，但他是个闲不住的人。9 月 10 日，康世勇接到了一个让他万分惊喜的电话，中国煤炭工业协会咨询中心通知他被聘任为煤炭矿区生态修复与土地治理“首席专家”。

就这样，康世勇继续从事煤炭矿区生态修复，主要任务是把神东建设绿色矿区形成的技术积累和规范标准，应用于解决西部煤炭矿区开发建设中存在的生态环保技术及管理问题。为此，一年半的时间里，康世勇几乎走遍了晋陕蒙宁甘等西部煤炭开发生产的所有矿区。出色地完成了煤矿减税符合性评价、审阅修改项目咨询方案、煤炭开发生产技术的规范论证、生态修复建设理论研究等多项重点任务。完成了多达 78 万字的评估论证报告和三本有关生态修复建设设计、技术和管理理论创新的专著，再一次用实际行动诠释了其生命的颜色。

煤炭是我国现阶段能源安全保障的基石，晋陕蒙宁甘所位居的西部地区，其储量和产量均占全国的 70% 以上。然而，西部地区地处干旱、半干旱沙漠化和水土流失严重区域，自然植被极度稀疏，水资源严重短缺，地表生态系统极其脆弱，经受不起任何形式的人为扰动和破坏。目前，黄河流域生态保护和高质量发展现在已经上升为国家重大战略，事关中华民族千年大计，而黄河流域的煤炭矿区生态保护和高质量发展更是其中的重中之重，急需科学的方法和采取适用、实用的创新理论来指导。

如何在西部安全高效、绿色清洁、智能化开采黑色能源的前提下，因地制宜、适地适技创建煤炭矿区抗旱型绿色生态修复植被体系，安全、持续实现西部矿区水资源和地表生态系统环境的保护和逆转，这是摆在所有防沙治沙工作者面前的重大课题。这也是他担任首席专家以来一直在迫切思考、意欲攻克的技术新问题和工作新目标。

针对这一重大课题，康世勇在对西部煤炭矿区的水文地质、气象气候、植物群落、土壤状况等自然因子进行细致规范测试调查分析的基础上，慎重提出了“营造西部煤炭矿区抗旱型防护林植被的适宜林分配置结构与造林适宜密度的研究”和“西部煤炭矿区培育和栽种无须浇水抗旱型植物的试验研究”两项科技攻关课题的立项申请报告。

精诚所至，金石为开，相信康世勇接下来进行的研究课题一定会取得重大突破，为祖国西部增添一抹绿做出新的贡献！

Part 2 | 第二篇

一坝连起三代人

王 艳

宁夏煤业新闻中心

不知不觉时间已过晚上 8 点，处理完所有的工作，罗涛关灯走出办公室，想起许久未见的孩子，他习惯性地拨通家里的电话，母亲和儿子出现在手机屏幕上。

“爸爸你最近很忙吗？什么时候带我去看大坝……”儿子稚嫩的声音传过来，母亲张小萍和罗涛都会心地笑了，话虽然不同，但意思还是那个意思。20 年前，罗涛也会如此，常常缠着母亲要去看大坝。

大坝，是大渡河畔的水电站大坝，也是张小萍一家三代人为之耕耘奋斗的事业所在。自从 50 年前父亲来到大渡河畔的水电站，张小萍一家就在这里扎下了根。他们的青春、他们的汗水、他们的喜悦、他们的期盼，从此都与这条奔腾不息的大河紧紧牵系在了一起。

1970 年，张小萍的父亲张凤纯响应祖国三线建设号召，只身一人从辽宁来到四川，加入龚嘴电站建设大军。电站建设之初，施工条件恶劣，生产设备简陋。没有干净水，只能喝泥浆水；没有房子住，只能拿简易工棚来凑合。

张小萍的父亲是天车司机。每到逢年过节，只要条件允许，妻子总会带着儿女从辽宁来四川探亲，相聚的日子屈指可数，但父亲依旧是天不亮就出门工作了，擦着天黑进门。“听父亲说起，那个时候太苦了，住的是油毡棚，夏天特别热，晴天一身灰，雨天一身泥，饿了就啃两个馒头，但大家每天还是干得热火朝天。”张小萍说。

就是在这样的条件下，第一代大渡河人经过艰苦卓绝的奋战，克服重重困难，在设计、施工、设备制造中创造了许多当时的“全国第一”。1971 年，龚嘴电站首台 10 万千瓦机组发电；1979 年，总装机容量 70 万千瓦、设计年发电量 34 亿千瓦时的龚嘴水电站全部建成投产，成为当时我国西南地区最大的水电工程。

随着龚嘴电站投产发电，父亲的工作稳定下来，厂里给职工分了房子。1980 年，张凤纯举家搬迁到四川，彻底在大渡河畔安下了家。随后，张小萍在这里参加了工作，成为龚嘴电站的一名运行工。

“到单位了好好干，听领导的话，领了这份差事就要负起这个责！”父亲一见张小萍总会这样嘱咐。那时水电站的运行都是手动控制，张小萍在中控室里监控机组运行情况，每一个小时就要抄一次表，还要定时到厂房巡检。每次抄表她都仔细反复核对数据，每次巡检都严格按标准操作。对她来说，“好好干”就是把每一项工作、每一个操作准确无误地完成好。

50 年里，龚嘴电站历经多次发展改革，张小萍也先后在化验员、安全员等多个岗位上转换，但无论哪个岗位，她始终记着父亲的话，认认真真干工作，扎扎实实学技术。第一代大渡河人的艰苦创业她从小就看在眼里，父辈身上那种不讲条件，只讲奉献、奋斗的精神品质，也潜移默化地影响了她。

进入 21 世纪，大渡河水电开发掀开崭新一页。一大批水电工程接续而上，大渡河水电项目也迎来陆续投产的高峰期。2011 年，张小萍的儿子罗涛从四川大学毕业。小时候常常缠着妈妈要去看大坝的罗涛进入大渡河公司工作。

儿子被分在了偏远的革什扎水电站，起初这让张小萍心里多少有些不舒服。“那里是藏族聚居区，出门就是大山，那时候每逢儿子休假回家，我一整天揪着一颗心。因为山路难走又危险，400 千米的路，从早上 8 点出发，有时晚上 8 点还到不了家。只有等到儿子安全到家，我才能放下心来。”

说起这些，张小萍一度哽咽。她说，最早儿子到这里工作，我希望单位能够给予照顾，最起码能分配一个离家近的地方。后来我特别能理解公司领导的考虑，父辈都是从艰苦中走过来的，我们也是沿着父辈的足迹走过来，把儿子分配到最艰苦的地方，不是坏事，年轻人不吃苦哪来的成长。

“好好干吧！暂时虽然艰苦点，以后一定能好起来！”张小萍把父亲的话又转给了儿子，还跟儿子讲述了父辈初来大渡河艰苦创业的故事。在大渡河工作生活几十年，让她对企业充满信心，她把这种信念也传递给了儿子。

如今，在大渡河公司的培养下，经过十年的岗位历练，罗涛已经成长为革什扎水电站综合办主任。革什扎水电站的办公楼搬到了县城里，山路也修好了，现在他回家只需要 3 个多小时。张小萍家的第三代水电人也在大渡河畔扎下根来。

“刚开始大渡河流域只有龚嘴电站，到现在都有十几家电站了，多得我有时都数不过来了。沿着流域走走，常常都能碰见原来老同事，龚嘴电站向流域电站输送了很多人才。”张小萍说，“企业发展得好，我们感到很自豪，把孩子交给这样的企业，我们也很放心。”

尽管已经退休，张小萍仍然关心着大渡河公司的发展，也很怀念这个工作生活了几十年的地方。现在，赶上天气晴好的日子，她还时不常地带着 80 多岁的父亲回到龚嘴电站转一转。

“整的太巴适啦！现在厂区里面又干净又漂亮，大家工作起来心情舒畅，那企业咋会好不起来嘛！”张小萍说，不只是她，父亲每次回去也十分感慨，说现在的生活多好啊，食堂吃得好，单位福利也好，经常叮嘱孩子们要好好干。

如今，除了父亲和张小萍已经退休，家中还有 6 个成员仍然在大渡河公司工作，一家人分布在大渡河的各个电站、不同岗位，她们的小家早已融入企业大家，相互之间密不可分。

“我们就盼着企业越来越好，等以后孙子长大了，还愿意让他到咱们大渡河公司工作哩！”张小萍爽朗地笑着说。

Part 2 | 第三篇

火 种

周 玮 李星辰

国能大渡河流域水电开发有限公司

一场暴雪将 2 月的普格拉回隆冬，白茫茫的雪地映照着晨光熹微，也映照着阿嘛们的花头巾、阿普们的军大衣和孩童们冻得通红的脸蛋。

今天是 22 号，是螺髻山镇则木河小学建成以来的第一个新学期家长会的日子，校舍门前的积雪早已被老师们清扫干净，351 名小学生牵着自己的家长，满怀期待地踏进了宽敞明亮的新教室里，二年级的阿力阿皓正是这些稚嫩脸庞中的一个。

阿力阿皓的上学路

在转学到则木河小学之前，阿力阿皓在铁道兵希望小学读书。铁道兵小学离他家很远，但因为阿爸阿妈都外出打工了，阿嘛阿普又年迈，阿力阿皓只好一个人在天没亮的时候就出门步行去上学，黑漆漆的路途本就让人后背发凉，大风天、暴雪天、下雨天，天天如此，到了学校已是一身疲惫，阿嘛在家也担惊受怕。

前年年底，阿力阿皓家门口开始施工，听说要建一所小学。他没事的时候就跑到校门口观望，眼见着学校慢慢有了宽阔的操场、篮球场和彩色的塑胶跑道，有了明亮的教室和崭新的课桌，就像阿力阿皓在电视上见过的那些大城市里的学校一样。

今年二月，阿力阿皓如愿成为则木河小学的第一批新学生。现在，他从家走到学校门口只需三分钟，可以吃完阿嘛煮好的热乎早饭，帮忙洗个碗，再开开心心去上学。从此，他的上学路被清晨的阳光照得通亮。

在普格，像阿力阿皓这样的小学生，还有许许多多。普格县位于四川省西南部，是一个以彝族为主的少数民族聚居县，也是国家级深度贫困县和国家脱贫难度最大的“三区三州”之一。

教育是扶贫的第一步，教育从娃娃抓起，但在这样一个本就教育资源紧缺且对教育的重要性认识不足的地区，上学远、上学难无疑是横亘在落实“控辍保学”工作路上的鸿沟。

根据国家易地搬迁扶贫政策，凉山州不少乡镇人口搬迁至了普格县荞窝镇和螺髻山黄草坪村。因地方教育资源不均衡，镇上的孩子们求学不易，不少家庭距离当地小学相隔 5 千米以上的山路，众多的“阿力阿皓”，在天没亮的时候就踏上了求学的路途。

另一方面，镇里小学的招生规模已远远超载。荞窝镇内规模最大的荞窝中心校已经招生 2200 余人，二期设计招生能力也仅有 800 人；螺髻山镇中心校、特补乡中心校、黄草坪小学这三所学校也接收了 800 余名学龄儿童，学校内的教学资源和基础设施已经难以满足适龄儿童的教学需求。

作为普格县的定点帮扶单位，国家能源集团大渡河公司积极响应国家脱贫攻坚“两不愁、三保障”义务教育有保障的要求，先后投入2950万元、3900万元在荞窝镇和螺髻山镇援建了株木树小学和则木河小学，以进一步支持普格县义务教育的均衡发展。

2020年9月，株木树小学首批445个小学生入学报到，开启了崭新的校园生活。株木树小学满员招生后可设置14个班级，招收630名学生，范围覆盖荞窝镇、大槽乡、特口乡等“三乡五村”，真正实现了适龄儿童就近上学。

六年级一班的阿下惹来感激地说道：“以前去学校上课，必须在凌晨五点起床赶路才能保证不迟到，现在不用那么辛苦啦！”

而阿力阿皓就读的则木河小学，也于2021年2月21日正式开学，16268.22平方米的校园可以满足990名学生的上学需求，让孩子们实现了在家门口上学的心愿。

两所小学的建成，意味着上学远和上学难的问题得到了大大缓解。但这只是第一步，大渡河的建设者们最终的目标是：让贫困地区的孩子们实现从“有学上”向“好上学”“上好学”的转变。

曲木有呷老师犹记得，刚来到株木树小学时，校园还在建设中，遍地都是泥巴灰尘；老师们穿梭在小树林里摘花装扮教室；胡校长和罗校长带着后勤人员在山里寻找水源；女教师们肩上垫着泡沫，把吊上来的课桌从一楼扛到四楼……

“那时候的辛苦都带着期望与幸福”，因为他们知道，他们正在和建设者们一起造梦，造一个触手可及的、知识改变命运的梦。

经历了近一年的施工，建成之后的株木树小学没有辜负建设者们对“一流小学”的期望，硬件条件达到了县域一流标准。当孩子们走进校园时，迎接他们的是敞亮的教学楼、食堂和宿舍，是塑胶跑道、田径场、足球场等完备的体育设施，是教室里的一体式交互黑板，是专业的舞蹈、钢琴、小提琴、电脑教室和阅览室，是一个从前想都不敢想的现代化校园。

梦想在这里照进了现实。伴着落日的晚霞和清晨的阳光，操场上每个角落都有学生看书、跑步、打篮球的身影；如果昨晚下雨，早上起来会发现学校对面的螺髻山上已经盖上了羞涩的面纱，好似人间仙境，因此株木树小学又被称为“最美云端小学”。

则木河小学同样如此。图书室、音乐室、实验室、美术室一应俱全，多媒体教室和运动场错落有致，蓝天白云映着绿瓦红墙，莘莘学子朗朗的读书声回荡在校舍间，一张张稚嫩的脸庞上满是兴奋和激动。

美好未来的蓝图在则木河畔和云盘山巅缓缓展开，但未来，不止于此。“上好学”不仅意味着“好”的学校，更意味着好的教学质量，以及如何让孩子们真正好学起来。学校硬件只是基础，教学质量才是教育扶贫能否起作用的关键。这对于国家能源集团大渡河公司来说，无疑是一项艰巨的挑战。

阿友么土扎的新生活

阿友么土扎是普格县的一名小学数学教师。2020 年 7 月，他参加了国家能源集团株木树小学的教师招聘，在激烈的竞争中脱颖而出。他似乎看见自己行走在金灿灿的人生路上，周围满是艳羡的眼睛。

像普格县这样的少数民族地区，义务教育难以优质均衡发展，其中一个最为突出的制约因素就是教师队伍问题，编制不足、待遇差等问题长期难以解决。因此，优秀的教师留不住，也引不来。

既往县里的教师流动，都是通过教育系统直接分配调动，而株木树小学一改往日传统，采用了公开招聘的方式进行选拔，且选拔门槛较高，既要求有五年以上的教学经验，又要求教师持有所教学科的教学质量奖。不少在全县数一数二的学校任教多年的优秀教师也都来参与选拔，在笔试和面试环节公开比试教学技能，最后根据考核成绩，优中选优进行调动。

吸引老师们来到株木树小学的，不仅是选拔流程的公开透明，还有一个因素就是薪资待遇。国家能源集团在株木树小学设立了428.9万元的专项基金，用于奖励教学成绩优异的教师，平均每名教师每年能拿到4万～5万元的奖励基金。这在普格当地来说，无疑是相当有竞争力的薪资水平。株木树小学第一批公开选聘一共吸引了45名教师前来应聘。

大家汇聚于此，更是情怀的引领，老师们共同期盼着，在国家能源集团为山村孩子筑梦的这片平台上，通过大家共同努力，改变更多孩子的命运。

在这里，所有的教师都拧成了一股绳，一门心思放在提高学生学习成绩上。株木树小学的一切都是崭新的，但同时处处都是新的挑战。

万物伊始总是困难重重。尽管株木树小学硬件设施良好，功能齐全，

尽管通过公开招聘吸纳了一部分优秀教师，但开不齐、开不足、开不好课的问题仍然存在。开学初期，第一批 423 名学生的语数外平均成绩竟不到 30 分，提升教学质量的重任十分艰巨，教师们也如负重轭。此外，学校虽配齐了钢琴、小提琴和绘画器材，却没有专业的音乐和美术老师能够给予指导，音乐课上孩子们只能一遍一遍地学唱民歌。甚至有时候，数学老师也要承担一部分体育教学任务。

开学不久后的 11 月，一种新奇又高效的教学方式乘着互联网的快车走入了大凉山，走进了株木树小学。国家能源集团为株木树小学引进了网络在线教育，通过“空中课堂”将优质的教学资源输送到株木树小学。

尽管“空中课堂”只在部分班级试点推广，但学校会组织其他班级的教师一起去旁听，学习成都名师先进的教学理念和新颖的授课技巧。在“空中课堂”里，成都老牌名校泡桐树小学的老师与普格县的同学们虽隔着500多千米的遥远距离，却能通过大屏幕实时互动，线下老师则起到了在场维持课堂秩序的作用。在这种主讲老师+助教老师线上线下结合的课堂模式之下，孩子们的学习兴趣进一步被激发，学习氛围也更为积极。

每节课上完，老师们都记下了满满的笔记，在之后自己的课堂中根据所学进一步改进教学方式。慢慢地，本校老师的专业性和教学质量也都有了相当程度的提升，更多的学生也间接通过“空中课堂”受益，教育的阶层区隔在这里被打破，平等教育也在这里真正成了可能。

在“空中课堂”初见成效并得到一致好评后，2021年国家能源集团继续投入100万元，将“空中课堂”覆盖范围拓展至1-6年级全学龄段，并延伸至美术、音乐等艺术类课程。

“空中课堂”投运仅一年的时间，在2021年普格县的统考中，株木树小学的语数平均成绩达到73分，毕业班位列同类学校综合分的第二名，一举成为普格县教育质量提升的“黑马”。

优异的成绩无疑是对“空中课堂”教学模式最强有力的支持和肯定，也坚定了国家能源集团继续推广这一模式的决心和信心。2022年，国家能源集团继续投入了500万元，进一步扩大了教学覆盖试点范围，延伸至了全县其他学校，以打造彝区教育帮扶乡村振兴新的样板。

无论多么坎坷的路，只要路是对的，就不怕远。作为株木树小学的一名教师，阿友么土扎深知自己身上的责任与使命。国家能源集团为师生提供了优渥的条件，同事们长期扎根乡村，一门心思扑在学生身上，校长为鼓励学生勤奋学习用自己的工资设立校长奖，大家共同向着一个目标进发：把孩子们送出大山，去看看更大的世界。

则木河小学建成后，考虑到通勤距离，阿友么土扎调到了则木河小学。相比于已经平稳运转一年多并取得了诸多成绩的株木树小学，则木河小学选择在春季学期开学，无论是生源还是师资，都将面临诸多的压力。但有了株木树小学的成功经验，在“空中课堂”的辅助下，相信则木河小学的孩子们定像清晨里的朝阳，发光发热，走出大山，创造一片属于自己的蔚蓝天空。

这是小学生阿力阿皓和小学教师阿友么土扎的故事，是国家能源集团大渡河公司定点支援普格县的故事，也是千千万万投身乡村教育和扶贫工作的建设者们的故事。

66 年前，凉山“一步跨千年”，从奴隶制社会进入社会主义社会，加速开启现代化进程。地处深山，雄伟瑰丽的自然景观既是财富，又是阻碍凉山人民走出去的鸿沟。贫困代代传递，幼童们早早辍学，或是回归农耕生活，或是外出打工。

在凉山州的教育工作中，最突出的问题是义务教育阶段学生失学辍学问题。而归根结底，这源于凉山州人民“读书无用，趁早务工”的观念。教育扶贫的关键，就在于如何从根本上、从上到下改变这种观念。

寒风还在呼呼地刮着，阿友么土扎和其他老师们已经在门口等候多时，生怕一不小心会落下一个家长找不到教室。这是则木河小学的第一次家长会，也是则木河小学的启航时刻。老师们和家长敞开心扉对话：在山区，只有知识能改变孩子们的命运。

没有一个冬天不可逾越，没有一个春天不会来临。在一望无际的深山中，国家能源集团和教育工作者们一起点燃火种，照亮了孩子们的求学路，牵着他们，一步一步走出大山，走向希望的春天。

Part 2 | 第四篇

白鹤的故事

任少华

国能北电胜利能源有限公司

十一假期，正是草原天高云淡风清气爽的季节。天上没有一丝云彩，地上纤尘不动，远处的草地已经绿中泛黄，又到了牧民打草的时候。近几年，草原风调雨顺，水草丰茂，金秋注定是个丰收季。一大早，阿古拉一家准备出去玩，儿子巴特尔说去矿区。阿古拉口气僵硬地说："矿上有啥玩头？"巴特尔说："爸哎，矿上好着呢，咱们去看看稀罕。"小孙女缠着阿古拉："我就让爷爷去矿上，就让爷爷去。"阿古拉拗不过孙女，只好顺从。

小车在通往矿区的公路上疾驰，公路两侧是快要收获的玉米，透过车窗，飘来玉米棒子甜丝丝的清香。过了一个转盘，车子拐进了一条水泥路。前面有一弯开阔清亮的碧水，水的四周有茂盛的水柳、松树、杨树，水边有茂密的芦苇。一家人下车，沿着砌了红砖的人行路往前走，路旁还种有各色花草。水面中央有鸭子在浮游，母鸭在前，后面跟着一群小鸭。阿古拉看着这里感到陌生，也感到新奇。巴特尔招呼大家沿着一条栈道，来到了湖心岛。这里有假山、瀑布，遮阳的凉伞下是供人们休息的条椅、矮凳、栏杆、扶手，栏杆是松木围成的，有一股淡淡的松香味儿。很多人在看着湖中的水鸟、水中的游鱼，还有人正在录像、拍照。湖南面不远处是高高的运输走廊、破碎站、火车装车站、白色储煤塔，东边是绿色包围起来的排土场，西边是开阔的草地，北边有树挡着，正是坑下生产现场。阿古拉看着眼前的一切，简直有点不敢相信，这还是原来的那个矿区吗？正惊异于眼前的物事，孙女娜仁花兴奋地指着对岸问阿古拉："爷爷，爷爷，你看，你看，那是什么鸟？"阿古拉顺着孙女小手指着的方向望去，一对雪白的大鸟在对岸的浅水处悠闲地漫步，细长的腿十分显眼。旁边的儿子巴特尔看出了父亲的不解和惊奇，笑着说："爸、娜仁花，那是白鹤。"阿古拉诧异地睁大了眼睛，没有说话，却陷入了久久的沉思。

阿古拉的思绪回到了 2000 年的元旦，那天天色灰暗，正好自己值班。到了单位没过多久，天色骤然暗了下来，不得不开灯，窗外昏黄一片，接天连地的尘土夹杂着雪片黑压压卷了过来，十米开外已看不清院里的树木，雪片"啪啪"打在玻璃上，很快窗户被封死，又是风搅雪。到了下午下班时间，通勤车已经停了，回不了家。天早早黑下来，屋外的黑暗像一堵墙压了过来；夜深了，风雪声凄厉，叫人毛骨悚然。第二天，风雪停了。办公楼外墙全部包上了一层厚厚的冰雪和着黄泥的铠甲。回家的路上，阿古拉看到，远处的山野被削去了一层皮，到处透露着苍凉的气息。市区街道上几乎看不到人影，马路光溜溜显得异常空阔，树木只剩下枝干，再看不到一片树叶。大自然发了疯，城市灰头土脸，像是刚刚害过一场大病一样疲惫不堪，谁看到这个景象，谁的心都会颤抖、都想哭泣。这真是恐怖的一天一夜。

更令人恐怖的是，这样的风搅雪天气，在这个春天里变成了沙尘暴，并接二连三地出现。每次这样的天气过后，医院爆满，住院人数激增，有的上了岁数的老人就此作别这个世界。还有从牧区传来成群牛羊被卷跑，蒙古包里冻死人的噩耗。阿古拉陷入了前所未有的恐慌之中，心中想着，这个城市已经不再适宜居住，如有可能就回东北老家去。

等到儿子上大学报考专业时，阿古拉与儿子巴特尔产生了严重的分歧。巴特尔要报考有关生态治理的专业，说是学成就回草原来，治理草原，阿古拉不同意，最终阿古拉没有说服儿子。儿子以优异成绩毕业于大学环境治理专业，回到了草原，阿古拉从此不愿再搭理儿子。2003 年，国家能源集团来到这里开发矿山。阿古拉首先想到是要给草原大规模地开肠剥肚了，因此选择了内退，眼不见心不烦。此后，十几年自己从未再踏入矿区一步。

“爷爷，爷爷，你为什么不说话？”娜仁花稚里稚气地拉着阿古拉的手摇来摇去:“我想让你给我照相。”阿古拉终于从回忆中回到了现实。娜仁花跑到了花丛中，小手攥着一株打碗碗花，在头上缠了一圈，笑脸与花儿融在了一起。她的爸爸妈妈赶快掏出手机给她拍照。“爷爷，你快来，快来。”孙女抬起胖胖的小手，招呼阿古拉与自己一起合照。阿古拉赶快向孙女跑去，脚下扑棱棱飞起两只石鸡，把他吓了一跳。他感到奇怪，这里怎么会有石鸡？小孙女却又看向对岸的那对白鹤，指着问:“爷爷，爷爷，那边的大鸟会飞走吗？”顺着孙女指着的方向，阿古拉看到儿子说的白鹤正抖动翅膀，在水中追逐。

巴特尔又把一家人拉到露天矿观礼台。站在观礼台，生产现场尽收眼底。各个台阶上都有巨大的电铲摇臂转动，大型运输车在井然有序缓

缓运行，洒水车在宽阔光滑的道路上喷出一股股晶莹的水珠，阳光一照，留下了一道道彩虹。整个生产现场竟没有起尘。坑下靠东北一侧，是一块平地，浓绿浓绿一片。阿古拉又被眼前的景象震撼了，心中感叹："认不出了，真认不出了。"这么多年了自己竟没有再回来看看，也没问过儿子现在矿上是个什么样子，他为自己过去的固执感到惭愧了。巴特尔看父亲不说话，就问："爸，有啥感想？"阿古拉说："有啥感想？还不就是大，电铲大，车大，气派大，还干净。"巴特尔问："爸，你说牛吧？""牛！"

快要中午的时候，一家人又上了排土场，这里有专门的水泥道路，打开车窗，一股野草野花的清香扑面而来，喷灌的水龙头喷出水珠，变成了七彩，晶莹如玉。上了排土场，矿区尽收眼底，东湖西湖两湾碧水，波平如镜，湖水倒映着天空的蓝和排土场的绿。矿区建筑物的寡白单调被绿色掩映起来。向东走是一处东西走向的几百米长廊。阿古拉他们漫步在长廊的木板栈桥上，木质地板筌筌响，连接立柱的都是宽阔厚实的松木板条椅，又用清漆漆过，可随时休息。长廊北边是一人高的松树，树间沙打旺、苜蓿长得密密实实，碧绿中夹杂着苜蓿的白花、紫花，一眼望不到边。有一对穿着新装的年轻人正在绿树、绿草、花间拍摄婚纱照，摄影师指挥着两人不断变换姿势。阿古拉绝没有想到，这里的植物长得这样茂盛，还有人来拍婚纱照。巴特尔领着一家人走过长廊，从东口出来，向南前行十几步，拾级而上就到了一个十几平方米的平台，这里视野开阔，整个城市一览无余，远山的牧草金黄夹杂着碧绿，山脚下的城市轻雾缭绕，像浮在云海中，又像刚刚出浴的姑娘，清新、秀丽、洒脱。阿古拉一下子想到2000年的那场风搅雪，那个春天——当时，这座城市就像是在垂死边缘挣扎，没有活气。谁又能想到，她现在竟变得这样美丽、清新、充满朝气。想不到这座城市在短短的十几年里复活了。

午后的斜阳依然散发出无尽的热量，孙女娜仁花在斜坡上采摘野花，已经捧了一捧，小脸红咕嘟嘟地沾着花瓣。一家人上了车，车子向排土场的东缘缓缓驶去。阿古拉望向窗外，排土场茂盛的植物，快要有一米高了，苜蓿的白花、紫花开得正起劲。突然车子停住了，大家一齐朝前看，路面上蹲着一只雪白的小动物，像狗又有点小，像猫又比猫大，蓬松的尾巴斜翘起来，两只眼睛警惕地盯着不远处的这个庞然大物。阿古拉的心忽然怦怦跳起来，他认出这是一只白狐。白狐停了一会儿，转身隐没在了茂密的植物中。阿古拉问儿子："哪来的白狐？"巴特尔漫不经心地回答："我们上这里经常碰到，这里不仅有白狐，还有野兔、獾子、刺猬、鹌鹑、野鸡、'沙半斤'。"阿古拉感到震撼，说："看来风水变了，这白狐还是我小时候见过，几十年间再没见过，今天又见了，咱们碰上好运气了。”

从矿上返回时，已经到了下班时间，夕阳给路两边快要收割的庄稼涂上了一层金色。阿古拉心满意足，有一种不虚此行的惬意，又有了一种想喝一盅的冲动。进入市区，阿古拉豪爽地喊儿子：“找一家高档点的饭店，今天我请客。”

其实，阿古拉很少请家人吃饭。今天他确实高兴了，多少年前风搅雪、沙尘暴在他心中留下的阴影一扫而光。他也要以此方式消除不理儿子的隔阂。巴特尔对媳妇说：“回去你开车。”说着给父亲斟满酒，服务员把手把肉和几个凉菜端上来排好，父子俩对饮起来。几杯酒下肚，阿古拉话就多了：“巴特尔，你咋不早领着爸到矿上看看？”老伴儿就呛白他：“还不是你多少年了不理儿子，还怨人家？”巴特尔告诉父亲：“其实我早想领着爸到矿上看看了，想给您二老一个惊喜。”阿古拉说：“今天确实把爸惊着了，没承想矿上变得让人认不出了。”阿古拉又说：“说是矿区，可比公园还好，到处是树，到处是草，最近这几年，沙尘暴已经很少了，每年都风调雨顺，草原上的绿色多了。”巴特尔说：“爸，你可说对了。我回到草原，在国家能源集团胜利公司其实就做一件事，那就是绿化。”阿古拉放下父亲的身段诚恳地说：“爸当时看不开事，没你想得远，看来你回来是对的。”巴特尔说：“总书记说绿水青山就是金山银山，现在我可真正体会到了。”阿古拉问：“那治理的钱从哪来？”巴特尔说：“列入成本，这几年一吨煤提几块钱，已经花出六七个亿了，都用在了生态建设上。咱们矿前几年已经被评为全国最美矿山，去年又入选全国绿色矿山名录了。”阿古拉笑着说：“你小子口风真紧，这么好的事情你也不回来向我咕叨咕叨。”巴特尔说：“其实，现在还不到时候，大面上的绿化是搞起来了，种了不少草，也种了不少树，排土场你也看了，的确比自然生长的植被好，坑下也不起尘。可还谈不上一个美字，我们正在着手亮化工程哩。咱们先看的那个西湖，还有东湖，湖边修建的长廊，都要装上彩灯；每个单位的院里都修筑花坛、假山、人工瀑布；还要用最新的技术，建设实景演播设施，到了晚上，灯光变幻，四周都是绿色。那才叫美！还要修建专门的道路，扩建停车场，咱们矿区离市里近，夏秋季节，要让市民来看看咱们的矿区，过去你们那个时代都说煤矿工人是煤黑子，要让他们看了之后改变这个印象，咱们的矿区也要成为真正的花园。”阿古拉说：“儿子，你走的这条路对着呢。咱们这个地方遍地是煤，煤是什么？是黑色的金子，不开发可惜了，只要不破坏生态，开发出来就是电，就是油，就是经济，就是发展。”巴特尔说：“这几年生态正在恢复，你没发现，多少年不见的一些水鸟、动物又出现了。早晨娜仁花在西湖看到的大鸟就是白鹤，我们已经请草原动物保护机构做过鉴定，的确是白鹤。”阿古拉说：“草原上有白鹤，我只是小时候听大人讲过，还真没见过。你们折腾得了不起。”

这场酒一直喝了两三个小时，阿古拉红光满面，巴特尔得到了父亲少有的夸赞，也很兴奋。娜仁花说：“爷爷，我要白鹤，我要白鹤。”阿古拉说：“好、好。咱们这里有白鹤。”

自从矿上参观回来，阿古拉感觉自己好像年轻了许多，饭量也增加了，每天晚上还想喝几盅，睡觉也踏实了，做梦都是叫人高兴的事儿。

又一个星期日，阿古拉一家穿戴一新，庄重得像要出远门会亲戚。他们登上了专门在城市上空转悠的旅游飞机。阿古拉紧紧趴在舷窗口，全神贯注看着远处，看着下面，生怕失漏了什么。他感觉飞机在转圈儿，又像平飞。整个城市就在下面，楼房鳞次栉比，宽阔的街道车水马龙，敖包山、南山都被绿色包围着。远处的草地上，白色的羊群似蘑菇般散落其间，锡林河像一条闪光的丝带飘向远方。北边的绿色尤其浓重，一个平盘，又一个平盘，挡在了城市的北部，两汪碧水，镜子般反着银光，一闪一闪。巴特尔小声说："爸，下面就是咱们的矿区。"阿古拉说："我猜到了。"飞机飞过矿区上空，往下能看到生产现场的大型卡车在蠕动。巴特尔把一架望远镜递给父亲说："爸，你仔细看看那两个平盘。"阿古拉接过望远镜，仔细往下看，一个平盘上有金黄的大字"打造祖国北疆亮丽风景线"，另一个平盘上也有同样颜色的大字"生态优先，绿色发展"。阿古拉说："好小子，你们干得不错哩。"巴特尔说："这是在宣传咱单位、咱矿上哩，你想，咱们这里每天有飞机起降，北京的旅客尤其多，他们看到了咱们矿山的标语，就记住了咱们矿山，同时也把咱们打造绿色矿山的决心告诉外面的人了，对咱们也是动力，让咱们无路可退，必须把这件事情办好，做到底。"父子俩正说着，娜仁花从爷爷手里抢过望远镜说："爷爷，爷爷，我也要看，我也要看。"巴特尔给女儿调好焦距，娜仁花接过望远镜望向舷窗外，忽然她兴奋地说："爷爷，爷爷，我看到白鹤了，看到白鹤了。"

那天晚上，阿古拉做了一个梦，梦见一群白鹤在湖边起舞，湖波粼粼，绿草茵茵，孙女抱着一只白鹤笑着闹着向自己跑来。他摇醒了老伴儿："我梦见白鹤了。"老伴儿说："不是梦见，儿子不是说了？咱这里真的来白鹤了。"

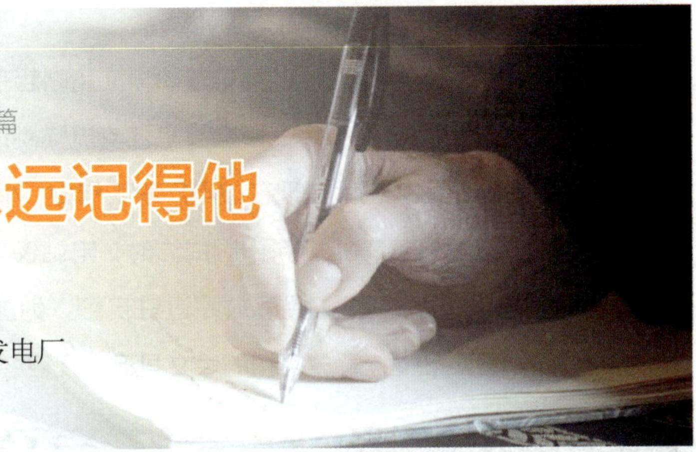

Part 2 | 第五篇

我们永远记得他

陆 烨

浙江公司北仑发电厂

车子在蜿蜒的山路上颠簸前行，距离国家能源集团贵州公司红枫电厂三级电站——修文电站约 2 千米处，司机陈林停下了。“王元顺烈士就是在这里牺牲的。”顺着他手指的地方，可以看到山腰上，一条土路已被杂草淹没，尽管过去了 70 年，依然可以看到这里地势险峻，且有连续弯道。

继续行驶 600 多米，陈林又一次把车停下。我们艰难地爬过堆满石子的山坡，终于抵达烈士曾经长眠的地方。“当时电厂职工和战士们就在这里建了一座坟，我们也足足守了 64 个年头。”

悲壮的英雄故事

今年 55 岁的陈林，曾是一名武警战士，参加贵州武警总队军事比武时成绩优秀，荣获三等功。1988 年，加入党组织。1990 年退伍后，进入红枫电厂工作。

随着陈林的介绍，一个悲壮的英雄故事渐渐清晰起来。1943 年 11 月，国民政府经济部资源委员会在修文县乌江支流猫跳河下游，兴建两台 1.5 兆瓦的水电机组，也就是现在被电厂职工称为“小修文”的电站。由于物价飞涨，工程几度停工。新中国成立时，电站仅完成三分之一工程量。1949 年 11 月，中国人民解放军进驻贵阳，为加快电力建设，当年 12 月工程复工。然而，解放之初的修文县还有几百名土匪流窜作案。

为保护电站安全，政府派驻警卫团，电站职工自发地组建了武装护厂队。

1950 年 3 月 28 日，250 多名土匪截断电站至贵阳的通信线，向工地发起猛烈攻击。敌人纵火烧毁职工宿舍，洗劫工棚，掳走两名警卫妻儿共 4 人为人质，要挟警卫缴枪。驻军警卫和护厂队职工与土匪激战了 5 个昼夜，打死打伤土匪数十人，敌人终于溃败。

正在这个时候，西南军区第二野战军警卫排排长王元顺，带领一个排的战士，从重庆押运载有钢材、水泥等物资的 3 辆军车向电站驶来。一路上，车队遭遇土匪报复性攻击，王元顺沉着指挥，战士们与土匪进行了 3 天 3 夜的反击。由于土匪追得紧，加上山路艰险，军车转弯时侧翻，钢筋刺穿了王元顺腹部。当战士们和护厂队击退敌人，将物资和人员接应到电站时，王元顺因伤势过重英勇牺牲。那一年，他年仅 21 岁。

战士们走了，而他们的排长永远留下了。陈林告诉记者，当时电站职工无法联系到王元顺的家人，便将其安葬在电站门口。因条件限制，就在墓前竖立一块石碑，上面刻着烈士姓名、部队番号、籍贯及牺牲时间。

为烈士寻亲

1951 年 4 月，修文电站投产发电，源源不断的电力从这里输送至贵阳。“我父母都是修文电站职工，我从小在这里长大，也一直听父辈和老师们讲述英雄故事。”陈林记得，每年清明节，电站的学生和职工都会给烈士扫墓。据陈林查证，王元顺是贵州解放后唯一一位为修建电站牺牲的烈士。

青山处处埋忠骨。烈士在深山里见证了修文电站的建成与发展，一代代电站职工也守护着这位外省的烈士。

时间一晃而过，修文电站发生了太多变化。1960 年，电站新建的两台 10 兆瓦水电机组投产发电，2008 年每台增容至 12 兆瓦。截至 2021 年 5 月，修文电站累计发电 43 亿千瓦时。随着红枫电厂实施集中管理后，驻守在修文电站的职工越来越少。如今，每个运行班有运行工 10 名，12 天轮换一次。

负责电站运行工接送的陈林，每次开车路过日渐荒凉的烈士墓地，心里都不是滋味。加上当地开发矿厂，扩建路基，也影响到墓地安全。“当时就想，如果能找到烈士的老家就好了！”陈林自从有了这个想法，他和电站的肖勇生四处收集资料，上网发布寻亲信息，但都石沉大海。

2014 年 6 月，红枫电厂工会的雷天群坐着交通车去修文电站办事，听说了此事。“第一次听陈林讲起王元顺烈士的事迹，就非常感动，觉得一定要尽己所能，让烈士魂归故里。”雷天群出身军人家庭，父亲是参与修文电站建设的退伍军人，这使她从小对军人充满崇敬。

墓地边，开矿的车子一天天多起来，雷天群和陈林的脚步也更加匆忙。他们找过修文县民政局，但烈士簿上查无此人。2014 年 6 月 28 日凌晨 2 点左右，雷天群根据资料信息，撰写了一篇“寻找烈士王元顺排长亲人”的帖子，尝试着发到烈士老家河北武安。

仅仅过了十几个小时，雷天群接到了一位名叫王华兵的电话。“当时我也不怎么相信，但很快修文县民政局打来电话，证实了王元顺就是王华兵一家寻找了 60 多年的亲人。”

烈士英魂终归故里

王元顺是王华兵的三爷爷。1946 年，17 岁的王元顺参军入伍，带着满腔热血离开了家乡，从此家人对他的记忆，一直停留在临行前的挥手告别和 4 年后一张红色的《西南军区第二野战军革命军人牺牲证明书》。

无数次地打开、合拢，这份承载着烈士一生的证书早已卷起了边角，也撕开了口子，上面除了王元顺的名字，还有司令员贺龙、政治委员邓小平的签名。

岁月悠悠，山河巨变，但王华兵和他的家人从未放弃寻亲的念头。也是机缘巧合，偶尔上网的王华兵，看到武安吧上的寻亲帖子，立即拿出爷爷王元顺的烈士证，一一进行比对。发现姓名、职务、时间、地点均吻合，唯一区别就是一个是河南一个是河北。原来，当年的武安地属河南，后划归河北。正是地域的变化，让他和家人苦苦寻找了 60 多年，也等了 60 多年。

2014 年 7 月 8 日，王华兵带着烈士证来到修文电站，一见到墓碑，王华兵就冲上去跪在地上，他一遍遍抚摸着石碑上的字，“爷爷啊，我们想你啊，你在这里太久太久了，跟我回家吧……”墓碑前，王华兵长跪不起，60 多年的思念，化作倾盆泪雨，化作千言万语。墓碑前，王华兵起身又跪下，向雷天群深深致谢。

走进修文电站，王华兵深情地望着一草一木，触摸着一砖一瓦，这位中年汉子一次次泪流满面，“我爷爷以前来过这里，现在我站在这里，就像和爷爷站在一起……”7月11日，陈林和雷天群帮助清理烈士遗骸。7月13日，王元顺烈士终于回到故乡，遗骸安放在武安市烈士陵园。

青山深处默默守护六十载，千里寻亲烈士英魂终归故里。这是一个穿越时空的革命故事，也是电力职工传承红色基因的生动实践。如今王华兵把雷天群当成姐姐，把陈林当成哥哥，常常通过微信、电话，聊聊生活中点点滴滴，逢年过节也会彼此邮寄一些家乡的特产。

“这件事对你有什么影响？”雷天群想了想，坚定地说：“最初也没想很多，但是现在觉得，做这件事特别有意义。王元顺烈士为了修文电站付出生命，我们电力职工不能忘记他，也永远不会忘记他。”

Part 2 | 第六篇

温柔了岁月　美好了人间

苏彦鹏

国家能源集团公益基金会

“今天是我这一年里面最高兴的一天了，因为我的孩子可以去做手术了”。面对国家能源集团“爱心行动”的项目人员，张美玉激动地说道。

张美玉一家五口生活在云南省禄丰市中村乡，以务农为生，她的小女儿杨祖昀 6 岁时便查出了先天性心脏病。“心情很不好过，家里经济状况也总是好不起来，想去外面打工又怕娃娃发生意外情况。”张美玉的丈夫杨洪俊无助地诉说着内心的苦楚。

2021 年 7 月 27—31 日，国家能源集团“爱心行动”项目人员和来自北京的医疗专家在禄丰市人民医院进行先心病筛查时了解到杨祖昀的情况，将她纳入救助范围，帮助杨祖昀进行治疗。和杨祖昀一样得到爱心救治的还有很多家庭条件困难的患儿……

长大后，我也要当医生

2012年，一个叫晶晶的五岁女孩来到国家能源集团公益基金会“爱心行动”项目在北京的合作医院。忽闪忽闪的大眼睛、肉嘟嘟的小脸蛋儿无法不惹人侧目、让人心生怜爱。然而，抱着她的母亲却满面愁容。

面对诊断书上“急性淋巴细胞白血病”几个大字，本就瘦弱不堪的晶晶妈妈因无法接受事实瘫坐在医院的排椅上，“怎么会呢？这种事情怎么会落到我们身上呢？”晶晶妈妈抽泣着，晴天霹雳般的疾病、巨额的治疗费用，让手足无措的晶晶妈妈心生绝望而无处诉说。

得知这一情况后，“爱心行动”项目当即启动救助，随着救助款

项的汇入和专业医疗团队的跟进，晶晶妈妈逐渐燃起了孩子完全康复的希望。“当时真的不知道怎么办了，脑子都是空的，除了坐着不动，我也不知道能干些什么”“多亏了爱心行动，要不然我不知道晶晶会怎样，更不知道自己会怎样”“真的真的谢谢你们”……在接待回访志愿者的时候，晶晶妈妈忍不住哽咽地诉说着当年的无助和一直留存于心的感激。

回访那天，志愿者惊喜地发现，当年重病缠身的小女孩，已然出落得亭亭玉立，正在宁夏老家读初中一年级，她现在活泼健康、成绩优异，不仅对未来充满了期望，更对世界充满了善良。

予人玫瑰，手有余香。公益的意义大概就是回访受助者时全家人的热情相迎，是再拮据也要执意挽留做客的坚持，也是亲耳听到孩子们说出纯真的愿望——“长大以后，我也要当医生，像叔叔阿姨当年帮助我一样去帮助别人”，更是亲眼见证一个个弱小的生命与病魔斗争而大获全胜的奇迹。

因为想要守护你的足球梦

从刚入院的腼腆、紧张、不知所措，到离开时的依依不舍，短短十几天的时间，塞米·玉苏普喀迪尔与解放军第九六〇医院建立了深厚感情，在小小的心灵里埋下了爱与被爱的种子。

和其他同龄小朋友一样，8 岁的维吾尔族小男孩塞米·玉苏普喀迪尔从小就有个足球梦，想在绿油油的操场上自由奔跑，想长大后驰骋在绿茵场上为国争光。然而，残酷的现实让小玉苏普不得不停下逐梦的脚步。

在一次检查中，小玉苏普被确诊为先天性心脏病，由于家庭收入和当地医疗条件有限，一直没得到有效治疗。原本活泼开朗的他只能被父母限制运动，由于长期不能和同龄小朋友一起踢球和交流，小玉苏普变得越来越内向，缺乏自信的他甚至将自己封闭起来，害怕与人接触、不愿与人交流。

2019 年 5 月的一天，太阳如往常般升起。不同的是，这一天，解放军第九六〇医院小儿心脏外科专家小组赴新疆莎车县筛查先心病，确诊小玉苏普患有严重先天性心脏病。在了解到小玉苏普家境无法支持巨额医疗费用的情况后，国家能源集团“爱心行动”项目对小玉苏普进行了资助。

通过爱心救助，小玉苏普重新获得了快乐的童年，一家人也重新燃起了生活的希望。经过精心的治疗和复健，小玉苏普变得比原来开朗了许多。“姐姐，我不认识你们，你们为什么要帮我呀？”面对小玉苏普的疑问，陪同的护士回答道：“因为我想守护你的足球梦呀，等你变得健康又强壮的时候，就可以开心地踢球啦。”

现在的小玉苏普，愿意主动和陌生小朋友接触，还是那么喜欢踢球和奔跑。是啊，你的足球梦也是护士姐姐的梦，是我们想努力守护的纯真的梦。志愿者再见玉苏普的时候，是在阳光明媚的午后，慵懒的阳光温暖着绿茵草坪，奔跑在上面的，正是当年护士姐姐们守护的小精灵，是努力战胜病魔后茁壮成长的小生命。

你的坚强，是世界最鲜活的希望

两岁半的田泽轩在父母陪同下复诊，结果一切正常，久违的笑容重新溢满了家人的脸……

2015 年 11 月 27 日，河北省唐县妇幼保健院新生儿先心病筛查出了一个肺静脉异位引流的孩子，他就是出生仅六天的田泽轩。突如其来的消息打破了这个家庭热烈欢迎新成员的喜悦气氛，父母甚至不愿相信更不愿接受这个事实，认为“现在看上去也没什么症状，没你们说得那么邪乎”。之后便执意将小泽轩带离医院，带回了家中，并表示“等他大了再说吧，没那么严重”。

面对此情此景，河北省儿童医院心外科的医护工作者们万分焦急，担心小泽轩因此错过最佳治疗时机，病情加重。于是，医院心外科的专家们便自发组成了“小团体”，为家属讲解孩子的病情，希望引导他们认识到问题的严重性。然而，无论医生怎么劝说，小泽轩的家属非但没有接受劝告，反而断绝了和河北省儿童医院及唐县妇幼保健院的联系，这令心外科的专家们愈发揪心。

2016 年 3 月 18 日，河北省儿童医院心外科接到了电话，得知小泽轩一家去到了唐县妇幼保健院就诊，孩子已经出现三凹征、呼吸费力等症状，急需手术治疗。当天下午，河北省儿童医院心外科接诊了已 3 个月大的小泽轩。

“我当时一看，小朋友精神差、面色紫绀，呼吸费力，陆主任让赶紧抱到监护室，给他吸氧。就算镇定之后，他还是呼吸困难、口周发绀，我们只能给他插呼吸机辅助呼吸。”接诊的医生回忆道，“后来我们了解到，他们一家四口务农为生，妈妈照顾两个孩子，爸爸一个人种田，农闲的时候打打零工，日子本来就过得紧巴巴的，这手术的费用对他们来说根本就是天文数字啊！这也难怪他们当时拒绝及时治疗了。”国家能源集团“爱心行动”项目当即为小泽轩开设了绿色通道，解决了手术费用问题。

3月21日，小泽轩在父母陪同下进入了手术室，经过医护人员长达四小时的奋战，顺利完成了完全型肺静脉异位引流矫治术。得知手术成功的那一刻，小泽轩父母的眼泪夺眶而出，一直不停地说谢谢……

不只是我们的帮助，更多的是你的坚强，是你弱小但顽强的生命力拯救了自己。同时也治愈了父母，给奋战手术台的医护人员带来了坚持的念想，更给世界带去了鲜活的希望。

12年，31个省，2218个县，960万平方千米的祖国大地上布满了国家能源集团公益基金会爱心救治的坚定步履；17所爱心学校，14000所爱心书屋，28000个爱心救助，80000名新生儿筛查，每一份数据无不诠释着国家能源集团公益报国的担当；5000米雪域高原，美丽之右玉林海，索玛花开大凉山，处处传颂着公益扶贫的博大智慧。未来，这份爱心还将继续传递，纵使栉风沐雨，唯愿真情以坚。

Part 2 | 第七篇

南非高原上的“骆驼人”

姚 亮

龙源电力南非可再生能源有限公司

在遥远的南非高原，有一群黄皮肤的中国人，他们是国家能源集团龙源电力南非德阿风电项目管理团队，当地合作伙伴和员工给他们取了一个绰号叫“骆驼人”。

勤奋骆驼

2011 年，项目团队初到南非，赵明明、钱贺等备战德阿风电项目招投标工作，由于人手少，任务重，加上时差原因，他们白天忙着与当地沟通，晚上再向国内汇报，常常是夜以继日，忙起来饭都顾不上吃、水都忘记喝。

2013 年 10 月，德阿项目中标后，进入前期筹备及建设施工期。南非当地员工惊讶地发现，后来的每一位中国员工——从龙源南非公司总经理魏臣，到负责财务工作的王双强、负责综合工作的姚亮，再到负责项目现场施工的李纪新等，个个都是加班加点、默默干活的“骆驼人”。为了解决项目融资遇到的难题，他们不知道有多少个夜晚在办公室里度过；为了把 163 台风机安全伫立在南非高原，他们又不知道接受了多少次风吹日晒，肤色几乎变得与当地黑人员工没有区别……

李纪新曾有过一次连续工作 25 个小时的纪录。那是 2016 年 2 月 17 日，德阿项目首台风机机位浇筑。承担施工任务的是南非当地一家号称“做过迪拜帆船酒店土建工程”的公司，可他们在实际作业时却频频出错，不是水泥泵车出现故障，就是溜槽浇筑出现问题。作为项目监工，李纪新不仅始终坚守在现场指导，而且直接参与作业，原计划 12 小时内完成的首台风机基础浇筑，一直干了 25 个小时。那家南非工程公司项目经理尤尼奥尔赞叹：“中国人，了不起！”

“有时候，加班也是为排遣孤独。”这是质朴的赵明明给出的理由。作为在南非工作时间最长的员工，他在高原坚守了 10 个年头，期间 9 个春节有 8 个在当地度过。他说，和所有派驻海外的中国员工一样，一个突出的感受是孤独。特别在节假日，孤独感如影随形，挥之不去，这时候加班其实是一种快乐。

无论是工作需要，还是排遣孤独，中国员工的“加班文化”一开始都很难被南非合作伙伴和属地员工理解。但后来，当他们看到由此带来的工作效率和项目建设的快速进展时，都由衷地伸出大拇指。

2017 年 10 月，总装机容量 24.45 万千瓦的龙源南非德阿风电项目建成并网并转入商业化运行。这是中国企业在非洲的首个集投资、建设、运营为一体的风电项目，同时也是在南非首个如期建成投产的新能源项目。

奉献骆驼

自 2017 年 10 月德阿风电项目并网发电以来，对于坚守南非高原的“骆驼人”来说，加班加点忙工作的时间少了，但肩上的担子却更重了。因为，对于一个生命周期长达 20 年的风电投资项目而言，建成投产并网发电只是万里长征迈出的第一步，能否持续安全稳定运行，则更为关键。

“德阿风电场能否安全稳定运行，关系到南非清洁能源供应，关系到当地 30 万户家庭的温暖和光明。”魏臣介绍说，近年来，龙源项目团队的主要任务是坚守在南非高原、值守在生产一线，撰写值班日志、巡视生产设备、做好安全运维……在平凡的工作中虽没有什么惊天动地的壮举，但偶尔也会遭遇让人“惊出一身冷汗”的风险。

魏臣所说的这个“惊出一身冷汗”的人，指的是龙源南非公司安全生产技术部主任盛斌。盛斌是一个技术型人才，获得过“中央企业技术能手”“中国发电行业年度人物”等称号。考虑到德阿风电项目安全运行的重要性，2017 年 12 月他被集团派到龙源南非项目负责生产技术工作。

2018 年 1 月的一天深夜，一则风电场传送过来的设备异常信息，通过德阿项目部自动预警系统传至盛斌的手机终端。盛斌当即起床，叫醒已经熟睡的南非应急值班员，带上夜间巡视设备驱车赶往风电场。风电场位于德阿镇 25 千米外的山坡上，他们把车停在山脚下，打开手电筒，徒步上山。

一月的南非正值夏季，泥泞的山路异常湿滑。突然间，一阵细小的“汪汪”声从夜色中飘来，同行的南非员工一把抓住走在前面的盛斌的胳膊，将他死死拖停在原地。借助手电筒的光柱，他们看到，眼前不远处一石堆上，一条超过 2 米的大蛇正高高昂起脑袋，朝着他们张开乌黑的嘴巴。他们遇到了非洲最毒的毒蛇——黑曼巴。就这样，他们一动不动地与毒蛇对峙着，最终黑曼巴低下脑袋钻进草丛之中。盛斌这时才发现，紧张的汗水已湿透自己的工装……

这个夜晚，黑曼巴没有阻止他们巡检的脚步，等他们赶到出现问题的机位，检查完设备并最终排除故障时，天边已升起了黎明的曙光。

爱心骆驼

谈及“骆驼人”的精神内涵，魏臣认为，除了勤奋付出、默默奉献以外，还有一种就是能够给身处沙漠里的人带来走向绿洲的希望。龙源南非德阿项目团队，就是这样一群人，他们助力公益事业，做好“爱心骆驼”。

2018 年 5 月 27 日，龙源南非公司收到一封感谢信，这是黑人学生达思文（Deswin）寄来的，他在信中动情地写道：“我出生在德阿镇，从小有一个梦想，渴望成为一名工程师。可因为家境贫寒，在几乎要放弃希望时，是龙源南非公司伸出援手，给予我攻读大学工程师专业的费用，为我插上了完成学业实现梦想的翅膀。”

达思文只是受到龙源南非德阿项目团队资助的众多南非学子之一。自德阿风电项目投产运营以来，龙源南非公司开始全面助力社会公益事业。他们每年投入 400 万兰特，立足北开普省实施“奖学金计划”，开展“助学 · 筑梦 · 铸人”活动。

与此同时，龙源南非公司还联系基层政府部门和社会组织，着眼基础教育，实施爱心助困。2018 年至今，他们出资成立四所儿童早教中心，担负师资费用、儿童住宿、用品、食物等全部运营费用。通过儿童早教中心，320 余名当地低收入家庭儿童，以及心理上和生理上需要帮助的儿童被接收入学。在让当地儿童有更多机会入学的同时，儿童早教中心的运营还解决了 38 名相关人员的就业问题。

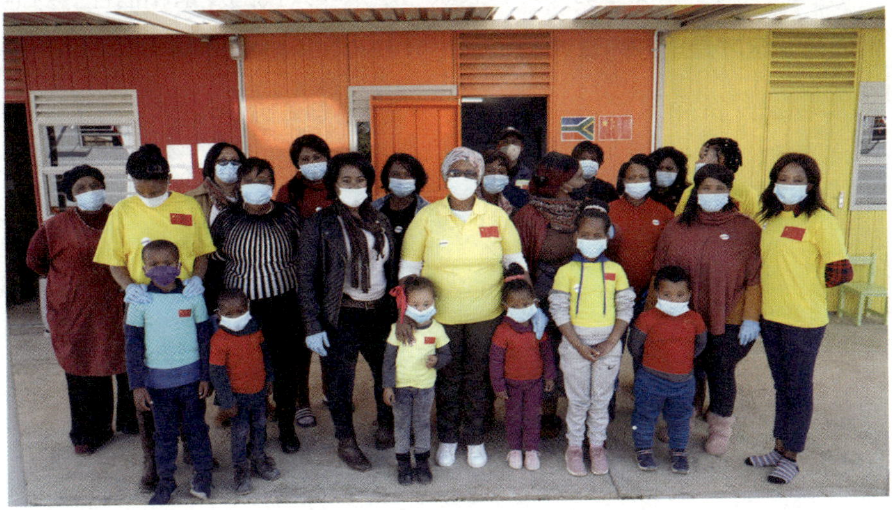

爱心善行，无远弗届。龙源南非德阿项目团队在致力于捐助当地教育事业的同时，还将目光投向了社区助残养老、医疗卫生、公共基础设施和体育事业等更多社会公益领域。他们资助当地社区的残疾人士，提供了轮椅、衣食、医药等生活必需品；援助当地两所运营困难的养老院，为老人们提供食物、被褥等康养物资；在每年 12 月 1 日即“世界艾滋病日”，面向北开普省组织开展免费检测、科普讲座、防治艾滋病有奖比赛等活动；投资约 900 万兰特援助体育场翻建，先后赞助超过 40 家男子足球俱乐部和 13 家女子足球俱乐部，总计近千名运动员受益……

助力当地社会公益事业，是龙源南非公司在德阿项目投标之初对当地人民作出的庄严承诺。在项目持续 20 年的运营期内，龙源南非公司在公益事业的支出每年将达到 1400 万兰特。

这些远离家乡的“骆驼人”在南非高原平凡岗位上书写出了许许多多不平凡的故事。他们深知，在这里他们还代表中国企业、代表中国形象，在播撒使命和爱心的同时，收获的是中非人民的友谊和信任。对他们而言，这才是坚守的真谛。

Part 2 | 第八篇

聚“星”成“火”绽光芒

莫 冰

国电电力发展股份有限公司

在 2022 年的共青团中央“两红两优”表彰中，他获评“全国优秀共青团干部”称号。

他曾获全煤团指委优秀共青团干部、国家能源集团优秀共青团干部、国电电力优秀共青团干部等诸多荣誉称号。

他曾当选共青团第十八次全国代表大会代表、共青团山西省第十五次代表大会代表、共青团大同市第十六次代表大会代表。

他就是国家能源集团国电电力团委副书记（兼）、国电电力山西新能源公司团委书记黄岳晨。他用实际行动诠释了“功成不必在我、功成必定有我”的使命担当，交出了一份写满坚守和奋斗的时代答卷。

▶ 从一线员工到团十八大代表

2012 年 8 月大学毕业后，作为“电三代”的黄岳晨投入风电建设一线。为期一年的实习期满后，他承担了大仁庄一期基建项目部的物资档案管理工作，并兼任团支部书记。这位 1989 年出生的青年人，从此开启了他的奋进之路。

他曾冒酷暑，踏泥泞，披风霜，奋战在新能源工程建设的第一线，恪尽职守，精益求精，展现了当代青年风采。凭借着出色的工作，他先后被推选为共青团大同市第十六次代表大会代表、共青团山西省第十五次代表大会代表、共青团第十八次全国代表大会代表。

“先后参加大仁庄一期和阳高基建项目建设工作，特别是担任团支部书记的经历，不仅让我的业务得到提升，也让自己得到了‘二次学习’的机会。”回忆起自己的工作经历，黄岳晨感慨颇深。

共青团第十八次全国代表大会刚刚闭幕，作为国家能源集团优秀青年的代表，他被借调到集团公司团委工作。如何让团的十八大精神传递更广，让声音凝聚更多人的共识，让广大青年敢于有梦、勇于追梦、勤于圆梦，黄岳晨心里有自己的一套方法论。他组织开展了“向团的十八大报到”“青年思想理论学习行动”等主题活动，专题宣贯团的十八大精神 20 余次，组织各级团组织开展学习宣贯团的十八大精神活动 300 余次。

他在集团公司学习贯彻团的十八大精神座谈会上作典型宣讲，得到了集团领导的充分肯定。他说："做宣讲前，我做了很多功课，从生动的案例中寻找与青年人自身相契合的引爆点。"黄岳晨认为，团青工作就要从青年人关心的角度出发，从小切口去讲、从感受去讲，这样才能引起广大青年的共鸣。

做党的忠实助手和后备军

"青年一代有理想、有本领、有担当，国家就有前途、民族就有希望。"黄岳晨时刻牢记习总书记的嘱托。

他说："作为一名新时代团干，我将牢记习近平总书记嘱托，始终代表广大青年、赢得广大青年、依靠广大青年，让广大青年敢于有梦、勇于追梦、勤于圆梦，唱响时代最强音，做党的忠实助手和忠诚后备军。"

为扎实推进国家能源集团"青春源泉"品牌建设，他针对不同产业板块、不同单位、不同年龄的青年员工，分层次、分需求组织开展活动。2019 年，他牵头组建了"国家能源集团青年和共青团工作协作区"，培育共青团工作典型和品牌，促进各基层单位团组织交流互动、优势互补、资源共享，充分激发广大团员青年在企业发展中的突击队和生力军作用。此项工作受到了集团公司领导和广大青年的高度认可。

有着丰富基层一线工作经验的他，结合基层企业实际，创新组织开展了“小风月安全行”“青年安全生产示范岗”“安全巡逻”等一系列青年安全文化活动，加大安全文化、安全法律、安全科技和安全知识教育普及，提高青年员工对安全生产重要意义的认识。

他时刻牢记为青年服务理念，组织开展“伙伴计划”行动，紧密结合青年团员兴趣爱好，整合资源，将服务范围拓展到安全生产、法治教育、心理疏导、素质拓展、传统文化等各个方面，撬动服务青年团员最大合力。

在黄岳晨的带领凝聚下，越来越多的青年团员主动参与到战疫服务、精准扶贫、关爱留守儿童、文明创建、绿色环保等志愿服务中来，逐步形成了青年“双向奔赴、互助发展”的良好格局，擦亮了国家能源集团“志愿源泉”品牌。

唱响新时代青春之歌

在集团公司团委工作期间，他创建了集团团委“能源正青春”微信公众号。截至 2022 年 2 月，“能源正青春”共发布微信推文 600 余篇，累计阅读量超 40 万，关注人数达 18000 余人。

2020 年 5 月，黄岳晨奉命组建国电电力新媒体工作室。面对全新的领域，黄岳晨经常熬夜学习，消化新知识，他说在新媒体创作的过程就是发现新的自己、提升和改变自己的过程。

他创新“互联网 + 虚拟企业”运营模式，组织广大青年团员参与到国电电力新闻宣传供给侧结构性改革中来。在国电电力官微推出“青知否”“未读”等个性化栏目，组织制作的短视频《战狂沙》“快手”播放量超 40 万。

2021 年是中国共产党建党百年华诞，他牵头策划了“百年筑梦”情境式党课。其中的文案脚本、解说词、演员、主持、视频背景剪辑等，均由新媒体工作室人员完成。这堂党课在第八届“国企好新闻”评选中获奖。

2022 年，受“国资小新”委托，黄岳晨带领新媒体工作室 5 名青年员工，除夕和大年初一昼夜奋战两天，出色完成了中央台虎年春晚“虎年春晚硬核解析，国家队奉献最强彩蛋”推文影像素材的采集、编辑、制作工作，受到了国资委新闻中心的高度肯定。

“从短视频《战狂沙》到‘百年筑梦’情境式党课，再到春晚央企风采推文制作……每一次创作都是一堂无声的‘沉浸式思想政治课’。”谈起新媒体制作工作，黄岳晨有着深刻的认识，“青年人在享受创作成就的同时，潜移默化地接受思想政治教育，社会主义核心价值观也‘润物无声’地植入心中，在学思践悟中，接受了思想洗礼，坚定了理想信念和初心使命。”

当获得“全国优秀共青团干部”的喜讯传来时，记者去采访他，黄岳晨正忙着筹备国家能源集团“五四”展播活动。面对镜头，他略带羞涩且坚定地说：“青春唯有奋斗才会闪光，我将不负新时代、担当新作为，团结带领广大团员青年用青春和激情，唱响‘奋斗的青春最美丽’的新时代青春之歌。”

Part 2 | 第九篇

扶上马 送一程

刘春艳　蒋亦宸
包神铁路新闻传媒中心

从中蒙边境甘其毛都口岸出发，包神铁路集团872千米的铁路线凌越戈壁草原和沙漠，两次横渡黄河，雄跨蒙陕晋三省六市十七个旗区县，直抵山西朔州，这里是国内最大的煤炭集疏运基地和重要的非煤品运输枢纽，被誉为煤炭能源输送的“生命线”。

在这里，一盘“大棋”正徐徐展开：包神铁路集团以乡村振兴战略为指引，以蒙陕晋广袤大地为棋盘，在关键处“落子”，在产业帮扶和消费帮扶上出“实招”，为铁路沿线周边农牧民增收、农牧业发展的乡村振兴画卷上再添浓墨重彩的一笔。

“闯出好路子”

杭锦旗是鄂尔多斯市市内唯一的内蒙古自治区级贫困县，基础设施、公共服务和产业发展普遍落后。其中锡尼镇陶赖高勒村一直以传统种植业为主，产业发展存在诸多瓶颈和困难，曾是旗政府重点扶贫对象，现如今已摘掉“穷帽子”。

按照“公司 + 合作社”新模式，2020 年，陶赖高勒村 23 栋蔬菜大棚在国家能源集团公益基金实施以及包神铁路集团捐资下建成。

同时，包神铁路集团对杭锦旗农牧民自产的蔬菜水果、肉类、粮油、奶制品在管内铁路沿线“代收代销”，帮助当地农牧民实现长期稳定增收致富。

“村里年增加果蔬类产品 10 吨，新增销售收入 69 万元，人均年收入增加 1600 多元。”包神铁路集团计划发展部工作人员说道。

村民富了、生活变美了，越来越多的年轻人回到陶赖高勒村，他们又带回了新的发展灵感和新的规划：打造建设集现代设施农业发展、绿色农畜产品批发、乡村休闲旅游为一体的新型农家田园综合体，也成为陶赖高勒村乡村振兴的新亮点。

打造的新型农家田园综合体，可以使城里人轻松享受短暂而美好的假期休闲体验，同时也让村民们世世代代宜居乐业。

绿水青山的经济效益正不断释放……

这样的乡村振兴产业，不搞大拆大建，不走过场，而是因地制宜、因势利导，把传统乡村改造好、保护好的案例，在包神铁路集团沿线乡村振兴中并不鲜见。

2020 年 6 月 26 日，对于神木市店塔镇梁家塔村的村民来说是开心的一天。

这天，包神铁路集团神朔铁路公司出资 64 万元，为梁家塔村捐赠的 200 盏风力太阳能路灯全部安装完毕。

往日夜间，除了道路两旁农家屋舍里透出来的亮光，其他地方都是黑漆漆的，村民出行既不方便也不安全。

“这下有路灯了，我跑大车再也不用摸黑走夜路了。”看着工人安装路灯，跑长途汽运的村民高兴地说。

梁家塔村位于神木市店塔镇北 20 千米处，四面环山。村民收入以务农、务工、采煤沉陷区塌陷补偿为主，曾是店塔镇唯一一个陕西省建档立卡的贫困村。

作为神朔铁路公司的结对帮扶村，从 2017 年开始，神朔铁路公司便开始帮助梁家塔村农业合作社购买种牛、以购代销牛肉，帮助建成蔬菜大棚，累计投入帮扶资金 265 万元，帮助梁家塔村走出了一条自主创业致富的道路。

梁家塔村里的包村干部张静告诉笔者：“在政府和神朔铁路公司的支持下，村民们的日子发生了翻天覆地的变化。现在我们又准备搞标准化养殖，在条件成熟的情况下，我们将陆续扩大养殖规模，让更多的村民受益。”

仅 2021 年，包神铁路集团及其子分公司与地方政府，以及管内铁路沿线的村镇对接，以捐赠帮扶的方式投入 413.94 万元，完成了内蒙古自治区鄂尔多斯市东胜区泊尔江海子镇宗兑村光伏项目、陕西省榆林市府谷县城区段绿化，启动了内蒙古自治区固阳县 5 座公厕“旱改水”项目……

包神铁路集团以实际行动，回馈铁路周边政府和百姓多年来对公司发展的支持和奉献，发挥了央企龙头带动作用。

“一条铁路惠及我们几代人”

20 世纪 80 年代，陕西省神木市石拉沟村的人们，为了生存在庄稼地里刨闹吃喝，过着面朝黄土背朝天的日子。他们怎么也不会相信，有一天能够出行开上自己的小轿车、住上自己家盖的三层气派楼房……日子一天比一天红火。

这一切的变化，源自于 1996 年神朔铁路的开通运营。对于国家战略来说，这是西煤东运的第二大运输通道；而对于石拉沟的村民来说，这是一条真正的“致富路”。

石拉沟村的李文亮，他的命运原本与苦难相伴——家里三个兄弟、三个姊妹，没钱上学，只能进山里干些采石的苦力营生补贴家用。

在神朔铁路建设之初，需要大批量用人。吃苦耐劳的李文亮抓住了机会，成为一名铁路线路工。尝过生活艰辛的他，深知挣钱不易，想奔好日子，那就必须踏踏实实地干。

26 年中，神朔铁路采用“边建设，边运营，分段建设，分段开通”新模式，走出一条超常规、跨越式的发展之路，成为年运量近 3 亿吨的国家“西煤东运”黄金大动脉。

伴随着神朔铁路的建设、开通、运营，沉寂的石拉沟村热闹起来。这条铁路撑起了全村人的生计和希望，困扰多少辈人的出行、收入、就业等重要生计问题逐一解决，村里的农民成了铁路工人，端上了“铁饭碗”；地里刨食的庄稼汉成了“坐地”房东，收起了房租……

一条铁路惠及我们几代人。李文亮说：“儿子李亚龙也通过大学生招聘进入神朔铁路公司工作，解决了孩子的就业问题，我们爷俩都在铁路上班，最重要的是在家门口就能挣到钱，一家人都在跟前，相互能搭照上。”李文亮对未来的生活充满了信心。

过上好日子的石拉沟村，开始琢磨在如何建设美丽乡村上做更多的“文章”。

“火车拉着山村跑”。按照“村集体 + 个体”的模式，依靠神朔铁路公司，石拉沟村获得了更多的便利，村里通了柏油马路、装了路灯、公厕“旱改水”、修建广场，村里的婆姨老汉担任起清洁工……

石拉沟村的烟火气更浓了，村民开起了超市、农家餐馆、陕北民宿，出租闲置房屋，比在外面打工挣钱多得多，生活过得越来越有滋有味。

“我们也能享受消费帮扶福利呢”

做好乡村振兴，离不开对农产品的消费帮扶支持。

米脂县是国家能源集团定点扶贫县，受新冠疫情影响，米脂县大量山地苹果滞销，给当地农民基本经济收入造成重创。

2020年3月16日，包神铁路集团收到了陕西省米脂县人民政府“关于请求认购疫情期间滞销山地苹果的函”。

“这是好事，作为央企，我们当然要办，而且还要办好。”包神铁路集团党委当即决策。

了解到米脂县眼下的困难，公司按照现员人均发放一箱测算，决定认购当地31万斤疫情期滞销的山地苹果，帮助果农解决滞销难题，直接促进果农增收93万元。

消费帮扶，一头连着农民的“钱袋子”，一头连着职工的“米袋子”“菜篮子”“果盘子”。

2019年以来，包神铁路集团在“公益中国”“能源爱购”“慧采商城”“陕西工会消费帮扶”等平台，以及通过“以购代捐”形式，购买定点扶贫的9个贫困县及湖北省等滞销的产品、内蒙古自治区达拉特旗黄河几字湾农副产品等，累计帮扶投入1617.24余万元。

“平台上小米、核桃、香菇、红小豆、绿豆等米面粮油、山珍干货、肉蛋熟食农特产品一应俱全，特色鲜明，职工可以放心购买，还包邮到家哦！”包神铁路集团计划发展部工作人员边发放“慧采商城”消费码，边向大家介绍道。

2021 年 12 月 29 日，“午餐免费提供红烧牛肉炖萝卜。”这条通知在沿线各职工食堂格外醒目。当天，沿线各职工食堂人头攒动。

这是神朔铁路公司和梁家塔帮扶村集体合作社养牛场达成的每年 1.2 万斤消费帮扶协议订单。

“不管是多年的老职工，还是我们刚参加工作的实习生，大家都能同等享受消费帮扶福利，真的感觉好幸福啊！”在神木北站区职工食堂就餐的新入职大学生对此连连称赞。

“乡村振兴订单，让农户的牛羊肉和瓜果蔬菜端上了我们职工餐桌，职工吃得放心，用餐安全得到了保障，同时还为乡村振兴奉献了我们央企的一份力量。”包神铁路集团总经理助理，神朔铁路公司党委副书记、总经理激动地说。

一举两得，双向受益。乡村振兴，消费帮扶更有动力，也更加有活力。

包神铁路集团践行“高效运输、创造价值、造福员工、贡献社会”使命，始终坚持企业发展与造福员工、贡献社会相结合，积极承担央企社会责任，通过物流服务、增加就业、保护环境、精准帮扶、公益活动等，带动和帮助公司管内沿线地区实现经济发展、社会和谐、文化繁荣，为实现“人民对美好生活的向往”作出了积极贡献。

Part 2 | 第十篇

白杨礼赞

王小燕

新疆公司新闻中心

飞机降落在于田机场，从乌鲁木齐休假回来的杨益民着急赶路，隔着车窗，道路两侧整齐排列的白杨快速掠过，村庄、田野都让他感到暖暖春意。今年是杨益民驻村的第 8 个年头，此次探家短暂休整后，他以最快速度返回驻村岗位，作为第一书记，他心里总是装着很多事，特别是眼下又到了春耕备耕时节。

车子很快开到距离于田县城 4.5 千米的阿热勒乡夏玛勒巴格村的村委会大院。“杨书记你可回来了……”村委会工作人员和村民纷纷跟他打招呼。“回来啦……”杨益民一边搭话，一边三步并两步走进村党群服务中心，张罗大家开会：“一年之计在于春，对农户来说，时光不等人呀。”

播种希望

于田有“八百里驿道、两千年古城”的辉煌历史，但也有深深的苦忧。

2014 年 3 月，杨益民担任驻夏玛勒巴格村第一书记，和驻村工作队 8 名队员来到南疆于田县夏玛勒巴格村。3 月的于田，春寒料峭，大地沉寂，面对几乎空白的村务工作，他们一户户地走访登记，出入一贫如洗的村民房舍，说不清几番滋味。看到村民们窘迫的生活，感慨万千，只想尽己所能为村民做点事。

开始，驻村条件十分简陋，住在村委会四处漏风的平房里，取水冰冷刺骨，队员们洗菜、做饭，煤炉弄得满屋烟气，困乏一天的队员忙碌一天回来倒头昏睡，一个半月后洗的第一次热水澡是最难忘的幸福体验。

扶贫先扶志，治穷先治愚。国家能源集团新疆公司 2015 年和 2016 年先后捐资 590 万和 1303 万元，在于田县阿热勒乡建起了中心小学教学楼和阿热勒小学。杨益民作为项目负责人，全程参与了两所学校的设计、施工、监理和工程质量验收等全部环节，他一边挂记着帮扶村的大事小事，一边心系着学校建设的一砖一瓦。

如今走在宽敞整齐的校园里，崭新的教学楼让杨益民一阵恍惚。想起之前的校园只有一排小平房，孩子们课间活动和体育活动只能在荒草丛生的土操场上进行。现在孩子们能在绿茵足球场、塑胶跑道上奔跑，在室内篮球场跳跃，能够夏有凉风、冬有暖气，使用先进的多媒体教室和多功能设备……他发自内心高兴。

门前小树又长高了一截，工作队员有来的、有回的，杨益民每日忙碌而充实，他满脑子盘算的是如何办产业、多就业，想得最多的是困难户身体怎么样了、村里哪家孩子需要帮忙接一下……却顾不上聚少离多的家和年幼的儿子。

“每年 3 月到了驻村队员轮换的日子，村民们都会来问，杨书记不走吧，我们离不开杨书记……”队员木塔里甫说，“杨书记是村里的主心骨和大管家，村民已经把他当成了自家人”。

▶ 排忧解难

大红灯笼挂起来，红红的对联贴起来，火火的大年过起来。2022年春节，杨益民在村里过了第 7 个除夕，他和村民们一起看“村晚”吃饺子，欢声笑语中迎来新年景。

现在，村里修建了文化广场、文化长廊、村史馆、新时代文明实践站、库尔班·吐鲁木精神传承馆，村民既有健身娱乐的好去处，也有学习阅读的好地方，家家户户三区分离，庭院干净整洁，筹划已久的养老助餐点也开始运营。

一年前，他向村党支部提议解决村里留守老人做饭难、吃饭难的问题，建立助餐点为村里孤寡老人提供免费午餐，让老人在家门口吃上“暖心饭”。看着老人们吃着香喷喷的午餐，乐呵呵地聊着天，杨益民打心底里感到自己干了件特有意义的事。

于田县地处塔克拉玛干沙漠边缘，气候干旱，土地贫瘠，农业种植基本上靠天吃饭，田地产量低、收益少。驻村工作队主动联系新疆心连心能源化工公司，组成“心连心、手拉手”工作组，为村里捐赠化肥，改良土壤。“化肥来了……”驻村工作队员和村委会人员早早等在村口，远远看到满载的车辆兴奋地呼喊起来。大家七手八脚地很快卸完化肥，堆放在村委会大院，分发给村里的困难户和低收入村民，解决他们的春耕难题。

夏玛勒巴格村近三分之二的青壮年外出务工，每到春耕播种时节，劳动力缺乏是春耕生产的难题。驻村工作队每年都要提前谋划、重点帮扶，党员及青年志愿者们的身影在田间地头忙碌着……沉睡的田野褪去一冬的沉闷，带来春的希望。

扶贫扶志

热瓦普琴声悠扬，克里雅河川流不息。2020 年是脱贫攻坚战最后一年，对于有建档立卡贫困户 412 户 1672 人、贫困发生率 35.5% 的夏玛勒巴格村来说，任务非常艰巨，但杨益民心里有底气。

成立于田县第一家全部由建档立卡贫困户组成的农产品加工合作社，就是杨益民的金点子。看到当地玫瑰花、葡萄干、核桃、杏干、大枣等特色农产品，他就琢磨着能否做点文章，增加点收入。于是找到了头脑灵活的村民买买提·买吐送，吸纳贫困户，对收购的当地农产品进行筛检、分类、包装，农产品加工合作社就这样成立了。为了让合作社行稳致远，杨益民一开始就有经营品牌的思路，“夏玛勒在维语里的意思是大风，巴格的意思是果园，用‘大风起兮云飞扬’的‘兮’字，我们的合作社注册名字就叫风兮果园吧！”农副产品投放在国能E购、慧采商城、员工大集等国家能源集团自有电商平台，2020年销售收入突破500万元，16户建档立卡贫困户有了稳定收入。

2021年9月19日，首届“和田优品”进津展示推介会在天津市梅江会展中心拉开帷幕，杨益民带着合作社工作人员赴津参展，宣传推介风兮果园合作社玫瑰花、核桃、杏干、雪菊等特色农副产品，3天的展会销售4万余元，达成意向性订单40万元，并与天津农业银行洽谈成功入驻帮扶平台业务。如今，声名鹊起的风兮果园合作社，不仅先后被央视网等媒体报道，而且入选“新疆礼物”大名单，成功打造成区域性特色农业品牌。风兮果园农民专业合作社的负责人买买提·买吐送把一块饱含感激之情的牌匾送到了国家能源集团新疆公司，表达他们对驻村工作队创品牌、助致富的感激之情。

由于夏玛勒巴格村人多地少、产业结构单一，杨益民想到村子离县城距离近，就引进了于田县服装厂，找到了在和田打工有缝纫特长的维吾尔族姑娘阿提开木·阿布杜拉，邀请她回到家乡负责经营管理，心灵手巧的她很快进入角色，带领村里52名有缝纫技能的妇女在家门口工作，有了稳定收入。

阿提开木·阿布杜拉在村委会手工艺品展销中心穿着民族服饰介绍

着：“这是我们村库尔班手工坊村民们自己做的手摇扇，制作精美，可点击链接购买，包邮哦！”她正用抖音进行直播带货，桌上还摆着包装好的葡萄干、玫瑰花、雪菊、杏干等。阿提开木·阿布杜拉做梦也没有想到，自己能从一名“打工妹”变身为“企业白领”和“网红主播”。

直播间的隔壁就是库尔班手工坊，是杨益民争取天津援疆帮扶资金引进的扶贫项目，不仅解决了村里20多名因年老体弱无法外出务工村民的就业难题，还依托运营中心带动农副产品的销售，库尔班手工坊的落户给村庄带来了无形效益。

乡村要振兴，产业要兴旺。为了让村里大商小铺“活”起来、“火”起来，驻村工作队深入调研走访，沿村委主干道建起了门面房，鼓励村民多元发展，烤肉店、商店、菜店等先后开办起来。“来来来，刚出炉的烤包子……”村民玉苏甫·艾沙木丁自信热情地揽客。自从他开起了打馕店，日均收入150元，走上了脱贫致富路。

2020年夏玛勒巴格村集体收入达到32万元，贫困户人均收入8755元，是国家脱贫标准的两倍多，一举脱贫摘帽，成为全疆脱贫人口最多的摘帽村。

白杨这种普通的树木在干旱少雨的沙漠地带有着极强的生命力。在每一个美好的清晨，当明媚的阳光普照大地，阵阵清风吹过，白杨树叶发出哗哗声响，向播撒希望、耕耘幸福的人致意。杨益民用生命中宝贵的8年时光，用心用情帮助夏玛勒巴格村走上康庄大道，让这里的村民有了把日子过好、过美的内生动力，自己的人生也因此更加丰富。

Part 2 | 第十一篇

"鱼鸟天堂"的幸福歌

莫 冰 张 楣

国电电力发展股份有限公司

金黄色的油菜花，散发着馥郁的芬芳。秀美的黑颈鹤，在湖面上肆意飞翔。灵动的湟鱼，徜徉在大美青海湖的怀抱。就连老实的牛羊也摇头摆尾尽情抖动起来……这里是海拔 3300 米，有着"鱼鸟天堂"之誉的青海省海北藏族自治州刚察县。

2018 年，国家能源集团国电电力公司组织 8 家基层单位与刚察县 8 个乡镇开展"八对八"精准帮扶工作，与这里的牧民们结成了"远亲"。五年时间过去了，一曲曲助力乡村振兴的赞歌在美丽的"鱼鸟天堂"唱响……

▶ 132 个户用水冲厕所

果洛藏贡麻村是一个牧民集中安置新村，共有 639 户 2458 人。沿着崭新的藏式村大门往里走，这座背靠大山的村子一览无遗。

走入一户村民家，只见藏地常见的阳光房被收拾得清新整洁，客厅里铺着藏式地毯，沙发、电视、茶炉等生活用具配备齐全，51岁的屋主索南才让正抱着外孙享受天伦之乐。

索南才让家是这里藏民家庭的缩影。2018年，国电电力结对精准帮扶刚察县所属乡镇工作，将沙柳河镇果洛藏贡麻村“厕所革命”作为首批援建重点项目。国电电力为集中点每户农牧民家庭建了一个户用水冲厕所，并同步配置喷淋、洗漱等洁具，同时对排泄物集中进行无害化处理。2020年7月，项目全部建成，132户藏族群众从中受益。

过去，这个村只有几座旱厕，一排简陋的蹲坑，平日里粪水暴露，臭气熏天，蚊虫滋生，未经处理的粪便污染着土壤和地下水。如今，这里的家家户户都有了水厕，而且厕所墙壁上贴着白色瓷砖，地面铺着地板砖，白色的洗手盆，白色的坐便器，干净整洁。“厕所革命”让果洛藏贡麻村脏、臭、不卫生的如厕环境成了过去式。

厕所虽小，却浓缩了民生。国电电力助力果洛藏贡麻村“厕所革命”建设，让藏区农牧民有了实实在在的获得感、幸福感。“户用水冲厕所”已然成为当地藏族牧民生活家中的标配，干净整洁的厕所环境改变了藏族农牧民的传统卫生习惯，环境美了，藏区农牧民的心更亮了。

暖棚是咱牧民致富棚

远远望去，蔚蓝的天空下，三五成群的羊儿正在绿油油的山坡上低头觅食。不远处，红灰相间的暖棚散落在村子四周，把一望无垠的藏乡点缀得美丽而生动。

受地理环境影响，地处青海湖北岸的泉吉草原每年 9 月就进入了冬季，一直到来年 5 月。每到产羔期，天气极寒，如果不及时做保暖处理，新生小羊就要冻死。

2019 年，国电电力决定出资 100 万元，群众每户自筹 1 万元，援建 20 座暖棚，帮助这里的羊羔安全度冬，提高存活率。暖棚墙高 2 米，单层砖混结构，棚顶采用阳光板加彩钢结构，既保暖又耐用。

“我们就想帮助当地牧民，让暖棚变成牧民的致富棚。”国电电力扶贫工作具体负责人介绍，援建的 20 座暖棚，2020 年 8 月底全部投入使用。

达尔杰书记算了一笔账，有了这些暖棚，羊羔们的存活率相比过去，可以提高20%。一户牧民按照100只羊计算，一年多存活20只羊羔，以现在的市场价，每年至少可增收2万元。

在家门口喝上了放心水

牧民索乃加的家就在刚察县伊克乌兰乡草场山脚下。忙完农活，他从自家院子里端起一碗水一饮而尽，“这水真甜啊，吃水不忘挖井人，感谢党的好政策”。

伊克乌兰乡位于刚察县中部，距离县城5千米，是全县唯一的纯牧业乡。这里人口居住分散，加上基础建设滞后，大部分居民的生活、生产用水，只能依靠泉水或地表河水，受季节等多种因素影响较大。

“以前到了冬季，河水结了冰，人畜饮水就成了大问题。”索乃加用手指着远处的山坡说，“我们要到2千米外的地方去取水。”

“群众需要什么，我们就帮扶什么！”国电电力决定以饮水安全为突破口，找准“发力点”，让当地百姓喝上“放心水”。

2019年，国电电力出资100万元，在伊克乌兰乡的压公麻、亚秀、角什科贡麻等6个村的贫困户密集处，建设机井12眼，解决群众用水难题。

2020年4月，国电电力对口支援的刚察县伊克乌兰乡12眼机井项目顺利竣工，并全部通过工程验收和水质检验。清澈的井水源源不断地流进了藏区农牧民的家里，也滋润着他们的心。

如今，伊克乌兰乡的12户42名群众，还有960头牛和3420只羊的饮水问题得到彻底解决。

阳光下，每一眼机井旁，国家能源集团的鲜红标识熠熠生辉。索乃加感慨地说：“家门口就能喝上放心水了，这样的帮扶真是帮到我们的心坎上了。”

Part 2 | 第十二篇

此生无悔入煤海 一片赤诚换真情

陈 垚

神东煤炭新闻中心

2008 年 7 月 17 日，从沈阳北站发往陕西咸阳的 K128 次列车正在铁轨上一路疾驰。车厢内，一对青年男女倚窗而坐，各自怀揣着心事望向窗外流转的风景，久久不语。

他们是一对情侣，男的叫李增彪，女的叫宋晓玲。两人刚刚从辽宁工程技术大学毕业，此行的目的地是男方的家乡——陕西省神木县。

然而，他们这趟旅程的终点并不是男方的家，行程的目的也不是回乡省亲。

几天前，李增彪顺利通过校招被国家能源集团神东煤炭录用，将前往位于神木县北部的大柳塔镇报到，成为一名煤矿工人。说来也巧，就在同一天，宋晓玲也收到了留校任教的通知书。

两人见面后，听着对方传来的“好消息”，内心五味杂陈，本该愉快的交谈逐渐演变为一场争吵。

最终，宋晓玲妥协了。

透过车窗上模糊的映像，宋晓玲再一次打量起身旁的这个男人。无论是从他充满书卷气的脸庞，还是那消瘦的身型，再怎么想象，也无法同矿工产生一丝联系。要说唯一能沾点边的，恐怕就只剩名字中的那个“彪”字。

想着想着，心头一股无名火油然而起，宋晓玲狠狠地朝着李增彪的胳膊掐去。可是松开手，反倒是自己红了眼眶。

初入神东煤炭，李增彪被分配到石圪台煤矿综采一队，队里给他安排的第一个岗位是支架检修工。

这让他多少有些难以接受，自己明明学的是电气自动化专业，再怎么也应该干个电工，可现在却要去当钳工，他觉得自己是被“大材小用”。不过李增彪很快便说服了自己，“只要能学技术，干什么都一样”。

但是命运再次挑战了他所能承受的底线，即便是一开始瞧不上眼的支架检修工，他也没能顺利当成。

入井第一天，李增彪就在老师傅的带领下穿过林立的支架，径直走向机尾清起了浮煤。

这一清就是一个多月。

每天都要从支架脚踏板上经过，而他却只能扛着铁锹回头望望。渐渐地，他的内心开始对这一台台综采工作面的“顶梁柱”从不屑变为向往，而做好一名真正的钳工，也成为他入职后的第一个理想。

很快，在机尾清煤的“试炼期”结束，李增彪也正式走上了支架检修工的岗位。也许是之前积攒了太多对检修工作的“渴望”，他干起活来格外卖力。

通常支架主阀架设在四连杆上，背后管路繁多，是出现“跑冒滴漏”现象最多的区域。但是由于四连杆内空间狭小，一般人都不愿意钻进去处理故障。然而，李增彪却主动承担起了这一区域的检修任务。

“通过主阀背后的接口可以理清所有管路的布置方式和走向，是在现场学习的好机会，虽然空间有限，但是能够处理好这里的故障，再回到开阔地干就会更加游刃有余。”如今回忆起那时的“冲劲”，李增彪形容说：“我当那儿是第二处‘试炼场’。”

经常在四连杆内爬进爬出，他的衣服总是被刮得“伤痕累累”，有的部位补丁打了一层又一层。每天最让李增彪难堪的时刻，就是下班去洗衣房交衣服，那一包满是煤泥和破口的脏衣服时常会换来洗衣大姐们的调侃，“小伙子长得白白净净，怎么老是穿身破衣服”。

这些，他从未告诉过宋晓玲。

每天回到家，李增彪总是把自己的工作描述得很轻松，他觉得妻子已经付出了太多，不该再为自己担惊受怕。

一晃十余年，李增彪一步步从工人成长为队长，现在履职的石圪台煤矿综采三队已是他接手的第二支队伍。在此之前，他因为在运转二队成功推行“军营文化”而荣获多方赞誉，通过“正军容、铸军魂、提战力”三步走，仅用一年时间就将这支原本作风散漫的二线队伍锤炼成矿井“虎狼之师”。

虽然将“军营文化”与班组建设有效结合可以在短期内取得实效，但是李增彪却没有在综采三队继续沿用这套管理模式。

刚到综采三队，李增彪感觉这支队伍士气低迷，综合实力与自己曾经奋斗过的综采一队相差甚远。一时间，怎么管理成了悬在他心头的难解之题。也有人建议他继续推行“军营文化”，但他却有着自己的想法。

当时队内大部分员工个人业务能力较强，但是凝聚力差，导致各项工作总是滞后。究其原因还是“等、靠”思想严重，想要改变现状仅凭出台管理制度只能“治标”，而李增彪琢磨着怎样才能“治本”。

“管理必须因地制宜，任何模式都不是万能的，单纯依靠制度只能守住底线，想要有所提升还得想着怎么才能调动员工的主观能动性。”通过长时间的跟班观察和与员工的谈心谈话，李增彪的脑海中逐渐形成了“让员工的个人需求与全队的总体目标相契合，以结果为导向激发员工主观能动性”的全新管理思路。

于是，后来伴随综采三队茁壮成长的“获得文化”应运而生。

通过前期深入了解，李增彪将队里的员工按照个人需求分为三类：需要提高工资收入的、需要提升技能水平的和需要被别人认可的。无论是哪一类人，总可以将他的需求与实际工作联系到一起，再针对这些需求从全队要完成的总体目标中分解出相应的任务进行分派，这样既可以充分发挥出每个人的最大能量，也可以让员工在完成工作的同时产生获得感。

“我从来不主张‘快乐工作’的说法，工作的过程必须是严谨的，态度也应该是严肃认真的，真正的‘快乐’来源于自己通过工作满足了哪一方面的需求。”李增彪在向别人解读“获得文化”时经常这样说。

不到三年的光景，李增彪将原本工资水平排名全矿倒数的综采三队带领到现在的全矿第一，队里先后培养出三位副队长、一位书记、一位队长，今年又有 10 名劳务工顺利转正，破了石圪台煤矿单个区队劳务工转正人数的纪录。每当想起这些，他的脸上总是浮现出满意的笑容，或许这就是他真正想要的“获得”。

今年 7 月，综采三队又迎来了石圪台煤矿首个自动化沿空留巷工作面。

第一次接触沿空留巷技术，同时又要进行自动化割煤，对李增彪而言是前所未有的挑战。

一开始矿里配备了一支专门负责沿空留巷主体施工的队伍与综采三队配合生产，但是频繁的交叉作业导致生产效率低下，让每天盯在现场的李增彪心急如焚。两支队伍互相磨合需要很长的时间，而且现场管理的难度极大，他的心中逐渐产生了由自己的队伍进行沿空留巷施工的想法。

但是要同时兼顾工作面生产和沿空留巷施工，这么多的人员从哪来?

“想要挪出人员，就得想办法减少生产班的人员配置。”很快，李增彪就找到了解决问题的突破口。通过井下工作任务“单元化”分解再整合，经过一段时间的尝试，生产班由原来的 9 人减少到现在的 3 人，而减掉的人员则被分配到沿空留巷施工作业中。这样既解决了与其他队伍之间的配合问题，提高了生产效率，又可以同时保障沿空留巷的工程质量，而且队伍没有因此扩充 1 人。在现有的技术条件下，为自动化工作面减员增效提供了一条行之有效的新思路。

李增彪很喜欢自己的员工平时称呼他为“彪哥”，他觉得这样很亲切，他总是跟队干强调，“我们管理人员一旦与员工产生对立，就会造成内耗，对区队的健康发展非常不利，只有站在员工的立场考虑问题，能够向员工兑现自己的承诺，大家才会理解你、支持你。”

如今，李增彪与宋晓玲已经有了两个孩子，他忙着奋斗事业，妻子忙着照顾家庭。偶尔闲暇时，两人也会回忆起 13 年前那趟“说走就走”的旅程，但是宋晓玲已经不再埋怨李增彪当初的选择。她再看身边的这个男人，无论是从他坚毅的眼神，还是那挺拔的身姿，都符合自己心中新时代产业工人的形象，她经常叮嘱李增彪，工作中一定不能麻痹大意，需要时刻提防的还是你名字中的那个“彪”字。

Part 2 | 第十三篇

植此青绿

曹 鹏

准能公司生产服务中心

“国家能源集团准能集团全面应用生态减损型采排复一体化技术，完成3300多公顷的矿区治理，植被盖度由原始地表的25%提高到80%以上，入选2022年世界经济论坛发布的开展自然受益型矿产资源开采案例”。

“40多年来，随着准能矿区生态不断优化，鸟类的种类和数量越来越多，每年2—3月，天鹅、鸳鸯、赤麻鸭等迁徙性鸟类都会在矿区主水坝栖息，准能集团设立鸟类观测点，开展迁徙性鸟类记录与观测，助力地方生物学术研究”。

王三宝看着手机里一条条报道，看着图片里郁郁葱葱的矿山，陷入了回忆之中，耳边仿佛传来了呼啸的风声、发出旋即消失在风里的号子声、水车由远及近的发动机轰鸣声，30年了，依旧是他觉得最好听的声音。

决 心

20 世纪 90 年代初，鄂尔多斯黄土高原上的一个窑洞里，王三宝的女儿被呛得忍不住打了一个喷嚏。初春的天气总是毫无预兆地刮起沙尘暴，外面黄澄澄的一片，30 米外就什么都看不见了，因此学校今天放假，王三宝也不能出去做工。女儿喝了一口水，重新坐回桌子前面，拿起本子抖了抖上面的土，一笔一画地写起字来。王三宝走出窑洞，黄绵土夹杂着细小的石子扑面而来，他不自觉地眯起了眼睛，嘴刚咧开一条缝，黄土就粘上了他的牙齿，仿佛找到了归宿。王三宝吐掉嘴里的沙子，暗暗下定决心，一定要让这里绿起来。这一年他 37 岁。

黑岱沟露天煤矿是我国 20 世纪 90 年代建设的四大露天煤矿之一，是鄂尔多斯高原上的一颗煤海明珠。随着露天矿开工建设，环境问题始终没有离开过准能公司的议事清单。他们在探索中前进，在曲折中前行，不断研究完善绿化复垦规划，按照一定比例从原煤中提取绿化复垦资金，用于复垦绿化。当时的准能公司正经历煤炭市场持续低迷、经济效益下滑的巨大压力，可是没有一个人提出停止或者削减复垦绿化资金，因为每个人都知道生态修复，功在当代，利在千秋。

造 梦

在这一年，王三宝开始负责矿区的绿化。

矿区的气候属于中温带半干旱大陆性气候，冬春气候寒冷、干燥，多大风，夏季雨量集中，秋季凉爽短促，四季分明。

巧妇难为无米之炊。环境恶劣、绿化人员素质参差不齐、车辆短缺等现实问题成了王三宝实现自己初心誓言的绊脚石。王三宝的眉头皱了三天，但他迅速调整心态，投入了工作。环境恶劣？种树就是为了改善这里恶劣的环境。人员素质不够，培训、学习、实践，手把手地教，一个带一个，人也会像树苗一样茁壮成长起来。“有条件要上，没有条件创造条件也要上。在共产党员面前，就没有翻不过去的山，种不下去的树！”于是王三宝一脚扎进了广袤无垠的排土场，一干就是 23 年。

在王三宝的带领下，绿化队的职工们顶严寒、冒酷暑、战风沙，凭着一股不服输的劲头，矿区的土地平整好一片，他们就绿化一片。慢慢的，樟子松、油松、云杉、山杏在矿区排土场里生长开来。

准能集团派来的 20 多个干绿化的女职工，面对复垦绿化这么辛苦的工作，一些人思想上转不过来弯儿，看不上绿化工作。王三宝以身作则，用行动告诉她们工作没有贵贱之分、高下之别，要干好绿化工作就不能怕辛苦。为了提高职工们的绿化专业知识，在种植间隙，王三宝把树苗做成标本，把种子放在罐子里，通过实物展示，让文化水平相对不高的职工能更好理解，更快掌握相关知识。经过一段时间学习，绿化队的职工不仅能分清不同作物的种子，还能分清不同年份的种子。

那时候，设备、车辆短缺，王三宝用自己的双脚丈量完了矿区所有排土场的土地。那时候，雇用的水车换了四五辆，水车司机和王三宝说“我不和你干了，你这个营生太辛苦了”。那时候，绿化队的每个人都晒得黝黑，野外作业遇到变天就被淋成落汤鸡。那时候，对于王三宝来说最动听的声音莫过于水车的轰鸣声，仿佛感受到了树木的欣喜。那时候，所有人看到新种植的树苗全部成活都会咧嘴笑。那时候，他们会为偶尔出现的兔子或者野鸡惊叫不已。

传　承

现在的王三宝已经是一个年过六旬的老人，花白的头发和黝黑的脸庞都印证着岁月的痕迹。如今的他早已不用在春天的风沙里穿梭，不用为保证树苗成活率，在夜里将刚送来的树苗浸泡在水池里，一忙就忙到凌晨两三点。可是他最喜欢的，依然是坐在这树林中间听风声，听鸟叫，听虫鸣。每年的植树节，他都会到植树活动现场去，看 1000 多人同时上山种树，那树苗就跟被施了魔法似的，一会儿就站得满山坡都是。他是高兴的，不仅仅是矿区已经变了模样，更是因为这一份事业已经开枝散叶，有了传承。

从王三宝手里接过接力棒的人是包全民，一个从草原而来的蒙古族小伙子。刚刚来到绿化队，包全民就被王三宝一嘴流利的晋语语系方言和艰苦的造林环境上了一课，汉语不好的他不仅很难理解王三宝的意思，还发现好多专业知识用不上。他发现已经绿化的复垦区排土场，对规划设计的要求不高，植被树种比较单一，好像只是让矿区绿起来，不让水土流失就可以了。这让专业出身的包全民有些泄气。

了解到包全民的心理活动后，王三宝带他来到了复垦区最高的山顶上。王三宝指着远处正在作业的几辆工程车跟包全民说："那里正在修的是一条通往排土场顶上的公路。之所以要修这条路，是因为将来要在那个排土场上建蒙古包、自行车赛道、观光步道、停车场。要在上面办一个养殖场，养牛羊，旁边就种植牧草，牛羊都放养。"王三宝换了个方向，指着继续说道："还有那边，要盖几个采摘棚，里面种上水果和蔬菜。还有那边，是玉米地，那里是菜地，那里是……"

后来，包全民慢慢地了解到，王三宝向他介绍的是公司"采—复—农—园"绿色协同发展模式。随着绿化工作的开展，环境条件和政策变化，准能公司复垦绿化工作思路也逐步向深层次发展，形成了开采、复垦、农牧业、矿山公园协同发展的模式，提升土地利用价值，把生态优势转化为发展胜势。随后的日子里，包全民也在这样的工作思路下，充分发挥了自己的专业优势，合理规划土地、不断丰富植物种类，见证了王三宝指给他看的蓝图一点点变为现实。

现在原本千沟万壑的"鸡爪子"山变成了万亩良田，生态环境各项指标逐年向好，复垦绿化总面积达 5 万亩，形成碳汇林 1226 公顷，整理开发农用地 95 公顷，草地 853 公顷，累计投入 16.71 亿元，治理率 100%，植被盖度由 25% 提高至 80%，水土流失控制率 80% 以上，生态系统实现正向演替、良性循环，植被种群由 10 多种增至 240 种以上。野生动物数量逐年递增，生态平衡系统已见雏形，矿区呈现人与自然和谐共生的生态美景。2017 年 12 月，国土资源部正式批准格尔国家矿山公园建设。包全民相信，有一天他会看见满脸笑容的游客在这些绿树红花之间流连，都会惊叹于这煤海与碧波的交汇。

王三宝和包全民站在山顶，看向山脚下不断绵延伸展的绿色，心情说不出的舒畅。远处的山没有树，草皮间隐约露出黄色来。那里是正在自然沉降中的复垦区，再过两年，那里也会是满山的绿树红花，满耳的鸟叫虫鸣。再往前就是矿坑，再往前就是黄河。王三宝望向远方问道："全民，你相信有一天，黄河的水会变得清澈吗？"

包全民说："我相信。因为，你看，那里是我们前进的方向"，顺着他的手指，在山脚下公路的尽头，翠绿的山坡上几个鲜红的大字在阳光下熠熠生辉——

绿水青山就是金山银山！

Part 2 | 第十四篇

再见！美丽东谷河

杨守丽

国能四川电力股份有限公司

年越来越近了，家里明亮的窗户、干净的窗帘以及水果糖散发出的年味儿越来越浓……

“给你说个事儿，今年我值班，也就是说我要在东谷河工地过年……你和儿子能来陪我一起过年吗？”他打电话说。“啊？你又要值班？孩子刚跟我算假期，说你明天就回来了。”我突然觉得断片儿了……“公司紧赶慢赶早日发电，留工地值班的人不少，谭总、彭总都要值班，马主任的家属会来工地过年，你和儿子能来吗？”“哦！我和孩子商量一下吧。”挂了电话，那种似曾相识的凌乱感又来了。

2014 年春节，他在工地值班，我带着上小学的儿子从石棉到泸定、转车到姑咱镇、再搭顺风车到丹巴县、辗转到东谷乡营地，满满 1 天的路程，天黑的时候，风尘仆仆的我们见到了同样风尘仆仆的他。他们刚搬到营地，一房间的蛇皮袋行李，床、被褥、电脑、桌子，一切都还没有安顿下来，我们在无处安放的凌乱房间，慢慢安放下我们疲惫的双脚、行李、心情和一家人难得在一起的团聚时光……抱怨的话几次到嘴边，又被他歉意的眼光给挡了回去。“条件差了点，慢慢会好起来的；有了营地、有了施工队伍，以后发电了就好了……”他一边自言自语，一边看着儿子的眼睛。

“这里的天空很蓝、云朵很白，我们天天晒太阳、天天能见到爸爸，我们在这里很快乐……”儿子在他的日记中写道。日子过得很快，一转眼年过完了，我们打道回府。车子翻越巴朗山，在海拔 4000 多米、高耸入云的山顶回旋公路上，儿子“高反”加晕车，脸色苍白、不时反胃！他一会儿想下车，说不回成都了，就在丹巴！一会儿说要回去上学，只能坚持。我一直用手轻抚他瘦瘦的脊背，试图减轻他晕车的痛苦！“我感觉在用生命坐这趟车，太难了……”儿子艰难地说。我转过脸去，不忍心让他看到我心疼的眼泪！

那次以后，时隔 7 年，我们没再去过东谷河。

转眼已到 2021 年，儿子已长成一个高中的大小伙子。当他知道他爸又要值班的时候，淡淡地说：“那就去吧，好久没去过丹巴了，希望这次不要晕车。”随即，我们收拾心情和行囊，再向丹巴出发！一路上，儿子拿行李，只让我拿小包。“发展”改变生活，这次的行程，从成都到泸定、再到丹巴营地，只用了 5 个小时，万幸，我们都没有晕车。

丹巴天空湛蓝、天高云淡，每日骄阳似火！太阳照得东谷电站的厂房像镀了一层金色的盛装；远处，银色的输电塔连着输电线直入云霄，一座一座连着远山；近处的建筑，在脚手架的枝节里，合着早春的柳树奋力生长，逐渐枝繁叶茂；营地里，几个来工地过年的孩子已彼此熟悉，他（她）们时而打羽毛球、时而写作业；值班的人员日出而作、日落而息，每日到工地检查协调工程进展的细枝末节，一切平淡而有序，充满了期待和希望……这里，像极了一个古居的四合院，几家人在这里因缘而聚，为了一个共同的梦想，为他们付出青春、付出时间、付出汗水的电站发电做最后的冲刺！

时光过得很快，转眼到了返回的前一天，谭总在村民那买了一只土鸡，“老熊”拿出了仅有的腊排，小马采摘了自留地的菜薹，家属包了简单的水饺，我们在有限的条件下张罗着热腾腾的“火锅”，谈着工作、生活的感慨。彭总动情地说：“7 年前，我的孩子、大祥的孩子才几岁，我们离开了家，在这里建设电站；现在，我们的孩子们都长大了，而我们在这里已投入了太多的心血，我们和美丽东谷已成为血肉相连的一部分……下次再聚，不知到什么时候了！”

当我们背上行囊，踏上回家的路，急驶的行车把营地和电站远远地抛向身后；湛蓝的天空越发显得那么高、那么蓝，云朵那么白；河道里，碧绿的河水像极了一池无边无际的绿宝石，流向远方；高耸的梭坡“碉楼”，似乎诉说着美丽的“女儿国”神话；音响里传来熟悉的那首歌：“一年一年，风霜遮盖了笑颜，你寂寞的心有谁还能够体会，是不是春花秋月无情？春去秋来你的爱已无声，把爱全给了我，把世界给了你，从此不知你心中苦与乐！”

再见，丹巴；再见，美丽东谷河！在我们奔赴的另一城，有他们的家人、孩子和生生不息的分居生活……

再见丹巴的时候，太阳照得东谷电站的厂房越发金碧辉煌，房顶“国家能源集团”的标识在太阳下熠熠生辉，“实干、奉献、创新、争先”几个大字，映着大山深处经年累月奋斗的电力职工，融合成一种“生生不息”的精神力量；源源不断的电能，沿着银色的输电塔、连着天边的

输电线送向远方……

他收拾了行囊！一次次回望这里的一山一水、一草一木，他用过的“笔记本”、养过的花草、走过的大坝、听惯的河水声……他来丹巴10年了，东谷河电站建成投产！

而他和他的战友，带着“功德圆满”的满足和对集团家园荣辱与共的深情，奔赴“在建项目”下一站——援建阿坝州“阿水公司”。

再见，丹巴；再见，美丽东谷河！

Part 2 | 第十五篇

深山峡谷写青春

刘春丽

云南公司六郎洞分公司

闭上眼睛，还能回想起儿时听过的歌词“我的故乡并不美，低矮的草房，苦涩的井水……我要用真情和汗水，把你变得地也肥呀水也美呀……”乡村现在是什么样的？山里的生活条件如何？参加过脱贫攻坚战的扶贫干部都说道：“农村的生活环境、生活条件以及生活方式日新月异，发生了巨大变化。从泥泞的土石路到平整的水泥路，从不宜居住地到易地搬迁的现代化集中安置小区或楼房，从自行车到私家车……沧海桑田，中国的农村已经改天换地。”“小康不小康，关键看老乡。”贫困地区人民能否脱贫、能否按时迈入小康社会，始终是习近平总书记最牵挂、最关心的事情。但愿苍生俱饱暖，不辞辛苦出山林。党的十八大以来，习近平总书记跋山涉水，进村入户，多次到脱贫攻坚第一线考察调研。“打赢脱贫攻坚战、实施乡村振兴战略”“绿水青山就是金山银山”，习近平总书记铿锵的话语振聋发聩，同时，也为广袤的农村未来绘制了美好蓝图——产业兴旺、生态宜居、乡风文明、治理有效、生活富裕。

在云南西北部怒江深山峡谷中有一处特别的存在，在经年累月中、在怒江不舍昼夜地奔腾中衍生出了自己独特的样子，这就是国家能源集团云南公司定点挂联帮扶点贡山县捧当乡闪当村。每每有人谈到脱贫攻坚、帮扶、乡村振兴……总能让我想到，在我们云南六郎洞分公司罗平大寨电站共产党员刘加胜的故事。“闪当村驻村的工作要继续坚持，驻村的生活经历让我得到了磨炼、学会了倾注真情、明白了责任、学会了担当，我将继续忠于自己的初心和选择，服从组织安排，用心尽力，继续努力为村民服务好”，闪当村驻村工作队员刘加胜与我们聊天时说。

刘加胜自 2021 年 5 月派驻到云南公司定点挂联帮扶点怒江州贡山县捧当乡闪当村，认真做好巩固脱贫攻坚成果有效衔接乡村振兴工作，积极投身到乡村振兴的大潮中，带动村民致富，在乡村振兴工作中服务乡村振兴事业，研究推广产业发展技术，建设美丽家园等。在驻村期间，他全方位营造了攻坚克难、奋发作为的工作氛围，充分发挥了驻村干部的“宣传员”“信息员”“服务员”“指导员”作用，为巩固拓展脱贫攻坚成果同乡村振兴有效衔接提供了强大的精神动力。

青春属于每一位实干兴邦的平凡人，奉献的青春是亮丽的，它的亮丽可以是“十年磨一剑”的工匠，也可以是“坚守初心、长驻站点”的电力职工；可以是“口罩遮住面庞、视死如归”的白衣战士，也可以是“呕心沥血护花”的园丁……今天，我要给大家讲述的是个子不高、其貌不扬，却是我最佩服的、最亮丽的他——刘加胜，一位把青春奉献给深山峡谷，奉献给朴实村民的党员。刘加胜进驻闪当村，快一年了，他把这里当成了自己的“家”。他的女儿年仅 4 岁，妻子上班路远不能兼顾家庭小孩，可他克服了诸多困难，在这里无怨无悔扎根。闪当村共有十二个村民小组，最远的村民小组离驻地十多公里，村民小组散布在海拔 1500 多米的高山上，山高路陡，往返一趟需要三个多小时，遇到下雨、下雪道路湿滑难行，出行艰难。他与其他工作队成员，不管春夏秋冬，不辞山高路远，顶严寒，冒酷暑，穿村入寨，逐家逐户走访全村 322 户脱贫户。在脱贫户家中，他认真仔细查看脱贫户家庭环境、生活状况，询问脱贫户家庭成员身体是否健康、生活上有什么困难，详细了解脱贫户家庭健康现状、人员情况、耕地山林、种植养殖、外出务工、就医就学、家庭收入等情况，向脱贫户宣传国家政策、乡村振兴战略等。走村入户仔细核实“两不愁三保障”巩固情况，不辞辛劳走访调查脱贫户生活状况，了解是否有返贫现象，到并入县城集中安置点的 4 户脱贫户家中了解生活、就业情况。落实抓好防返贫动态监测、疫情防控等工作，做好登记记录、跟踪走访等工作。按照“一户一方案”要求，与“三委”班子一道逐村逐户研究制订巩固措施计划。他每个月有一半以上的时间奔赴在这些山里村寨之间，工作艰辛可想而知。他积极推动产业发展集体产业创收增收，2021 年发展魔芋产业种植 20 亩，创造收入 13.68 万元；2022 年推动谋划中药材育苗基地 50 亩，解决数十名脱贫户富余劳动力就业。解决脱贫户的稳定收入以及可持续增收发展问题，使村民受益，并想方设法改善村里基础设施、完善服务，积极推动发展。

刘加胜到闪当村驻村就岗后，认真落实乡村振兴相关政策，采取就业帮扶、申请临时救助、集体经济分红等有效帮扶措施，帮助消除 12 户 35 人因病、因学、因残等原因导致的返贫风险，积极推动产业发展让村民增收致富，谋划制定《闪当村巩固拓展脱贫攻坚成果同乡村振兴

工作方案》，规划完成 2021—2022 年产业发展项目路线图，完成云南公司援建的系列农产品加工厂房出租，发展魔芋种植等集体经济。为宣传闪当村乡村振兴成果，提高当地知名度和影响力，他积极撰稿宣传，在贡山县投稿 20 余篇，着重宣传了当地地域文化、土特产品及产业发展情况，他用真心真情为偏远山区怒江州人民服务的同时，还根据工作需要，利用休息时间协助开展六郎洞分公司大寨电站的共青团工作，配合做好生产技术管理、对外厂家的沟通协调等工作，为企业的生产管理、发展工作发光发热。

春华秋实，天道酬勤，闪当村的发展成果里，有刘加胜和他的队员们一份沉甸甸的力量和贡献。脱贫不脱帮扶，全面脱贫后，闪当村积极实施乡村振兴，致力抓好产业发展和环境整治等大事，全体村民同发展、共致富，建设生态宜居美丽乡村是云南公司派驻驻村全体工作队员的期望，他们愿在深山峡谷里用平凡的工作业绩抒写不平凡的青春，用认真的态度、执着的信念，全力以赴，用青春热血铺开乡村振兴发展和成功的道路，他们对闪当村的未来发展胸有成竹、信心满满、充满力量！

国家能源集团“好故事”
优 秀 作 品 选 集

创新

PART 3

Part 3 | 第一篇

一块煤的新征程

李明月　侯艳波　张术娟　丛丽兵

中国神华煤制油化工有限公司

当我们走进国家能源集团鄂尔多斯、包头、榆林三座庞大的煤化城时，看到巨大蜿蜒的管道，一头吃进乌黑贼亮的煤，另一头竟然吐出水一样纯净、锦缎一样亮丽的柴油、石脑油等优质液体燃料，或者珍珠般晶莹透亮的聚丙烯“米粒”，日升月落，吞吐不息。

▶ 煤制油的春天

面对“富煤、少气、贫油”的国情，国家将中国能源安全的目光，热切殷殷地投向了煤，以及像煤一样“藏蓄阳和意最深”的煤制油化工人。于是国家能源集团挑起了中国煤制油化工的大梁。

1997 年，国家能源集团采用了美国碳氢公司的工艺包立项，并于 2001 年 3 月获国务院批准。厂址选定内蒙古鄂尔多斯伊金霍洛旗。

研究人员发现美国公司标定的油收率和工艺包存在技术欠缺，很难保障设备长期稳定运行。他们在实验室夜以继日，用实践和数据说话，开发出了一条更适合国家能源集团煤特性的直接液化工艺路线。历经十年攻关，煤直接液化的核心技术之一——“863”催化剂研制成功。

科研人员且试且改，日夜不停。整整300天，11次完整的实验，煤制油化工人自创的煤直接液化工艺，小试获得成功。期间，“863”催化剂的应用实验也传来捷报。其用量仅为国外催化剂的1/4，油收率却比国外催化剂提高了4% ~ 5%。

2004年6月，经专家组鉴定：具有自主知识产权的“煤直接液化工艺”达到国际先进水平。2004年7月，一个占地150亩、每天吃煤6吨的中试装置拔地而起。

2004年，中试装置仅运转一次，时间18天。2005年，最长运转还是18天。2006年，运转100天，但也没有达到设计的效果。

2008年的春天，来得有点晚，但她带着汹涌的、蓬勃的、傲视一切的春潮，铺天盖地倾覆而来。在清脆的汽笛声中，上海迎来了这个春天最壮观的日出。自主创新的煤直接液化工艺中试，取得圆满成功！仅仅10个月后，鄂尔多斯草原那座期盼已久的塔林，进入试车状态。

2008年12月30日14时46分，乌黑的煤瞬间被吞没，70多万米管道、4700多套设备组成的庞大装置，连同脚下的莽莽高原，开始震颤……约16个小时，装置全线打通，煤基沥青顺利成型；约24个小时，晶亮的柴油和石脑油汩汩淌出。

所有在场的人，禁不住热泪纵横。

至此，中国成为世界上唯一掌握百万吨级煤直接液化关键技术的国家。

经过 303 个小时连续稳定运行，2009 年 1 月 12 日 5 时许，在完成所有预定试车任务后，工厂按计划停车。2011 年，工厂商业化营运正式开始。

2014 年，国际油价一连“十三跌”，煤制油提出了以提高运行效率、提高管理水平、提高竞争能力、提高发展潜力为核心要素的“第二次创业”。两三年间，实施降本措施 400 多条，年增效 2.3 亿元。同时，从中石油炼油厂购进一套催化重整装置，利旧改造，深加工煤制油产品石脑油，新产品年获利 2 亿多元。企稳的经营形势像一根定海神针，使得煤制油技术工艺提升，迈入风和日丽的“精进期”。

被誉为“小铁人”的安亮，在国内加氢裂化生产操作领域堪称“资深元老”，在鄂尔多斯煤制油公司，曾经创新性地改写了当初由外国专家制定的操作守则。在煤粉流量控制中，一项小小的技改，迸发出大大的能量。与团队一道，通过创新性增设过滤器、冲油导管等设备，为解决“结焦”创造了条件。

凤凰涅槃，浴火重生。如今，煤液化装置连续稳定运行已破 420 天，远超 310 天的设计值；综合能源转化率高达 57% 以上；设备国产化率达 98.4%；产品在航天、军工等领域全面开花；生产流程废水“零排放”，并实现了生产用水的煤矿疏矸水替代；开发了亚洲第一套 10 万吨 / 年的全流程捕捉和封存二氧化碳技术，累计注入 30 万吨，成为减排和改善气候环境的国家名片；获国家专利 213 项，并在美国、俄罗斯、欧洲等 9 个国家和地区获发明授权。商业化运营的七年间，至 2016 年，生产各类油品 580 余万吨，实现营收 327 亿元，累计利税 62.3 亿元。在 2012 年全国两院院士大会上被称为“重大的科技成果”。

煤直接液化创新技术，像一颗冉冉升起的新星，璀璨夺目，光耀东方。

煤制烯烃的舞台

21 世纪初，研究煤制烯烃技术的只有中国的中科院大连化学物理研究所和美国的 UOP 公司，不过美国的 UOP 公司自称已经掌握这项技术，只是尚未工业化应用。

国家能源集团毅然决然地做出了决策："只要条件成熟，项目立马启动！"

闫国春，1994 年毕业于辽宁石油化工大学，他用仅仅十年的时间，将自己变成了一个乙烯专家。在筹备煤制烯烃时，他成为负责技术的不二人选。

在美国，闫国春专家组一行，与 UOP 公司的代表坐在谈判席上的时候，他们才更深切地感受到，技术创新对于一个国家多么重要。仅仅完成小试的这项技术，UOP 公司开价就高达 1 亿美元，而且还附加了几近无理的诸多其他条件。17 个回合，时间接近两年，咬定 1 亿美元，一点也不降。

其间，一个美国黑人一边开车一边打手机，造成中方代表团遭遇了一次意外的车祸。车内 5 人全部受伤，闫国春颅内出血，鼻子粉碎，眼睛损伤严重，好在治疗及时，没留后患。

就在谈判陷入绝望之际，由中科院化学物理研究所联合中石化洛阳工程公司、陕西兴煤开发的 1.67 万吨级的煤制烯烃中试取得成功。

国家能源集团终止了与美国人的谈判，转而与中科院大连化学物理研究所等国内企业展开合作。

但几次高规格的论证会，都有专家警告：从 1.67 万吨级的中试，到 180 万吨级的工业化，放大了 108 倍，风险太大。

高举自主创新之旗，自觉担当民族产业探索重任的煤制油化工人，坚定地回答：冒这个风险，值！

2006 年 12 月 11 日，世界首套煤制烯烃（MTO）项目获国家发展改革委批复。180 万吨 / 年煤制甲醇，60 万吨 / 年甲醇制烯烃，30 万吨 / 年聚乙烯，30 万吨 / 年聚丙烯。项目选址包头，占地 4 平方千米，总投资 148 亿元。

重伤初愈的闫国春，率领技术团队，迫不及待地上路了。十年搞乙烯的经验，以及与 UOP 公司谈判中掌握的 MTO 技术参数，使得闫国春及其团队，在煤制烯烃产业化 100 多个技术难题的攻关中，尤其在系统集成和能源配置等方面，发挥了至关重要的作用。中国工程院陈进武院士称赞说："你的设计，有着乙烯催化重整技术的影子，同时融合了国外化工设计的先进理念。了不起！"

经过 41 个月的艰苦奋战，2010 年 8 月 8 日，甲醇制烯烃装置投料试车，产出合格聚乙烯和聚丙烯。至此，六大系统 46 套装置全部打通流程。

2011 年 1 月 1 日，开始商业化营运。当年，实现营收 56 亿元，利润 10 亿元。

2012 年 3 月 8 日，由朱卫平博士领衔的技术团队，历经四年半的探索，成功开发出具有自主知识产权的"甲醇制烯烃催化剂"，并在包头煤制烯烃项目上得到成功应用。这标志着国家能源集团掌握了煤制烯烃最为核心的技术之一。

从"中国芯"到"神华芯"，包头煤制烯烃项目，在自主创新的路上，一刻也没有停歇。

煤制油化工人用智慧解决了制约装置长周期运行的难题，开发溶剂解决了 MTO 装置长周期运转堵塞的问题，开发出富氧再生技术满足 MTO 装置生产设计能力，延长气化炉的核心部件烧嘴的使用寿命……

如今，包头煤制烯烃升级示范项目也在稳步推进。

中国石油和化学工业联合会给予这样的评价：包头煤制烯烃项目开创了石油替代制取低碳烯烃的新途径，奠定了我国在世界煤基烯烃工业化产业中的国际领先地位，为我国煤制烯烃产业提供了示范，对推进低碳经济发展、减轻和缓解石油对外依存的压力、保障国家能源战略具有重要意义。

2011年，为进一步扩大煤制烯烃生产规模，开发高端化煤化工产品，国家能源集团积极进行战略部署，闫国春又一次肩负使命，担任榆林化工总经理，迈上了建设“高端化、多元化、低碳化”煤制油化工产业的历史新征程。

走过九曲黄河十八弯，穿过毛乌素大沙漠，“黄土高原生态文明示范区”就在眼前，这就是被誉为“东方科威特”的陕西榆林，“碳达峰、碳中和”的能源革命在这里吹响了奋进的号角。

2012年3月27日，榆林化工正式挂牌成立。180万吨/年甲醇下游加工项目、循环经济煤炭综合利用项目（一阶段工程）、5万吨/年聚乙醇酸可降解材料示范项目（即PGA项目）等多个项目，相继在此落地生根，以煤为基，多元融合的产业链正在逐步形成。

2015年12月25日，榆林化工甲醇下游加工项目投料试车成功，仅用4.5天便产出合格的聚乙烯产品，创造了国内同类装置首次投料试车用时最短纪录。

面对经济减速、产能过剩、资源受限等问题，榆林化工没有知难而退，反而在逆境中加速了绿色生产、低碳生产、循环发展的成长步伐。

“零库存”管理模式应运而生。

“火炬不冒烟，管道不排污”目标逐步实现。

2.4万平方米“生态林”建设稳步推进，一幅沙漠绿洲的隽美画卷正在徐徐展开。

2022年3月28日，榆林化工分盐结晶单元首次产出合格的氯化钠，成为低温临界冷冻加真空热法分盐技术在国内的首次应用。

一项项国赛领域的空白被突破。在这里不得不提这样一个性格倔强、永不服输的女孩，她叫王跃，在第十届全国石油和化工行业职业技能大赛中，一路过关斩将，获得化学检验员赛项综合第一名的成绩。她被授予“全国石油和化工行业技术能手”和“全国技术能手”称号。

坚持不懈地朝着一个方向努力，是煤制油化工人的精神，也是煤制油化工人的性格。

2021 年 9 月 13 日，习近平总书记视察榆林化工并提出了殷殷期望：“一支年轻的队伍，欣欣向荣，你们是承担着历史任务的一批人，要促进煤化工产业高端化、多元化、低碳化发展，把加强科技创新作为最紧迫任务，加快关键核心技术攻关……”

总书记的话为煤制油化工产业的发展指明了奋斗方向。11 月 21 日，40 万吨 / 年乙二醇项目一次打通全流程，成功产出合格乙二醇产品，为下一步转产聚乙醇酸可降解塑料奠定了基础。

国家能源集团煤制油、煤制烯烃超级工程，已引起世界广泛关注。“煤制油品 / 烯烃大型现代煤化工成套技术开发及应用”获得国家科学技术进步奖一等奖，“百万吨级煤直接液化关键技术及示范”荣获中国煤炭科学技术奖特等奖，“一种煤炭直接液化的方法”获得第十四届中国专利金奖。

一块煤，就这样踏上了崭新的中国征程。

Part 3 | 第二篇

从水火模式向多元赋能的“嬗变”之路

胡本帅　郭　颖

国家能源集团海南电力有限公司

与绝大多数省市不同的是，作为全国唯一的热带海岛省份，进入4月的海南岛，其天气已提前进入了“三伏天”。艳阳下，在海南省乐东县千家镇崇高岭的一块山顶处，满山的光伏板如梯田式排列在绿油油的叶菜林中，远远望去，用于“农光互补”光伏发电项目的太阳能光伏板，在阳光的照射下显得格外耀眼。

“这里的光伏项目建成后总装机容量是多少啊？”“100兆瓦，项目全部建成后采取全额上网的方式，预计年均发电量可达130吉瓦时。”说起这个，海南公司所属单位新能源发展公司党总支书记、董事长刘伟如数家珍。

2018年4月13日，习近平总书记在庆祝海南建省办经济特区30周年大会上发表重要讲话，他向全世界宣布，党中央决定支持海南全岛建设自由贸易试验区，支持海南逐步探索、稳步推进中国特色自由贸易港建设，吹响了海南改革开放的“新号角”。2020年6月1日，国务院发布《海南自由贸易港建设总体方案》，海南自由贸易港建设正式进入全面实施阶段。海南公司作为国家能源集团在海南唯一的省公司，审时度势、抢抓机遇、乘势而上、踔厉奋发，探索了一条绿色发展的企业转型之路，走出了一条从水火模式向多元赋能的“嬗变”之路。

十年之际的笑容与期望

“夕阳度红岭，万泉满清听”，在海南万泉河上，红岭水电站静静地卧在蓝天白云之间，将上游奔腾而来的万泉河水化为万顷碧波，再转化为源源不断的电力能源和浇灌万亩良田的生命之源，滋润着海南中东部的土地。

望着眼前这座生机勃勃的水电厂，厂里安全环保监察专工刘振飞的脸上终于露出了久违的笑容，回顾一年前发生的事情仿佛就像昨日般历历在目。“红岭水电厂于 2011 年开始建设，期间受政策变化、物价调整、移民安置等因素的影响，导致工程建设进展迟滞，严重阻碍公司发展。2020 年以来，在海南公司新一届领导班子的带领下，克服重重困难，高效完成了红岭 73 个分部工程验收、7 个单位工程验收，以及 7 项专项工程验收。目前，工程概算调整、耕地占用税等一系列难题也在逐步解决当中，红岭的未来满是希望。”

“你知道吗？红岭很美的，这里的人都说红岭的清晨最美，美在几许阳光清透地铺洒在万泉水库；这里的人还说红岭的夜晚最静，静到你似乎可以听到天上的星星在窃窃私语。2012 年我一毕业就来到这里，伴随着红岭电厂一起成长，这里的老师傅们都说红岭就像大家的孩子，我们看着它慢慢长大，现在它终于要‘成人’了。”站在水库旁，刘振飞将目光投向了远方……

立足于服务国家重大发展战略和海南自由贸易港发展需求，2020 年 12 月 13 日国家能源集团与海南省政府签订战略合作协议，全面擘画集团在海南的战略蓝图，随即将海南分公司改为海南公司，实现“分改子”的转变。海南公司不忘初心使命、积极履行央企责任，同时充分发挥省公司作用，全力助推国家能源集团在海南自由贸易港的产业布局落地落实。宏伟的蓝图需要一支优秀的团队去实现，更需要一群卓越的管理者去带头。

于是，国家能源集团党组高度重视海南公司发展，锚定自贸港建设战略布局，选派多名 70 后年轻干部从各大版块、从祖国的四面八方云集到这里并组建新一届领导班子，矢志踏浪逐梦海南。

他们带着各自多年的“实战”经验和满腔的工作热忱第一时间投入海南这片热土。至此，办公楼内黑夜中的灯光多了一盏又一盏，无数个夜晚会议室内讨论声此起彼伏，头脑风暴法充分激发了这群来自集团不同行业、不同地区管理者的创新思维能力，智慧的火花绽放在“海角天涯”的上空。

“公司存量资产体量小、抗市场风险能力弱，总发电装机仅为 1004.4 兆瓦（煤电 700 兆瓦、水电 300 兆瓦），海南公司的唯一出路在于加快发展，加快推动绿色转型。‘十四五’期间，我们的发展目标为新增气电、光伏、风电等清洁能源总装机 3000 兆瓦，实现清洁能源占比 80% 以上，加快形成‘水火气风光储’多元化发展格局。”在海南公司 2021 年工作会上，党委书记、董事长李富军的这句话如同惊雷炸响，让沉寂近 10 年的公司顷刻间重焕生机，也让许多老职工对公司未来的发展充满了憧憬。

那一刻，台下雷鸣般的掌声多次响起。“太久没有听到如此振奋人心的讲话了，有了这样一个发展思路，让我们对未来充满了希望。”刘振飞说：“我坚信，海南公司的发展会越来越好，红岭的发展也一定会越来越好。”

走在海南公司，不论是公司本部，还是所属各单位，都能深刻地感受到清晰的发展思路和明确的目标任务，让全体干部职工为之一振，一时间，全员参与齐上阵、人人都是奉献者，践行“社会主义是干出来的”伟大号召在这里“发酵”和裂变。

一场时代所需的破冰之旅

“听说，海南公司《奋勇担当 务期必成 光伏气电项目发展实现跨越式突破》项目获集团 2021 年度奖励基金二等奖。”

“是啊，你看，这就是证书。”公司规划部主任郭丙生打开书柜，小心翼翼地将证书展开。

时间的指针回拨至 2021 年。这一年，公司光伏项目要实现“开三投二”（开工 300 兆瓦，投产 200 兆瓦）的目标。可是海南省好的光伏资源有限，而且公司光伏项目起步晚，可以说一入场就面临激烈的竞争。

在竞争中掌握主动，在挑战中抢抓机遇。接到任务后，所属乐东公

司党委书记、董事长武晓想方设法调动各种资源，一次次找地方政府部门反复沟通协调，显然这期间“闭门羹”没少吃，但结果总算圆满，先后获得乐东和临高两个光伏发电项目开发权。本是国庆假期，但为了赶工期、抢任务，时任新能源发展公司总经理的刘伟带着崇高岭光伏项目组成员主动放弃休假，与大家吃住在现场。相对于项目组成员而言，刘伟是一位有着丰富光伏建设经验的管理者，他准确地提出这次项目的“三新困境”——新成立的公司、新组建的团队和新开工且要年内实现投产的光伏项目。采访中，他说：“虽然工作 30 多年了，但这一次却感到压力非常大，即使这样，也要带领大家把不可能变成可能。要把这群年轻人培养成海南公司未来的栋梁，让新能源发展公司成为海南公司的人才培养基地、成为海南省的一流企业。”说这话时，我看到他被岁月雕琢的脸上写满了笃定与执着。

于是，一场和时间赛跑的光伏战打响了，一群 80 后、90 后的年轻人在这座山坡迅速成长……

新能源公司副总经理范清亮从项目前期至并网发电一直盯靠在现场，近 100 天时间里没有回过一次家；今年 32 岁的职工闫亮，为建光伏项目婚期一推再推；85 后职工徐贺家，9 个月的女儿生病，因正值项目攻坚期，毅然决然地要求留在项目现场，选择通过手机隔屏“遥愿”孩子早日康复；从祖国最北部省份来到这里的 80 后职工潘宝良，刚调入公司的第二天就带着行李奔向了光伏现场，于是，每天只睡 3 个小时成为“家常便饭”，特别是在项目并网的前两天，他更是一直没有合眼，白天黑夜坚守在现场……正是这一批 80 后、90 后的奋进故事形成了崇高岭精神。

上下同欲者胜，同舟共济者赢。

于是，崇高岭创下了 52 天成功并网发电的光伏电站新纪录。无独有偶，于 11 月 14 日开工的临高光伏项目，经过 45 天紧张建设，12 月 30 日 16 时 58 分，首批发电单元并网发电。同一天 9 时 58 分，屯昌项目正式开工建设，“开三投二”的目标圆满完成。刘伟告诉我，“2021 年海南省备案的 31 个集中式光伏发电项目仅有 3 个投产，其中海南公司就完成了 2 个。”

▶ 一场没有硝烟的“破难战役”

在海南公司采访的日子里，笔者听到最多的一句话就是：新的领导班子很有魄力，解决了很多历史遗留问题。原来，在谋发展的同时，公司也面临诸如红岭水电站工程尾工及验收、发电业务许可证办理久拖未决等多项制约高质量发展的难题。

“其身正，不令而行；其身不正，虽令不从”。公司主要领导亲自挂帅解难题，与省委省政府领导及有关部门多方沟通协调，每月深入现场靠前指挥，难题在哪里，领导干部就在哪里。主要领导带头成立红岭工程协调推进工作组，从梳理问题寻找出路，一个难题一个难题攻克，到走上竣工验收的正轨，不断探索解决问题的新思路、新方法，加速推进工作进度，解决移民、调概等瓶颈问题。

干部作风转变，职工看在眼里，并在每个人心里逐渐催化出一股凝聚力和战斗力。

红岭工程调概获得国家发展改革委、水利部支持意见，遗留多年的耕地占用税、资本金不到位问题现已形成解决方案，水保工程、安全设施、消防、档案等专项验收和征地移民初验已完成，水电厂已取得机组铭牌容量发电业务许可证，发电效能提升 30% 以上，每年增收 1200 万元，收回陈欠电费 1575 万元；乐东公司多年未解决的规划外用地已取得土地证，口岸正式对外开放也取得国务院批复，实现进口煤直靠乐东码头接卸，节约燃料成本。

要改革，人员是关键。所属新能源发展公司、能源销售公司根据集团公司劳动定员标准，结合实际，研究拟定了三项制度改革方案，通过合理定岗定编，全员起立，竞聘上岗，激发企业内生动力。1990 年出生的刘甲明原本只是新能源发展公司一名普通技术人员。最初，他和很多同事一样，认为竞聘上岗就是个“形式”，抱着试试看的态度他申报了工程技术部副主任这个岗位，没想到，在接下来的笔试、面试等各个环节都是“有板有眼、绝不含糊”，直至竞聘成功，他方知这次是“动真碰硬”了。

2021 年和 2022 年，公司及所属子企业管理人员末等调整和不胜任退出比例分别为 7.45% 和 3.64%。2020—2022 年，通过竞争上岗的方式聘任上岗的管理人员 12 人。

除此之外，公司坚持全面深化分配制度改革，健全收入能增能减机制，强化工资总额与企业经营效益、业绩考核、劳动效率紧密挂钩，实现工资收入与业绩同向升降；制定《月度电力营销指标专项奖罚办法》《光伏项目奖励管理办法》等专项奖励办法，精准实施靶向激励；工资总额二次分配向关键岗位、生产一线倾斜，坚持效益与经济指标完成情况相挂钩的原则进行薪酬分配，合理拉开收入差距。

蜕变成蝶后的美丽绽放

2022 年 4 月 11 日下午，在五指山考察调研时，习近平总书记指出：海南要坚持生态立省不动摇，把生态文明建设作为重中之重，对热带雨林实行严格保护，实现生态保护、绿色发展、民生改善相统一，向世界展示中国国家公园建设和生物多样性保护的丰硕成果。

“按照总书记的这一要求，接下来，海南公司拟依托红岭水库优质水资源和热带雨林生态环境，建设‘山林探秘、水晶养生’的山水湖立体旅游康养度假区。”李富军说，“作为驻琼能源央企，我们必须提高政治站位，把握‘两个大局’，胸怀‘国之大者’，主动服务和融入自贸港建设，充分发挥省级公司区域发展拳头作用，跟踪研究国企改革和海南自贸港建设各项创新政策，以项目为载体统筹协调推进集团航运、国际贸易、可降解材料、区域总部等在海南的快速发展。”

“分改子”一年多以来，公司改革与发展取得了丰硕成果。2021年光伏项目实现开工 300 兆瓦，投产 200 兆瓦，成为海南省集中式光伏开工最多、投产最早的企业；积极协调推进东方海上 500 兆瓦风电示范项目，已中标海南省开发权；三亚东 2×460 兆瓦项目，在推进前期工作；海南区域总部项目在江东新区开工；积极推动了集团可降解材料、航运、国际贸易等项目建设在海南的落地。

唯改革者进，唯创新者强，唯改革创新者胜。迎着自贸港的东风，海南公司“水火气风光储”多元化发展格局正在徐徐铺展：在水电方面，公司积极推动红岭水电站改造为抽水蓄能电站，改造后，有力支撑海南光伏、风电等新能源的大规模发展；在火电方面，对乐东电厂现有两台汽轮机进行通流改造，项目实施后，供电煤耗下降 10 ~ 12 克 /（千瓦时），进一步擦亮世界领先的清洁煤电品牌；在气电方面，采用绿氢掺烧等能源新技术，将三亚东 2×460 兆瓦气电项目打造成为全国智慧化程度最高的绿色生态电站；在风电方面，东方海上 500 兆瓦风电示范项目计划 2022 年内开工建设；在光伏上，加快推进白沙、定安等地集中式光伏项目；在储能上，在乐东、东方等地建设共享储能示范项目。

公司全体干部职工的精神面貌和工作状态给人留下了深刻的印象，一天当成两天用、两步并作一步走是那里的真实写照。

看！那一排排整齐的光伏板正迎着北纬 18 度的阳光再一次闪出最

美的“光”，还有那海中旋转的“风车”，随着海浪的翻滚，将源源不断的电能传送至每一个海岛之家。

听！转型的声音还在继续，改革的步伐铿锵有力，在这条从水火模式向多元赋能的“嬗变”路上，他们仍将笃定信心、一往无前。

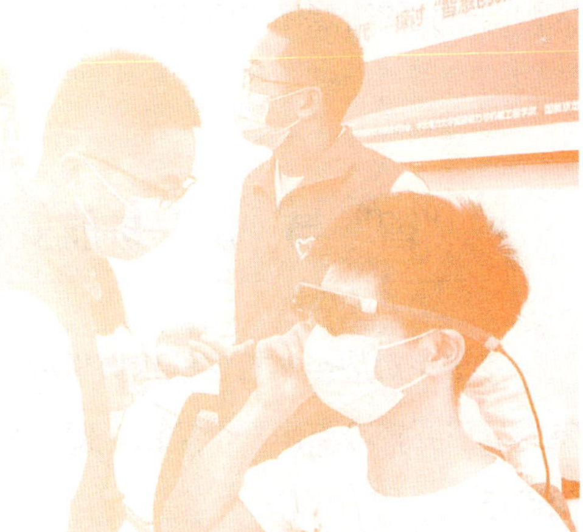

Part 3 | 第三篇

“智”赢未来

张 楣 马生福

国电电力发展股份有限公司

走进国家能源集团京燃热电公司（以下简称京燃热电），你会惊叹于这里优美的工作环境，鲜花绿树掩映下的厂房像一个现代艺术的博物馆，这里毫无生产常见的烟尘和噪声。集控室开放式的办公环境更让人倍感亲切，小溪流水潺潺、绿树成荫，红色的鲤鱼和典雅的亭台相映成趣。

除了外表的“高颜值”，这里的高科技、智能化的“内在”更为引人注目。被誉为“国内智能化程度最高绿色生态电站”的京燃热电是国家能源集团唯一在京生产单位，在运一套“二拖一”燃气—蒸汽联合循环机组，总装机 950 兆瓦。使用天然气作为燃料，烟尘、二氧化硫排放均为零，氮氧化物排放仅为北京市排放标准的 1/2，并实现了废水向地表零外排。

这个厂定员只有同等规模电厂的一半，每年却能完成北京集中供热任务近 10%，有何“神力”加持？“一键启动”“智能监盘”“智能违章识别”“智能巡检机器人”“智慧党建平台”……京燃热电诸多令人眼前一亮的智能化应用或许可以给出答案。

“智”与“能”护航安全生产

走进京燃热电集控楼的仿真机房，可以感受到智能电站一键启动的魅力。只要轻轻点击一个按钮，便可快速实现锅炉上水、燃机启动及并网运行。

“京燃热电的一键启停在国内首次实现全过程 APS，实现无断点、无人工干预的机组启停全自动控制，真正意义实现了 F 级燃气—蒸汽二拖一联合循环机组一键启停功能。”京燃热电主控制室四值值长、GAT 创新工作室负责人王雨田介绍。

事实上，许多电厂都提出过一键启停的概念，但是真正能实现无断

点的并不多。京燃热电做了多项技术攻关，解决了诸如满水检测自动排空、三压锅炉自动上水、自动升温升压、高中压同时并汽等问题，最后实现了冷热态全过程设备启停。

“我们在生产区域布置了图像识别功能的智能违章识别系统，能够智能识别未戴安全帽、抽烟、电子间拨打手机等违章或不安全行为。”该厂安全总监马志强介绍到，“安监人员再也不用‘捉迷藏’式管控现场人员安全了”。

笔者采访时亲历了一次智能违章识别系统的厉害，“汽机零米区域疑似未戴安全帽人员”，安防控制平台弹出报警，安监人员迅速将摄像头拉近查看，发现某承包商在走出厂房前 5 米处就将安全帽摘下，被厂区智能安防的“天眼”抓个正着。

“多维智能检修管理系统”基于检修工作过程难点痛点而研发，有助于生产人员及时掌握现场工作开展情况，准确判断是否有交叉作业，快速决定设备能否试运或恢复，全面管控修中缺陷。该系统实现了检修期管理的全面优化，减轻了工作人员负担，提高了工作效率，提升了工作流程的合理性和规范性。

为保障安全生产，京燃热电发挥自身优势，为机组配备了多种形式的智能手段。“比如‘电气负荷导航系统’精准定位负荷脉络，‘电子票务系统’防止走错间隔，‘ICT 故障预警’提前发现主机设备故障趋势，‘WIFI 测温系统’监控所有区域温湿度恶化趋势，这些智能化手段助力设备安全，保证了机组的可靠性。”京燃热电党委副书记、总经理刘海山介绍。截至 2022 年 4 月 10 日，京燃热电连续安全运行 2440 天，成为北京市唯一连续 3 年无非停的发电厂。2021 年两台机组被评为全国燃机可靠性标杆。

机“智”过人助力效率提升

京燃热电是一座“新工艺、新流程、新技术、新设备”的“四新”智能化电站，它的建成投产打破了传统电厂的生产管理方式，使得一键启动、一体化平台、三维全景、智能巡检、智能票务等成为现实。

“我们运用智能机器人、智能监盘、智能分析平台、无源监测系统等手段，持续对全厂设备进行 24 小时不间断全方位‘扫描’，保证机组安全稳定运行，大大减少了人工，提高了效率。”王雨田解释道。

智能监盘代替人工监视。众所周知，发电厂是 24 小时连续运行的生产企业，需要对设备系统运行情况进行监视。过去这类工作大多是人工完成，不仅劳动量大，准确性也无法保证。京燃热电分析研究各类工况千余项，成功开发了“智能监盘”系统，实现了参数异常的精确锁定、参数报警的动态运算、参数表单的自动录入等功能，系统上线后，减少了运行监盘人员 2/3 的工作量，并多次提前发现机组重要隐患，彰显出极高的安全价值。

智能平台帮助人工分析。据介绍，京燃热电智能化监测设备采集的生产现场数据实时传输至被誉为“电厂脑”的后台，“设备智能分析平台”分析比对历史数据，自动监测设备劣化趋势，在设备达到故障报警值前，实现运行故障预警，从“人找数据”优化至“数据找人”，提高设备可靠性和机组安全性。智能设备发现问题，电力工匠解决问题，通过机“智”

助人，打造了电力行业人机协同的新业态。

智能管理优化业务流程。京燃热电管理智能化特点是管理平台“定制化”，日常业务“云上跑”。“京燃热电‘CPS 一体化平台’融合电厂核心管理业务并定制化呈现给相应岗位人员，‘智能报表系统’将400 多个生产和经营报表一键生成，‘智慧办公’实现各种审批流程在移动云端完成，‘工器具智能管理’实现 600 余套工器具自动取还，‘燃机负荷预测系统’助力营销人员合理报价。”京燃热电信息分析诊断中心主任程伟介绍道。

如今，智能智慧已成为京燃热电的闪亮名片。该公司先后获得中国电力科学技术奖一等奖、中国电力创新奖一等奖、国家优质投资项目奖、亚洲年度最佳燃机电厂金奖等多项殊荣。

智慧党建在“云端”

“京燃热电不断深耕智能智慧建设，加强对 5G、智能穿戴、大数据的横纵串联等前沿技术的了解，提升视野，丰富智能智慧党建新思路，持续激发企业智能化活力，擦亮智能党建名片。”京燃热电党委书记、执行董事崔志敏强调。

“党群互助”系统，采用类似于“滴滴”打车的模式，职工可在手机端发出求助信息到平台，有能力提供帮助者“抢单”提供帮助，有效解决了员工上班拼车、生活必需品代送、技术难题解答、常规药品需求等各种困难的求助。

"员工加油站"系统，对公司全员的情绪和思想状态实时跟踪，实现了员工心理动态的数字化在线管理。各党支部书记做该系统"站岗人员"，每日对心情值统计数据曲线进行分析并及时反馈。

"智慧党建培训"系统，集学习、训练、竞赛功能为一体，将党建知识学习和生产技术学习在同一个平台融合。"思想政治锻炼"模块包含党史学习教育知识、学习强国知识等，"生产技术锻炼"模块包含理论基础、设备原理、故障处理等各方面技术知识。

"通过信息化、智能化的加持和创新氛围的营造，京燃热电逐渐形成不害怕困难，反而把困难当成动力的工作氛围，党员能够深刻感受到自身的成长。"京燃热电 GAT 创新工作室负责人王雨田向记者介绍道。

为了保障"云上党建、智慧领航"平台每一个课题的出发点与落脚点都能保持一致，京燃热电组织党员突击队开展课题攻关，系统上线后采用"党员站岗"的方式进行维护，每个子系统都有一名党员专职负责维护与收集改进意见。

此外，党建平台整合"劳动竞赛""智能巡检""无源温湿度监测""闪电哨兵""全厂温湿度监测""智能监盘"等生产应用，实现一个平台既能学习培训，又能服务员工，还可以监测或操作安全生产平台。

"智慧化建设的党建平台是一个多功能的问题解决平台，多元化的才智展示平台，也是一个可以持续发展的平台，可以展现党员的引领力，激活党员的创造力，增强党员的凝聚力。"程伟介绍。

京燃热电运行党支部积极开展"党建 + 创新"，发挥智能化优势，将创新作为第一动力，已完成和正在实施中的创新项目 60 多个，对外推广 7 项，累计获得经济效益超过 5000 万元。GAT 创新工作室也获得了国有企业“青年文明号”称号。

“不日新者必日退”。从建成之日就拥有智能化“优势基因”的京燃热电，在智能化发展之路上将持续深化智能电站建设，以国内首家实现运行无人值守和安防无人值守“双首创”为目标，实现生产方式和形态根本性变革，争做行业智能化开路先锋和世界一流电力企业建设的引领者。

Part 3 | 第四篇

沧海月明　风正帆悬

吴威威　高腾腾

国家能源集团河北电力有限公司

“我们公司来水压力低，补水流量小，请提高供水压力。”

“我厂的储水箱已满，可以停止补水了。”

……

沧州大化、华润热电、旭阳化工、正元氢能、港务公司……2022年4月17日，随着华北地区气温骤然升高，河北沧州渤海新区各大化工医药生产企业的70余家淡水用户需求电话接踵而至，让国家能源集团河北公司沧东电厂的接线员马亚楠有些应接不暇。

这些河北沧州渤海新区的大中型企业，单从名称上看似乎毫不相干，但却都与沧东电厂息息相关。将它们相连的便是企业生产用水——淡水，这里的淡水并不是寻常淡水，而是由渤海海水淡化而来的淡化水。

沧东电厂与海水淡化的渊源，还要从21年前说起。

▶ 缺水之困

21 世纪初，渤海澹澹、山岛竦峙，广阔的盐碱滩上寸草难生。选址在黄骅港口码头南侧渤海浅滩的沧东电厂，北距天津市 120 千米，西距黄骅市约 55 千米，北侧紧邻朔黄铁路黄骅港站及黄骅港务公司煤场，拥有国家能源集团得天独厚的“一体化”优势，在燃煤生命线得到保障的同时，也注定了其只能“面”水一战、向海挺进的命运。

“沧州水资源量只有 13.8 亿立方米，人均占有量 205 立方米，亩均占有量 110 立方米， 分别占全国均量的 8% 和 6%，都不足河北省均量的 50%。”地方志的数据直接反映了当地淡水的稀缺程度。当时的黄骅港地区正逐步成为河北乃至环渤海地区具有发展活力的地区之一，然而淡水却成为制约地方经济发展的瓶颈问题，面对着浩瀚的渤海却无水可用。

“靠着海，却缺水，说的就是我们这儿了。”沧州紧邻渤海，土地盐碱瘠薄，越往东盐碱越厉害，到了与渤海相接的黄骅港地区，看不到花草树木，土地上终年泛着一层亮晶晶的白碱，淡水奇缺。千百年来，此地百姓唯饮苦咸水。这座建在大海之上的现代化发电企业，整个厂区陆地由填海造成，面对辽阔的渤海却苦于无水可用?

彼时的缺水之景在沧州也不过是一个缩影，中国早已“渴”声一片：人均水资源占有量仅为全球的 1/4，全国 600 余座城市中有 400 座缺水，其中 108 座严重缺水。

沧东电厂决心不用一滴宝贵的地下水，学习国际最先进海水淡化技术，“向大海要水喝！”

化夷技为己长

长期以来，大型低温多效海水淡化技术被欧美等发达国家垄断，“卡脖子”现象时有发生。“技术一旦受制于人，产业化就没有前景。”在项目实施过程中，沧东电厂深刻地认识到这一点。

“工程建设必须坚持国产化，国有企业就要有国有企业的骨气和底气。”沧东电厂成为海水淡化装置国产化的坚定实践者。万吨级低温多效海水淡化装置自主研发项目是一项复杂的系统工程，涉及技术研发、设计、制造和工程应用等多个行业领域，尤其涉及传热、流动、材料等技术专业，更缺少必要的通过物模、数模的实验数据和工程经验积累，没有任何借鉴研究经验，研发难度可想而知。

2007 年 6 月，在“以市场为导向、企业为主体、产学研用”的科技新模式的大力加持下，资金、政策、人力、物力都得到空前汇集，人心齐、泰山移，海淡技术国产化和产业化脚步加快。到 7 月底，蒸发器结构与性能、热力压缩喷射器性能计算等低温多效海水淡化核心技术至臻完善，完成《蒸发器性能计算方法》《热力压缩器性能计算方法》等研究。

事有千般难险，最怕水滴石穿。讨论、研究、试验、失败，推翻以往构想重新来做，在不断地尝试和失败之后，终于，沧东电厂抓住了希望的尾巴。

2008 年 6 月 28 日，由国内自主研发建设的日产万吨级海水淡化蒸发器按期下线，运抵电厂。“这个庞然大物总长 86 米，比空客 A380 还长 13 米，总重 660 吨，超过 400 辆普通轿车的质量总和。”沧东电厂海水淡化工程处化学主管马世松自豪地回忆着那天的情景。

抽真空系统工作异常、二级喷射器抽气带水、排气口大量喷水、加热蒸汽温度减温后温度超温、凝结水无法排放……层出不穷的调试问题就好像黎明前最后的黑暗，厚重绵密，但已经能感到曙光即至。

经过近半年的集中攻坚，2008 年 12 月 19 日，拥有自主知识产权的国产万吨级海水淡化装置在沧东电厂研发成功，装置实现了第一次出水。

2009 年 1 月 8 日，取水化验后水质电导为 7.11 微秒 / 厘米（设

计为 10 微秒 / 厘米）。1 月 22 日，国家食品质量监督检验中心出具检验报告，各项指标均满足《生活饮用水卫生标准》（GB 5749—2006）要求。

该项目拥有 20 项技术专利，创造了 8 个全国之最，技术研究、设计、制造、安装、调试全部实现国产化，国产率达到 100%，项目解决了国内“产学研”中技术保密、各自为政、缺乏核心的难题，在中国海水淡化史上具有里程碑意义，掀起了中国低温多效海水淡化国产化的大幕。

用海水酿甘露

时光不欺赶路人，星辰点点照前夕。2013 年 12 月 26 日，沧东电厂 4 号海水淡化装置投产，淡水产量实现了 2.5 万吨 / 日，项目被国家发展改革委列为示范工程，获国家能源局“国家能源科学技术进步奖”，先后获得 31 项科研专利，创国产海水淡化单台规模最大纪录；产品水水质纯净，总溶解性固体小于 5 毫克 / 升，是国家生活饮用水卫生标准限定值的 1/200，技术水平达到国际先进、国内领先。

此时，当地经济快速发展，对淡水资源的需求日益迫切，水库长途调水困难重重，沧东电厂按图索骥，立刻绘就新蓝图：发挥“水电联产”优势，谋划“以水促电、以电制水”的独特发展模式，将技术创新力转化为生产力。

这是一项前无古人的事业，也注定是一个艰难的探索和博弈。《孙子兵法》有云：“激水之疾，至于漂石者，势也。”

随着国家《加快海水淡化产业发展的意见》与《海水淡化产业发展“十二五”规划》的相继出台，中国的海水淡化迈出了从“战术”到“战略”的关键一步。

2011 年 5 月，“沧东电厂海水淡化水厂”挂牌成立，海水淡化的“品牌”性步入产业化发展之路。

当地政府一位负责人曾这样感慨道，“淡化水已经成为新区‘重要资源’，沧州要逐步实施‘海水替代工程’，努力创建成国家级海水利用示范城市，把渤海新区打造成中国海水淡化之都，保障沧州地区的水资源可持续利用和经济可持续发展。”

“你们电厂产淡水？能产多少水？产的水能喝吗？”

面对质疑，行动和品质是最完美的回答。

2011 年 12 月，当淡化水经直径 80 厘米的输水管网从沧东电厂流向 10.8 千米外的中铁装备材料有限公司的时候，时任海水淡化市场处经理的张兰芳长长舒了一口气，眼角有些湿润，中铁装备成为继港务公司、中宝镍业之后第三家用水企业，日供淡水过万吨。

2014 年 5 月，沧东电厂淡化水专用管网由原来的港城区延伸到二十多千米外的临港经济区，总长达 30 多千米，涵盖了沿线主要的工业区。这条管网原计划 2013 年底竣工，可管网所过之处涉及当地渔民的海鲜养殖池、盐场盐池、高速公路用地等种种情况，不得不一再停工。“早一天供水，用水企业就能早一天用上淡水，海水淡化装置就能早一天为社会贡献效益，也才能在新区经济发展中发挥更大社会价值。”这个想法在张兰芳的心里从梦想逐渐变成了责任。

2015 年 11 月，输水管网更进一步延长至 50 千米，淡化水专用管网上的用户已由最初的 1 家增加到 8 家。2017 年 8 月，沧东电厂海水淡化外供水管网延伸至 70 千米，在渤海新区企业布局图中，一条绿色的淡化水供水管线格外醒目耀眼。这意味着沧东电厂成为国内海水淡化制水量之最、向社会供应淡化水量之最，每一个“第一”的背后都凝聚着海水淡化市场团队人员无数的心血和汗水。

如今走进沧东电厂生产现场，海水淡化进口设备和自主创造设备面向大海依次排开，装置本体从引进时的 4 个蒸发效，到首次自主时的 6 个蒸发效，再到最大的 10 个蒸发效；造水比参数从 8.3，到 10.2，再跨越到 13 以上。2022 年沧东电厂市场化运营的淡化水主管线已然遍布渤海新区，对外累计供水 8000 余万吨，成为 83 家（最多时）企业的生产用水和地方主要民生水源。

沧海月明 风正帆悬

开发海水绝不止步于制作淡水，如何将每日产出余料——13 万吨浓盐水物尽其用，做到资源综合利用，促进循环经济发展，是沧东电厂面临的一项新课题。

2018 年，沧东电厂浓盐水外供项目开工，一条 14.67 千米的管线将大海的精华输送至沧海文化公园，景观水再经过提纯、处理，输送至盐业集团作为食盐原料。

“大家好，欢迎来到‘海上火电厂’，现在大家的坐标是 3A 级工业旅游景点海水淡化基地，我们脚下的这片土地，原来是一片汪洋大海，后来经过围海造陆、吹填造地……”沧东电厂海水淡化讲解员王媛骄傲地为前来参观的来宾介绍着该公司特有的“三个零”建设模式：淡水零开采、耕地零占用、燃煤零运输。其中淡水零开采的实现正得益于眼前这四台庞然大物——海水淡化制水设备，在这个淡水资源极度匮乏的地区，它们像茫茫沙漠里的绿洲，给人带来希望。苦涩的海水从一端进去，甘甜的淡水从另一端流出。海水取之不尽，淡水绵延不绝，为区域经济发展提供不竭源泉。

沧东电厂不仅从海水中提取珍贵的淡水资源，还依托海水淡化产业，着力打造渤海湾畔靓丽的企业名片，让“水文化”成为推动企业蓬勃发展的新媒介。在世界水日、全国低碳日等重要节日举办“公众开放日”活动，吸引了来自全国各地的企事业单位、社会团体和个人前来参观。2021 年 6 月世界环境日前夕邀请当地中学生走进沧东电厂，让他们了解淡水资源的来之不易，近距离感受海水淡化的工艺流程，从而树立节约用水的好习惯。

海水酿甘露，誓言成现实。此刻，渤海无言，渤海有声。跳动的蓝焰，火红的心脏，奔涌的海水，在这信念与梦想翻滚的地方，沧电人以奉献拼搏点亮万家灯火，以智慧力量抒写豪迈理想，洪亮的号子声一直在渤海湾回荡。

Part 3 | 第五篇

“大块头”有大智慧

赵月明
国能朔黄铁路发展有限责任公司

2 万吨重载列车，2.6 千米的钢铁巨龙组成的“大块头”列车，在两台大功率电力机车牵引下，在太行山脉的朔黄铁路线上穿梭自如，疾徐同步，这是中国铁路运营独特的场景，也是世界重载铁路技术创新的典范之作。

创造这一典范的朔黄铁路公司，多年来，瞄准世界重载铁路技术创新的最前沿，集合国内最强创新阵容，敢为人先，创新耕耘，探索运用无线重联、自动驾驶、智慧机务等自主可控技术，解决了重载列车长大下坡循环空气制动、列车平稳操纵等一系列驾驶控制难题，为我国铁路重载技术探索闯出了一条新路。

创新突破　誓把天方夜谭变成东方奇迹

朔黄铁路近一半的线路分布在山区，线路坡度大、曲线半径小、桥隧相连，自然条件恶劣。尤其是西段，最长的长大下坡道达几十千米，最大线路坡度达到 12‰，最小曲线半径仅为 380 米。在长大下坡道，绵延 2.6 千米的列车，车头与车尾的自然落差达 30 余米，相当于 10 层大楼高，加上 2 万吨的质量，在提速或制动过程中，如果没有高端重载技术支撑、智能化技术精确控制，后果难以想象。也正因如此，业内专家曾经断言："在朔黄铁路开行两万吨列车，简直是天方夜谭。"

干字当头，改革创新！朔黄铁路誓把天方夜谭变成东方奇迹，从开行万吨重载列车伊始，同步探索智慧重载之路：

2008 年 5 月 9 日，万吨列车首次动态牵引试验获得圆满成功；

2012 年 12 月 27 日，首列两万吨重载试验列车成功开行；

2014 年 9 月 29 日，世界首列搭载 LTE-R 通信系统 30 吨轴重 2.5 万吨重载列车成功开行；

2016 年 3 月 9 日，国内首列搭载 TD-LTE 宽带移动通信系统的两万吨重载列车正式开行；

2017 年，投入应用重载列车模式化平稳操纵系统，实现两万吨列车精准指导操纵及自动分析和评价功能；

2018 年，解决攻克 11 项机车疑难惯性故障，完成交流车 TCU、BCU、看门狗软件程序升级；

2019 年，启用"量值检修、数据修车"、双轴不落轮车床等智能化检修设备，提升机车设备质量；

……

2021 年 6 月 19 日，历经 8 年坚持不懈的科学攻关，搭载全球首创的重载移动闭塞技术的两万吨重载列车成功发车运行，标志着我国重载铁路技术取得重大突破，引领着朔黄铁路加速迈向“智慧重载”的新未来。

无线重联 15 年时间走完国外 50 余年的路

火车跑得快，全靠车头带。牵引 2 万吨重载列车的两台大功率电力机车，前后相距 1 千米左右。通过无线重联技术，让两台牵引机车保持节奏同步、步幅一致，这是确保重载列车安全稳定运行的关键核心。

这项高端技术，被国外企业垄断，对中国实行严密的技术封锁，所有的相关技术图纸保密，中国技术人员连看一眼都不行。当时，装载该国外企业无线重联系统的机车，不允许中国技术人员登车参观。中国人只剩下自主研发探索自主知识产权的无线重联技术这一条路可走。

朔黄铁路积极寻求与科研机构、高校院所协同合作、自力更生，在没有任何可供参考借鉴的基础上，探索中国自己的无线重联技术，多方技术人员在网上广泛搜索，按图索骥，寻求无线通信合作。买来 2 台皮卡车、柴油机，每天跑到线路周边的道路、隧道处去实验信号……中国重载铁路的无线重联技术创新工作，就这样蹒跚起步。

传统的无线重联技术，借助数传电台通信，传输速率低、宽带窄、覆盖范围小，有效信号不超过千米，遇到山区、桥梁，通信质量下降。2013 年，朔黄铁路邀请技术单位支持，规划建设 4G(TD-LTE) 专网，通过多制式无线通信，并兼容数传电台、宽带网络等，在世界上首次实现了重载列车运营管理与 4G(TD-LTE) 第四代宽带通信技术的高度融合。搭载 4G(TD-LTE) 通信技术同步操控 2.5 万吨重载列车运营实验成功，这是当前世界上采用的最大规模的新一代移动宽带通信系统，为轨道交通通信产业的发展建立了系统标准体系。

“那时，4G 网络刚刚兴起，手机 4G 都没普及，朔黄就决定上 4G 网，无疑具有很强的前瞻性。”时至今日，谈起当年的创新，中车株洲所的技术研发人员对朔黄铁路仍然钦佩有加。

今天的朔黄铁路，成为全球铁路重载运输史上第一个将 4G 无线通信技术运用于重载货运机车控制的铁路企业。

国外的无线重联技术，采用速传电台，要求 97% 的指令，从控机车响应时延控制在 3 秒以内。朔黄铁路无线重联技术，99% 的指令，包括指令采集、通信接受、数据解析、设备执行，从控机车响应时延在 1.7 秒以内。

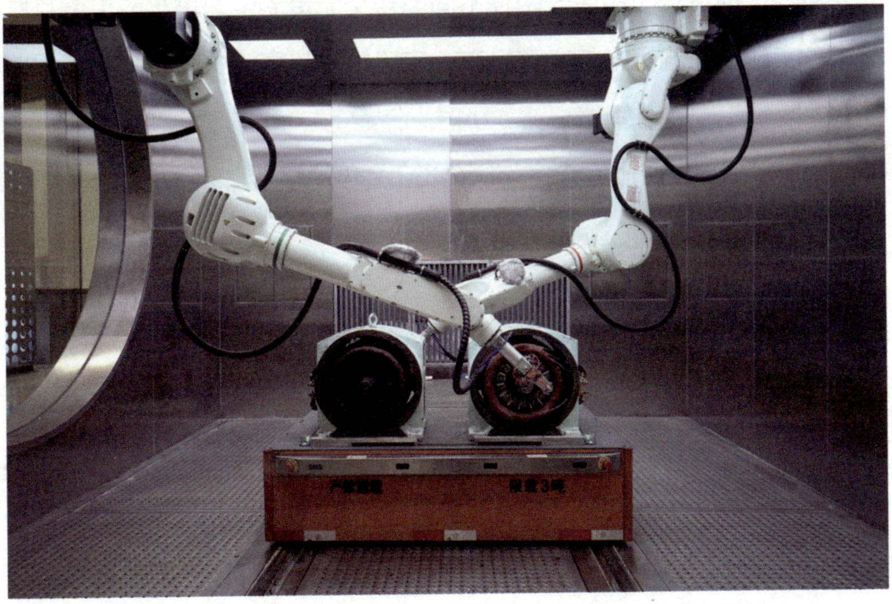

2 万吨重载列车有头中尾三个点排风，如果排风通信时间长，充风、排风一旦超过 5 秒，列车的冲击力危险性会急剧增加，容易造成脱钩、脱轨等行车事故。无线重联技术响应时延时间缩短，有效地解决了列车制动排风一致性、制动一致性难题。

操纵过国外无线重联系统的“老司机”，在体验过自主国产化无线重联系统后称赞说：“朔黄的无线重联技术，各种功能具备，机车的同步性能更好。”

为继续提升机车运用效率，释放朔黄线运输能力，朔黄铁路探索非同型电力机车混编模式。通过对神华号交流传动电力机车与韶山 4 直流传动电力机车的无线重联控制系统、牵引控制模式、牵引力大小匹配、构造设计强度及机车制动系统等多方面技术研究分析，算法建模并进行机车混编试验，成功实现交、直流机车混编互联开行重载组合列车。此外还实现了神华号与和谐号两种不同型号交流传动电力机车的混编互联技术，实现了交流机车与交流机车，交流机车与直流机车“随机编组”模式，将机车周转时间缩短 1.9 小时 / 台。

我们用 15 年时间，走完了国外 50 余年的路！

智能驾驶　国内重载列车首次装载使用

重载列车操作，需要根据路况随时调整机车牵引力、掌握电制动力与空气制动力的协调、控制速率，减小列车冲击，让列车安全平稳运行，这是一项难度系数极高的技术活。

朔黄线山区路段坡度大，曲线半径小，最大坡度 12‰，全程 594 千米，近 10 个小时的在线操纵，机车乘务员的劳动强度大，存在较高的安全隐患，运用智能驾驶，为司机操作减负势在必行。

2 万吨重载列车的智能驾驶，涉及信号、控制算法、空气制动、网络控制、分布式重联等多学科技术，在国内还无人尝试，需要解决一系列技术性难题。

例如，重载列车下坡制动问题。列车制动需要精准控制制动空气压力，给力的时间和地点都要精确计算，如果算法技术不到位，就会造成列车停缓，影响整条铁路的运行效率。即使列车每天拉一样的编组，遇到的天气不一样，变量也不一样，空气制动试闸的时机也不一样。

朔黄铁路牵头组建近 40 人的专职研究团队，专攻朔黄铁路 2 万吨重载列车的智能驾驶。20 多项技术难题，逐一被解决。

掌握国内领先的重载列车智能驾驶算法，消除各种差异状况，让列车运行更精准、更安全。

设计辅机启动流程处理，控制交流、直流机车编组，协同一致发挥功率效能。

保障安全导向，一旦通信中断，智能化操控系统能安全处理故障，还能自愈。任何的两点故障，都不会影响安全行车。即使某个故障处理不了，信号也能做到无缝自动切换，让司机操作完全“无感”。

……

朔黄铁路 2 万吨重载列车安全开行 6 年，年运量已经连续五年突破 3 亿吨，朔黄铁路交出了煤炭运量连续阶梯式增长、连续 21 年安全生产超过 7000 天的出色成绩单。这是朔黄铁路创造的中国奇迹，这是中国制造的集体荣光！

大数据化 引领智慧机务新时代

创新永无止境。重载列车开通后，朔黄铁路成立了重载技术应用研究委员会和国能运输技术研究院，以重载铁路智能运输创新为主攻方向，开展智能运营、智能装备、智能运维、智能管理方案研究，全面推进智慧重载铁路建设。

之前，机车的故障检修，全靠人工和经验，影响机车周转率。朔黄铁路与科研院所合作，在地方铁路首次为机车研发远程监测装备与诊断装置。

远程监测与诊断装置被誉为“车载大脑”“车载医生”，不受运行环境及开行方式的影响，具备各型重载列车动力学数据检测能力，能实现对机车的全生命周期管理，机车所有关键数据能实时收集、回传地面，车在线上跑，在家能监测，为重载技术难题提供数据支撑。

项目一期，2016 年远程监测与诊断装置装备于神华号，运用车载数据对机车运行性能进行分析、评估。项目二期，建地面大数据平台，运用大数据链，对机车实时监测、诊断，让车更安全、更节能。项目三期，完善智慧机务平台，机车所有操控都可视化、大数据化，让数据产生更大价值。

智慧引领 + 装备革新，智慧机务的水平不断提升：探索以“量值修车、数据检修”为主要方式的机车检修新模式，实现了检修过程的数据化、信息化、智能化；启用牵引电机和辅机智能清扫设备，多台机器人智能联动清扫、气洗和水洗功能，解决了检修作业粉尘危害；采用全自动输送线，实现部件从“下车”到“上车”全检修过程数字化管理，打造“智慧”检修新模式……朔黄铁路实现了“动态检测、静态监控、综合分析、立体养护、状态检修、寿命管理”的重载铁路检修新模式，在检测模型、数据分析、设备维护等方面形成了 7 项标准，其中 3 项标准和技术填补了相关领域的国际空白，1 项填补了国内空白，建立了一套持续迭代的运输管理体系。

潮起海天阔，创新正当时。奋进新时代，朔黄铁路将高扬创新的大旗，担负起中国铁路攀登世界重载铁路科技高峰的使命，朝着建设世界一流水平运输企业奋进。

Part 3 | 第六篇

从技术跟随到技术引领

冯 青

国神公司白马电厂

站在 74.2 米高的锅炉岛上放眼望去，两座硕大的冷却塔，掩映在蓝天白云间，宛若不朽丰碑，记载着四川白马循环流化床示范电站有限责任公司（以下简称白马电厂）历史征程上的辉煌与坎坷。

白马电厂成立于 2000 年，地处内江白马镇，拥有 2006 年 4 月 16 日投产的我国引进的首台 300 兆瓦循环流化床（CFB）示范机组和 2013 年 4 月 14 日投产的我国自主研发的世界首创 600 兆瓦循环流化床示范机组，是全国唯一一家同时承担 300 兆瓦、600 兆瓦等级循环流化床技术示范企业。

2018 年 1 月 8 日，在北京隆重举行的国家科学技术奖励大会上，“600 兆瓦超临界循环流化床锅炉技术开发、研制与工程示范”项目荣获国家科学技术进步奖一等奖。

从 2008 年 300 兆瓦循环流化床示范工程获得国家科技进步奖二等奖，到 2018 年捧回国家科技进步奖一等奖，项目团队攻克了世界首台 600 兆瓦临界循环流化床从技术方案确定、机组安装、调试到运行道路上的一个又一个技术壁垒，走出了一条科技兴企、自主创新的星光大道。

▶ 引进吸收 自主发展

300 兆瓦循环流化床示范机组创造了“一家引进、多家共享”的白马模式，引进了法国阿尔斯通公司 1025 吨 / 时常压循环流化床锅炉及其设计、制造技术，配套国产汽轮发电机组，于 2003 年 5 月 15 日开工建设，2006 年 4 月 17 日投入商业运行。

随着白马 300 兆瓦循环流化床示范项目的成功，自主发展超临界循环流化床发电技术的时机日趋成熟。2006 年 2 月国家发布《国家中长期科学和技术发展规划纲要（2006—2020 年）》，提出我国在能源领域将重点研发“超临界大型循环流化床等高效发电技术与装备”。

在国家“863”计划和国家“十一五”科技支撑计划的资助下，按照“自主开发、自主设计、自主制造、自主建设、自主运营”的原则，联合国内 30 余家科研院所、设备制造单位组成“国家级”研发团队，开展了 600 兆瓦循环流化床锅炉设计、制造、安装、调试技术的系统研究。

考虑白马电厂在 300 兆瓦循环流化床示范项目取得了良好的示范效应，积累了丰富的建设运营管理经验，国家决定将 600 兆瓦循环流化床示范项目继续放在四川白马进行建设、示范，以一个示范项目带动整个技术体系和产业的发展。2008 年 8 月 22 日，国家发展改革委同意此工程开展前期工作，项目正式落地。

▶ 砥砺奋进　攻坚克难

300 兆瓦循环流化床示范机组在稳定运行、环保排放、劣质煤的利用、运行控制、灰渣综合利用等方面，实现了一系列创新成果和重大突破，创下了国内 300 兆瓦循环流化床机组燃用劣质无烟煤连续运行 187 天的最长纪录。同时，取得了二氧化硫、氮氧化物等污染物的排放控制经验；取得了大型循环流化锅炉床温、床压控制的经验；取得了大型循环流化锅炉排渣、运渣的运行经验……

300 兆瓦机组建设过程中的成果在 600 兆瓦机组建设过程中得到了很好的应用，项目团队组织解决了更多的难题。

世界首台 600 兆瓦超临界循环流化床锅炉，循环流化床与超临界的首次结合，在设计、制造、安装、调试上无任何经验可借鉴，会怎么样？会出问题吗？会出什么问题？谁都不知道，谁也不会有明确的答复。

在 600 兆瓦超临界循环流化床机组试运过程中，结焦是最为困扰的一个技术难题，曾一度阻碍了机组的调试进度。为了处理炉膛内的大面积结焦，该厂党政领导亲自带队进行 24 小时不间断的清焦工作，组织精干人员、集中优势力量，从炉内焦块形状分布、结焦成分分布、锅炉结构、给煤方式、配风情况等方面着手进行分析、研究，后来通过运行方面的给煤方式、风量调整等一系列的优化调整，使问题得到了解决。当时炉膛里的高温热浪，大家搬运过的焦块和挥洒的汗水，这些都历历在目。

吹灰过程也是尤其艰难。2012 年 12 月 1 日 3 时 38 分，600 兆瓦示范工程在完成风机试转工作后锅炉成功点火，开始进入锅炉吹管的重要阶段。试运指挥部组织各参建单位克服了除盐水供水异常紧张、吹管系统复杂、各转机在 DCS 逻辑上问题较多等种种困难，单是临冲门卡涩中断吹管就达 3 次之多，因除盐水供不上中断吹管就发生了 2 次，甚至还因蒸汽取样门断裂中断过吹管。在屡战屡败、屡败屡战之后，于 12 月 20 日 10 时 57 分，600 兆瓦示范工程锅炉吹管合格，共历时 24 天，累计吹管 80 次。

在耐火材料施工期间，近 100 天的日子里，检修人员在直径不到 800 毫米的锅炉检修员工孔门钻进钻出，一天进出孔门的次数最多的时候超过 20 次。每天 7 时，检修人员早早就来到现场，检查确认现场和工作面、清点人数，中午就在现场吃盒饭，吃完又接着干，一直加班到

22 时。在大家齐心协力的付出和努力下，耐火材料施工提前 3 个月安全完成，创下了大型循环流化床耐火材料施工的奇迹。

针对 600 兆瓦超临界循环流化床机组的特点和 300 兆瓦循环流化床机组的调试、运行过程中出现的问题，项目团队制定了防止锅炉翻床、超温等一系列运行措施 70 多个，并对机组在设计上存在的问题提出修改建议 30 余条，保护、逻辑修改建议 80 余条。

在没有“外援”的条件下，白马人用自己的智慧和行动回答了种种疑难，演绎着“白马传奇”。

2013 年 4 月 14 日 8 时 12 分，600 兆瓦循环流化床机组顺利完成 168 小时满负荷试运行。

该机组现已连续安全可靠高效运行 6 年，被国际能源组织认定是 CFB 燃烧技术发展的里程碑，进一步推动了我国洁净煤技术发展，是我国对世界洁净煤燃烧技术的重大贡献。

创新驱动　追求卓越

600 兆瓦超临界循环流化床发电示范工程项目优势在于政府主导、“产学研用”联合攻关。参与单位包括原神华集团、清华大学、东方锅炉、西南电力设计院、浙江大学、华北电力大学等 30 余家单位，项目参与单位共同开展科技攻关，协同发力，创新性地研制了 600 兆瓦超临界循环流化床锅炉物料循环系统、热交换系统、均衡布风系统等，首创 600 兆瓦超临界循环流化床机组控制策略、调试运行规程规范，在关键技术研究、设备研制、安装施工、技术集成、调试运行方面取得了一系列创新成果。

600 兆瓦超临界循环流化床发电示范工程建设始终以质量为先导。工程建设初期，制订了“创国家优质工程奖”的质量目标，本着“追求卓越、铸就经典”的工程建设理念，以“享受质量、享受生活”的质量管理理念，积极打造一流工程，监督、分析质量、安全风险，严格重大和危险性施工项目的风险预控，把质量、安全生产隐患排查工作做到实处。

安全管理方面，始终贯彻“安全第一，预防为主，综合治理，以人为本，环保示范”方针，建立健全工程安全委员会及其配套的安全监督、保障体系，坚持“全面、全员、全过程、全方位”抓安全，严格履行安全生产责任制和领导干部到岗到位标准，明确并落实各级、各类人员安全责任。大力开展基建安全标准化管理体系建设、基建安全风险评估等重点工作。建设期间未发生人伤、设备事故，未发生环境污染、水土流失和群体性事件，实现了工程建设安全“零事故” 目标。

项目获授权国家专利 80 余项，其中发明专利 30 余项；获得软件著作权 10 余项；出版专著 3 部；发表论文 300 余篇；培养了一大批熟悉高参数大容量 CFB 机组设计、制造、建设、调试、运维的专家和技术人才。

项目荣获 2015 年度中国电力科学技术进步一等奖、教育部科学技术进步一等奖、中国机械工业科学技术一等奖，2016 年度国家优质工程奖，2017 年度国家科学技术进步一等奖。

基于 600 兆瓦超临界循环流化床示范项目的创新成果，我国已开发了系列超临界 CFB 锅炉，借助国家“一带一路”倡议，我国超临界

CFB锅炉技术已成功走出国门，落地罗马尼亚罗维纳里、土耳其吉奈尔、蒙古国巴格诺尔等一大批国外项目，创造了巨大的经济效益和社会效益。

未来，白马人将不忘初心、牢记使命，继续以科技创新为支撑，以成果转化为抓手，在全国乃至全世界范围内做好循环流化床技术的示范与推广。

Part 3 | 第七篇

奋进新能源　激活发展路

田利波　杨伟俊

江西公司国能黄金埠发电有限公司

最是五月烟波翠，清风拂过艳阳天。立夏后的赣鄱大地，处处日暖风和，江西黄金埠发电公司一群可爱的奋斗者立足于红土地追“光”逐“日”、奋战正酣，一排排光伏电板与绿水青山、蓝天白云相互掩映，勾勒出一幅幅美轮美奂的夏日画卷。

在奋斗中奔跑，在奔跑中收获。为践行“碳达峰、碳中和”目标，该公司紧紧围绕集团工作部署，以改革创新为根本动力，锚定新能源“大基地”建设目标，狠抓资源开发和项目工程建设质量，积极应对疫情反复、供货紧张等挑战，砥砺前进、奋勇争先，集团示范、江西最大“充电宝”—— 48 兆瓦 /48 兆瓦时旭坞储能电站、余干 330 兆瓦光伏电站全容量并网进入倒计时，乐平众埠、名口镇 90 兆瓦光伏项目动土开工，资源摸排纳规入库工作稳步推进，绿色转型强劲开局。

渔光互补　扮靓美丽乡村

坐标定位江西公司定点帮扶的上饶余干江埠村，村落不远的周边多个村庄，十几处光伏建设点一片繁忙，工人们正加班加点、紧张有序地保障光伏电站实现早日全容量并网。

担任项目经理，80 后青年程强、刘翔都深深懂得，每一个宏伟壮观的工程都始于创业者最初的梦想，都离不开它的建设者披荆斩棘。唯有逢山开路、遇水搭桥的勇者和智者，才更加懂得一切繁忙与美丽的背后是什么。

回首一年以前，在国家“双碳”行动、集团公司新能源两个“1500 万 +”目标引领下，江西公司依托自身业务优势，践行“碳达峰”责任，推进光伏发电与阡陌山水有机融合。余干，因光伏资源禀赋和境内的黄金埠公司，被江西公司确立为 2021 年度新能源开发建设主战场。

这一年，地处赣东北的黄金埠公司学史力行，对标江西公司新能源“倍增计划”（开工 80 万、建成 50 万）分解推进，发出“传承方志敏精神，像开辟革命根据地一样大力推进新能源项目建设”动员令，抽调骨干成员成立新能源办公室，组建工作组、突击队、攻坚班，高标准推动项目开发。

“号令”一出，应者云集。上至退居二线的李春生、周联合等老同志，下至徐洪钢、周晨等 90 后小伙，纷纷请命到新能源一线战斗。“守护万家灯火”30 余年的严红通，牢记“作示范、勇争先”的殷切期望，带领项目开发人员迅速进入状态，聚焦发展目标，踏遍千山万水，想尽千方百计，不计千辛万苦，不断整合资源、延伸产业链，加大对外协调力度，抢占新能源发展先机。面对零基础、零资源，外部竞争激烈，工作专班没有相关专业知识打底、项目不知落在何方的窘境，周联合和团队成员无惧无畏、稳扎稳打，一步紧跟一步推进，历百艰而无悔、经万难勇向前。

为了光伏开发快速开展，工作组发扬“钉钉子”精神，建立项目“路线图”“时间表”，挂图作战、对表推进，确立“日计划、周总结、月报告”沟通机制，形成“建设一批、核准一批、储备一批”工作格局。2021 年 5 月，余干江埠、大溪 330 兆瓦光伏项目，成功入围江西省首批竞争优先项目库。8 月，项目被列为江西省重点建设计划。

作为清洁能源，光伏发电不单是“双碳”时代能源重要供给方式，还在乡村振兴新征程中发挥着“引擎”作用。余干项目成为江西公司落实乡村振兴战略、助力打造“光伏之乡”的领衔新能源发展项目，在该地区标杆示范责任重大、意义深远。尤其江埠项目水面不集中，光伏区和升压站用地涉及 7 个行政村共几十个地块，外送线路绵延 15 千米，施工点多、面广、线长、地域分散，牵涉到多方面交叉工作，衔接协调难度大，项目面临很大挑战。

为了项目建设成功，黄金埠公司的新能源人纷纷走出“厂门”，奔赴前线“燃烧”自我。他们传承艰苦奋斗创业传统，赓续负重进取自强精神，勇做新时代“拓荒牛”，在新能源建设疆场上奋力驰骋，克服了许多难以想象的困难；他们向阳而行，将小我力量汇入绿色发展大潮，奋力展现“实干、奉献、创新、争先”的企业精神，倾情展示能源工作

者的昂扬风采，把一个个难题踩在脚下，把一串串光伏组件并入电网。

“能亲历光伏项目从无到有、由有到优，见证第一度绿电进入寻常百姓家，是人生一大快事”，心怀绿色能源梦并积极践行“双碳”目标的青年刘雪虎止不住地激动。

而今，余干渔光互补项目带动新能源组件产业集聚，带动乡村就业，引领低碳生产生活，为老区披上“科技”外衣，让水面“变身”发电站，也成就了江埠、大溪“光伏之乡”的美誉。

扬帆蓝海　吹尽黄沙始到金

“‘双碳’战略的进一步深入和江西省新能源‘跨越式增长’的全面开展，给了我们清晰的发展方向和明确的目标任务。我们要在转型发展上奋勇争先，以更大力度推进新能源优化发展，全体动员拼抢资源，加快项目‘大储备’，确保全年建成 100 万 + 新能源装机……黄金埠公司要以集中式光伏、储能等为依托，打造源网荷储一体化示范基地。”江西公司负责人在 2022 年工作会议中明确指出。

景德镇市是国家甲类对外开放地区，其中乐平风光资源禀赋优越，行业竞争激烈，是江西公司推进风光储氢一体、助力乡村振兴的重点区域。

“叶经理，临近年关，换届选举、年前安全及疫情防控落实会议等工作较多，项目洽谈的事咱们再约时间吧。”23 时许，江西公司乐平光伏项目部叶卫星收到了众埠镇分管镇长的电话。

叶卫星听到镇长这番话，显得有些失落，但他更明白，当前更要紧的是转变思路，下足功夫准备齐全所有材料，确保项目早日落地。

寒冬腊月里的乐平众埠镇、名口镇，经常能看到叶卫星带领工作组忙碌穿梭的身影。

“老叶同志，明天就过年了，快回家吧，别在我们这守着了，项目的事年后再说。”

“项目宝贵，丝毫不敢耽误啊。我看您正好值班，就过来拜访您，想再了解了解土地情况。”

除夕前一天，叶卫星还在乐平驻点，这是他那个月驻守奔波的第 28 天。

艰难方显勇毅，磨砺始得玉成。在上级大力支持下，乐平项目成为重点攻坚目标。新的目标确立后，黄金埠公司落实“稳、进、优”的工作要求，铆足干劲、捋顺机制，将转型发展作为解决一切问题的金钥匙，把绿色低碳理念融入改革发展全过程，全力以赴优存量、拓市场、提增量。

2月7日开年第一个班，乐平市众埠、名口90兆瓦光伏发电项目拟用地图斑及开发使用权唯一性证明取得政府盖章认可。2月28日，项目土地租赁及投资协议完成签订。3月3日，项目顺利备案，列为景德镇市重点工程，标志着乐平光伏基地开发取得重大突破。4月20日，项目动土开工。二期60兆瓦、三期68兆瓦项目也已取得相关批复文件，乐平新能源项目建设取得实质性进展。

项目开发过程中，叶卫星和团队紧紧盯牢新能源发展任务，持续保持“拼”“抢”“跑”的干劲，克服疫情影响，压紧压实责任，以“双创”精神扎实推进项目落地。

超级“充电宝” 奉献“零”碳能源

“储能技术是支撑我国大规模发展新能源、保障能源安全的关键技术之一，可打破原有电力系统‘发、输、变、配、用’必须实时平衡的瓶颈。我们一定拿出第一等的精神干劲打造好旭坞储能这个超级‘充电宝’，力争年前受电运行，向集团、向社会交出合格答卷。”2021年10月开工动员会上，项目负责人王朝盛发出铮铮誓言。

作为余干光伏配套储能集中异地建设项目，同时也是集团综合能源示范重点项目和江西省最大新型储能项目，王朝盛深知责任重大、使命光荣。

在王朝盛带领下，项目组成员气势如虹，打响了一场轰轰烈烈的建设攻坚战……

项目选址黄金埠公司原灰库所在地，开工当月即完成可研、接入系统审查、招标文件编制和挂网。从第一抔黄土开始到升压站受电运行，历时仅 65 天，新建一座 220 千伏升压站和 14 套电化学储能单元，实现双线连接余干光伏电站并建成外送工程接入电网。

攻坚过程中，王朝盛坚持抓主要矛盾和关键节点，带领项目组聚焦任务勇争先，和总、分包方不分你我、形成合力，解决土地沉降、线路接入核准、金步变电站间隔扩建施工困难等关键问题。他不等不靠，“5+2”“白加黑”连轴转，克服工期短、任务重和疫情影响，独立完成工程设计、施工和调试组织，按工程管控要求紧盯安全、质量、工期，严格过程管理，1 个月就完成了电站 220 千伏系统一、二次设备投入运行的目标。为让新入职员工谭卫、符修宁尽快上手，王朝盛带着他们奔走工地一刻不停，在任务最繁重、进度最紧迫阶段，他干脆带着新学员住进工棚，让他们跟着做好接线员、安装员和调令员，很快成长起来。

实干带来的幸福感是无止境的。每一名辛勤拼搏的新能源人都会被铭记，每一个坚定前行的瞬间也终将写入历史。2021 年 12 月 31 日，旭坞储能成功受电运行。2022 年 4 月 12 日，储能设备静态调试完成，进行全容量并网调试。

夏日暖阳，惠风和畅。5 月，大地处处展现出生机勃勃的脉动，与山水风貌融为一体的光伏阵列，在和煦阳光映照下格外美丽动人。光伏项目现场水面波光粼粼，偶有蛙声阵阵，引来燕子声声，奏起初夏交响曲；微风掠过民房排排葱郁，露出片片蓝色光伏，构成田园牧歌与科学技术交相辉映的和谐景象。

Part 3 | 第八篇

放歌，在“烯望”的田野上

赵 鹏

宁夏煤业煤制油公司烯烃二分公司

“我们的梦想，在‘烯望’的项目上，汗水在试车的进程中飞扬，歌声在决战的炉膛里嘹亮……”新时代的国有企业也有一片“烯望”的田野，另有一番美景。

塔吊林立，管廊纵横，现代煤化工基地雄峙在蓝天之下，呈现一派现代工业之美。因为主要终端产品是聚烯烃，也因为企业崭新年轻，人们送给了建设者“小烯”的昵称。875 名“小烯”在这里放歌，打开煤炭由黑变白的“魔方”，展现国有企业高质量发展新气象。

“小烯”的故事，承载着对全新烯烃的美好展望，在担负“延伸煤制油化工产业链，提升产品附加值，助推企业创新发展，践行‘社会主义是干出来的’伟大号召”的责任和使命中展开……

▶ 歌声，在火热炉膛里嘹亮

大学毕业后，“小烯”以“小白”身份投入项目建设试车现场，岗位上成长，攻坚中历练，和许多同事一起扎根在这片梦想的沃土，为项目按期建成试车尽情挥洒汗水。

筑梦的脚步，开始了就停不下。

裂解装置在化工行业内，可谓是技术路线最复杂、工艺流程最长、操作要求最严格、管理难度最大的装置，抓好每一个细节才能确保试车过程万无一失。

裂解炉点炉试车期间，联锁测试、阀门动作测试、机泵单机测试，一系列的测试确认正常后，师傅还是不放心，又带着“小烯”拿起“四合一”检测仪和试漏壶，再次检查一遍管道阀门的密封性和完好性，确认正常后，静待指令。

“第一个关键点，一把成啊！”所有人都屏住了呼吸。随着对讲机里传出的“点火”声，长长的点火枪嘴喷出火焰，整个炉膛瞬间熊熊燃烧。那一刻，“小烯”知道这是七百多个日日夜夜汗水心血的凝结，是理想照进现实的高光。

一路拼搏一路歌。

后来，又诞生了操作台安装，15 天抢出了 60 天的调试工期；火炬投运攻坚，45 天抢出了 90 天的工程量；大件整体吊装，105 天安装了 53 台套超限塔器等纪录。

2017 年 4 月，“小烯”硬是用两年时间抢出三年的工作量，创造了 24 个月全面建成百万吨级烯烃项目的“宁煤速度”，成功攀越石油化工领域的最高技术壁垒，蹚出一条石油化工与煤化工高度融合、可持续发展的新路子。

掌声，在智能制造中绵长

对“小烯”来说，负责国内首例百万吨级烯烃智能制造示范项目的成果落地和运营管理，是一个全新的挑战。其 DCS 控制系统是化工企业装置运行的核心所在，就如同人的大脑和神经，此前一直被国外技术垄断。

“小烯”组建了“7+1”联合团队，联手国内平台建构、工厂建模、数字交付等领域的七个行业“单打冠军”，强强联手攻坚。紧盯化工行业发展前沿，以现代信息技术、大数据、人工智能等为基础，提升生产信息获取、安全保障能力，在构建智慧绿色工厂决策管控机制、综合管理体系上深钻细研。

通过搭建“工况实时测算分析模型”“每日经济效益测算模型”，改变进料模式，双烯收率提高了 1.2%，日增产双烯 100 吨以上。

当国家级课题验收组宣布“安全自主可控，中国领先，世界先进”成果时，“小烯”亲手打破了化工先进控制系统多年受制于人的被动枷锁。

致力打造石化行业“智能烯烃”新典范，“小烯”以三层智能化平台、十大核心智能应用系统、三项智能制造标准等，获得国家能源集团科技进步二等奖、2019 年度宁夏回族自治区科学技术一等奖，入选“2019 中国智造十大科技进展奖”。

智慧添翼，烯望远航，中国梦，“小烯”的梦，又一次照进了现实。

▶ 响声，在登攀超越处流淌

乙烯是石化工业之母，国际上常用它来衡量一个国家的石油化工水平。乙烯三机（裂解气压缩机、丙烯机、乙烯机）是百万吨大乙烯的“心脏”，代表着石化装备的最高水平。

在推进乙烯三机首次同步全面国产化过程中，“小烯”先后经历了三大机组单个跳、逐一跳、组合跳、整体跳等“花式”跳车，4次大拆解、大检修、大安装，拆套筒、提转子、换隔板，逐个啃下了缸体温度高、轴振动大等“硬骨头”。

近几年，随着岗位创完好、检修标准化、装置创标杆等管理提升的推进，“小烯”做到了“国产机组三步走，应该、能够、必须不漏油”，让这颗“中国芯”始终保持着稳定、强劲、绿色律动。

“火炬不着火，烟囱不排烟，岗位穿西装”，在这里见“怪”不怪。

“小烯”采取“揭榜挂帅”，创造性地将送火炬燃烧排放的氢气、甲烷等富余燃料气送到隔壁动力厂作为燃料，年节约燃料煤4万吨，降低成本2000万元，火炬成功“熄火”。

通过技改，新增5套裂解炉污染源在线监测设施，监测数据全部接入国控监测网站，“烟囱不排烟”，污染物全部达标排放。

中控室里身着西装，内操外采夜班轮休，得益于“黑”科技。如同智能汽车的无人驾驶技术，黑屏操作经过4年的持续攻关治理，报警数量由最初的每周25万次下降到了每周4000次，仪表自控率、联锁投运率行业领先。

创新路上不停歇。借助《裂变》《新启点》平台，搭建创新创效舞台，推进标杆装置、标杆车间、标杆工厂创建，“干”字号工程如火如荼进行，“小烯”正不断催发“新烯望”美好图景的澎湃动力。

置身伟大复兴的历史进程，挑最重的担子，打关键之战，“小烯”用“干”吹奏奋进的交响乐，也吹响逐梦人生的强音。

国家能源集团“好故事”

优 秀 作 品 选 集

争先

PART 4

Part 4 | 第一篇

驭风而来 乘风而上

韩召维 王 菁

龙源电力新疆龙源风力发电有限公司

长河落日，长空大漠，亘古荒原的疾风裹挟着沙尘呼吼了千百年。这里是达坂城，是王洛宾家喻户晓的歌中“达坂城的石路硬又平啊，西瓜呀大又甜，那里来的姑娘辫子长啊，两个眼睛真漂亮……”的达坂城，是导游口中“老汉的胡子歪、姑娘的裙子歪、地上长的树歪”的达坂城，也是拥有着运行了半个甲子有余的达坂城风电场、成为风电发展的历史博物馆的达坂城。

▶ 戈壁滩 · 驭风

狂风沿着戈壁的滩涂吹动一排排高大的风机，沿着达坂城公路呼啸而过，吹向 1986 年的冬天。一位年过半百的水电工作者，一脚踢开了达坂城圆又硬的石头，拉开了全国风力发电的序幕。

达坂城地区拥有十分丰富的风能资源，是发展风力发电的绝佳地区，但新疆位于祖国西部，由于历史原因，工业发展相对落后。20 世纪 80 年代，国内新能源发电，尤其是风力发电，从技术到标准，从经验到实操，上上下下几乎是一片空白。

直到 1985 年秋天，在新疆水利厅已工作 27 年、从事水电站设计的王文启，在距离自己法定退休只有六年的时候，义无反顾地接下了风力发电推广的重任。一句“如果组织需要，我就干！”的承诺重如泰山，成为王文启风电人生的开端，奠定了其为之奋斗到老的终生事业。

在这之前，20 世纪 80 年代初，王文启已经开始接触风电，但最初主要是为牧区的个别地方解决用电问题，是“小打小闹”的探索。在这之后，达坂城风区风电试验开发的序幕正式揭开。

1986 年 11 月，丹麦的两台运行机组运抵达坂城柴窝堡，王文启带着一些年轻学生，硬是在柴窝堡湖畔立起了两台“大风车”，1987 年元旦正式投产发电，实现了“从 0 到 1”的突破，风机运行一年后，取得了良好的效果，可以利用小时数达到 3700 小时，在全世界引起轰动。

试验风机获得了认可，下一步，就要进行产业化运行。1991 年 9 月，新建维吾尔自治区电力局批复成立新疆风力发电厂，任命王文启同志为厂长。这次，他不再是单打独斗，一批风电建设者们随他一起在寒冬中来到了这一望无边的茫茫戈壁，巍巍雪山、狂风沙石，无一不在向他们昭示着创业的艰辛。狂风掀走了他们的帐篷，将饭菜、雪花与细沙搅和一通，风电人只有一个信念：让这肆虐的狂风也吹动风力机，为人们带来光明和动力。

经过半年的艰苦努力，随着南巡的东风暖遍神州，戈壁上条条小路的终点，一台台风机被巨大的吊车树立起来，新疆风力发电厂从丹麦引进的 300 千瓦风电机组整齐地列队在达坂城的崖口上，叶轮迎风转动，向电网输送源源不断的能量。这是我国商业化运行的第一批风电机组，也是当年国内单机容量最大的机组，我国首座风力发电场——总投资达 6900 万元的达坂城风电场在 1992 年正式投产发电。

这并不是胜利的最终时刻。进口风力发电机造价昂贵且运行不稳定，维护和维修更是难上加难。由于风力机体积大、质量大，一旦设备出现问题，要么需要国外派专家来修，支付巨额的日薪，要么需要耗费高额的运输成本运回国外，修复好再运回来，这对于当时的风电场显然是不现实的。在资金窘迫、专业人才匮乏的情况下，单靠引进来发展风电产业，无疑是被束缚住了手脚。中国风电必须要走上自主的道路，才能走得更远，做得更强。

于是，“国产化”成为摆在风电人面前新的命题。风电人进行了大胆尝试：以降低工程造价为目标，查资料做实验，抱着中英文字典，逐字对照，6 个月的努力云开雾散，掌握了风电机组的部分技术参数、组装质量标准的技术，迫使国外厂家主动降低设备价格。工程师们也对着翻译后的图纸和检修手册做培训，慢慢提升了技能水平，为此后公司的发展壮大，夯实了自力更生的基础，也为中国风电的发展开拓了疆土。

达坂城的风裹挟着碎石，呼啸着雕刻出风电场的三十年岁月。经过一系列的改革、重组、融合，新疆风力发电厂成为如今的新疆龙源发电有限公司。在额尔齐斯河谷，在阿拉山口，在天山尽头，在国境线上，在戈壁上，画出交错有序的线条，达坂城的风电人披荆斩棘驰骋在风的宝库里，继往开来，奋斗不息。

见证了这一切变迁的魏春利犹记得 30 年前初到丹麦、荷兰学习和培训，在欧洲的青山绿水面前，暗自下定决心，“我们要通过风力发电的推广，在未来国内 10 ~ 20 年之内，也应该享受到这样的环境！”

他的心愿，也成为他今日最骄傲的成就。通过原国家经贸委开展的“加快国产化、加快技术进步”的“双加”工程项目，更多的资源扶持来到了风电产业，而达坂城的经验也得到了认可。在工程验收会议上，全国所有具备风电发展潜力的省份电力公司负责人都来新疆开了现场会，会上提出，具备条件的地方都可以开始建风电。这意味着，我国风电从试验阶段正式进入规模化发展阶段。风电这一清洁能源真正地走出了达坂城，走出了新疆，顺着山川、河流和海洋，走入了千家万户。

新事物的诞生总是伴随着各种非议，风电作为清洁能源也是如此。人们已经习惯了矿物燃料的稳定与高效，阳光、风、水这些无形的自然资源作为能源使用，既颠覆了常规的认知，也难免引发对其发电效率与安全程度的质疑。2022 年，风电在全国推广已有 30 余载，已经被人

们接受并成为电力发展新星。

新世界 · 乘风

按照人类对传统能源的消费水平，据专家预测，在未来一百年内，已探明和预计可开采的传统能源将消耗殆尽，人类必须寻找到新的能源来替代传统不可再生能源。我国是一个人均资源匮乏的国家，即使是资源最丰富的煤，人均资源也只有世界平均水平的 50%，石油则只有 10%。因此，发展可再生的新能源已经迫在眉睫，而其中风能和太阳能将得到极大的发展。

达坂城风能资源丰富，风速分布均匀，交通条件便利，内部地势平坦，按理说是发展风电的绝佳地理区域，风电场的营运势必会为我国的风电产业起到示范带头作用。但先驱们创办风电场的时候，面临很大的争议和质疑。造价高的问题通过技贸结合、自主研发以及国家政策的扶持逐步得到了缓解，风电本身是“垃圾电”的评价却一直伴随。一方面，风能在发电过程中确实存在着许多问题，如能量不够连续、频率波动、电压闪变等。当前电能不便储存，风电又极其不稳定，风塔一停发电量即为 0，而我们使用的电网却需要极高的稳定性。另一方面，我国风能资源的分布和用电负荷中心不在同一区域，风电无法同时满足技术和经济效益上的长距离运输。风电虽能不断生产，但当地用不完，储存的手段有限，长距离运输的成本极高，技术上也无法实现高效益运输。有能力造，有资源造，但没有地方用，因此，风电会被部分人称作“垃圾电”。

尽管如此，魏春利仍一直坚信，风电是绿色能源，取之不尽，用之不竭，对国家未来的发展，尤其是节约物质资源和化石资源方面都是非常有利的。因此，一代代的风电工作者为了自己对“绿水青山”的憧憬，为了地球这个公益家园，仍在坚持着。

改革开放以来，中国经济加速发展，已成为世界第二大经济体、绿色经济技术的领导者，全球影响力不断扩大。只有让发展方式绿色转型，才能适应自然规律。同时，我国社会主要矛盾已经转化为人民日益增长的美好生活需要和不平衡不充分的发展之间的矛盾，而对优美生态环境的需要则是对美好生活需要的重要组成部分。为此，2020 年，中国基于推动实现可持续发展的内在要求和构建人类命运共同体的责任担当，宣布了碳达峰、碳中和目标愿景。“双碳”战略为绿色清洁能源发展带来了机遇，也让更多人意识到清洁能源的重要性，并逐步去理解和接受它们。

2022 年，我国光伏、风电、水电装机量均已占到全球总装机量的 1/3 左右，领跑全球。若在 2060 年实现碳中和，风能的装机容量将超过 2021 年的 12 倍。为实现“双碳”目标，中国将进行能源革命，加快发展可再生能源，降低化石能源的比重，巨大的清洁、绿色能源产业发展空间将会进一步打开。

魏春利相信，风电的不稳定性和间歇性已经得到相当程度的缓解。一方面，国家通过特高压把全国的电网连接起来，类似于建立了一个“大水库”，而局部电网的输入相当于“小溪”流入，对水库的影响相对来说就会比较小；另一方面，还可以通过电源互补的方式进行调节，通过对人工可控的发电能源的控制，从而间接控制风电的不稳定性。

2021 年，国家能源集团龙源新疆公司发电量共 3947 吉瓦时，每年可减少碳排放量约 328.29 万吨。截至 2021 年底，龙源新疆公司装机容量 16.5 亿瓦，单机装机（600 ~ 5000）千瓦共有 11 种机型，拥有 1150 台风机，是国内装机机型最多的风电企业。

“我看到当初的憧憬正在一步步成为现实，看到风力发电行业由当初的不被理解，逐渐被慢慢接受和支持，这是我们这么多年辛酸苦辣后的一点欣慰。”魏春利说。

从 1991 年公司成立到 2022 年迈入第四个十年，国家能源集团新疆龙源被业界定义为中国风电摇篮和中国风电机组博物馆。从驾驭风到乘风而上，相信未来的风电产业，终将坚持自己的初心与梦想，构建起一个清洁美丽的新世界。

Part 4 | 第二篇

舞动的工业芭蕾

李媛媛

神东煤炭设备维修中心

火花四射，飞溅点点星光。焊点轻盈，绽放簇簇钢花。“平、立、仰、横”，娴熟的焊技，像极芭蕾舞的“开、立、绷、直”，也展现着“轻、准、稳、美”。

顾秀花，这名国家能源集团神东煤炭公司的普通女焊工，曾登上人民大会堂国家最高领奖台，也曾站在国庆60周年庆典大阅兵观礼台，她获得过国务院政府特殊津贴、中华技能大奖、全国技术能手、大国工匠、全国三八红旗手、全国青年岗位能手、国资委“巾帼建功标兵”、中央企业“百名杰出工匠”，登过“中国好人”榜。以她个人名字命名的“秀花焊”，铭刻于世界焊接舞台顶端，被业界赞为焊接舞台上的优雅芭蕾。

焊工“小白”的“芭蕾梦”

“紧车工，慢钳工，吊儿郎当当电工，不要脸的电焊工”，焊工老师傅们的自嘲顺口溜令刚拿起焊枪的顾秀花心里打怵。

1987 年，顾秀花从技校毕业，一个焊工“小白”的芭蕾梦开始了。她渴望像芭蕾舞蹈家般优雅自如地挥舞焊枪，深知这将付出超乎常人百倍的“焊”水。

一个零下 20 多摄氏度的冬日，供暖主管泄漏，她经历了一次严峻的挑战。为保持供暖，在距地面约 20 厘米的地沟，不得不带压作业。

“这怎么可能焊得住？”她倒吸一口气。责任心驱使她，再苦再难也得焊好。她索性脱掉厚重的棉衣，跳进地沟，变换角度焊起来。

10 分钟，20 分钟，冰凉的积水渗透衣服、冻得麻疼的手脚、灼热的蒸汽考验着脸。一遍，两遍……她尝试各种办法，五六个小时的努力，终于成功了！

“秀花焊”在历练中。

一次采煤机修复工作正要收尾，却经 X 射线探伤发现焊件内部有缺陷而报废。“眼看成功的活，怎么就报废了？”她百思不得其解。

不气馁的她拿起焊枪，努力将手、脑、眼始终保持同一动作，认真观察每次断弧的每一滴铁水，保证从形成熔池到冷却，到再形成熔池再冷却时，每滴铁水滴下来正好压在第一滴铁水凝固后平面的 1/3 处，须同时且频率一致。1 滴，2 滴，3 滴……500 滴……数到 600 滴时，这道焊缝的打底焊层焊接完毕。间层和盖面焊完后，经 X 射线拍片，焊缝均达一级片。

这充满神圣和智慧的 600 滴铁水，成就了“秀花焊”最震撼的作品。

她是将“单面焊双面成型”引入矿山设备修复的第一人，攻克了进口设备部件焊接修复的“卡脖子”难题，解决了多年来困扰神东矿山设备的修复难题，合格率 100%。她还带领团队开展科技创新和技术攻关 1500 余项，累计创效超 2 亿元。

享誉内外的“秀花焊”就是这样炼成的，它不只是一种焊接技艺，亦是一种焊接精神。

成长就是委屈和坚持的两难

阅钢板不计其数，点焊花灿若繁星。自称铁人的顾秀花总是一副大大咧咧的样子，走起路来风风火火。

“我干的活，有别人干不了的，也有别人不愿干的。”

怀孕 3 个月，骑自行车下班，被冰滑倒，肚疼好几天却未请一天假；怀孕 5 个月，钻地沟焊管道；怀孕 7 个月，她站在 6 米高的铁架上焊空中管道。那时没有完善的防护措施，她挺着大肚子，肚皮绷得紧紧，冷风每阵猛吹似要将她从高空推入万丈深渊，孩子还在肚子里练着“拳脚功夫”，那活跃的小生命令她满心愧疚和担心。整个孕期，始终在岗，直到孩子出生。

回顾起处理现场疑难的情景，她竟突然笑着说：“我想哭！”然后翻开笔记本扉页给读起来：“成长就是委屈和坚持的两难。”

2014 年 11 月，修复一台澳大利亚山特维克掘锚机时，现场技术员无法解决困难，外方工程师的不耐烦令中国翻译顿感尴尬。

见状，顾秀花带几名焊工仔细分析研究修复件，组对焊接。当时，生产办来电话，她赶忙离开，外方人员满眼怀疑，以为她焊不了而借

故离开。翌日，不等上班，顾秀花就开焊了。完工后，外方人员拍案叫绝。

后来，她将从事焊接工作的经验，结合危害因素辨识与控制的基本知识，总结出焊接和气割作业时的危害因素、后果及预防措施，编入《维修中心风险评估》一书，还独立编制了专业书籍《JOY 综（连）采设备焊接修复技术》，获神东煤炭集团公司五小成果一等奖，并印制了 1000 册，免费发放给员工，成为历年来的“维修宝典”。她也成了车间的“活字典”。

桃李满天下

神东维修中心的女子车间门口，秀美苍劲的铁字“秀花焊接班”便出自顾秀花的焊枪。一个钢筋铁骨的巨大厂房内，焊烟味夹杂脂粉味，身着宽大整齐工装、头戴安全帽、手拿焊枪的女焊工们，正专心焊着进口设备。

顾秀花手把手教着学员，将精妙的焊接技法详细讲给她们，从 15 人的女子秀花班到 60 多人的女子车间，再到焊工培训基地，她培养了一大批优秀的焊工技能人才。

“你看我皮肤好吧？视力 1.5，干这么多年没影响……”她把自己当成活典范，给她们解压、打气。

2017 年 11 月 14 日，在廊坊举办的中国工会“一带一路”人文交流——上合组织国家职工技能大赛中，她咬紧牙关，大颗大颗的汗珠滑落，目光紧盯试板，不放过每个细节，手中焊把游走火花丛，像一匹驯服的烈马。

“比赛之初，调整参数和试件时，我刚焊完第一块试件，其他几个国家的选手过来一看都傻眼了，竖起大拇指说，中国焊工技术太好了。”结果出来了，她是第一名、金奖！这是世界级的焊接大赛！

2020 年夏，她带领着精心培养的焊工队伍，代表神东煤炭集团参加内蒙古自治区“中国梦 · 劳动美”全区煤炭行业职工职业技能大赛，喜获佳绩。后被中国煤炭工业协会培训中心和煤炭工业职业技能鉴定指导中心聘请为全国煤炭行业技能大师教学平台第一批首席讲师，仅两年就培养焊工技能人才 3000 多名。

她在直播课上能够结合作业特点和工作实际，更好地展示“秀花焊”工艺和焊接技艺的典型性，既满足了同行业人员的需求，又解决了传统教学的局限性。她培养着神东的焊工技能人才，也接待着来自五湖四海的焊工。

那天，她神秘地掏出本书，这是中国首部系统整理中国劳模工匠特色语言的著作《中国劳模工匠箴言》，收录了365名全国劳模和大国工匠的箴言。

“我在8月24日那页！”她神气地说：“男人能干的活儿女人也能干，而且会干得很好！”

我不怕有多少困难在面前
我不怕有多少阻碍在身边
我拥有沸腾的力量永不变
我知道每一天是
勇敢地向前……

30年，把“疤”绣成花

手指一起一落，手腕一抑一扬，一道焊缝就完美成型了。

她对美的追求是力求每道焊缝都完美，每项任务都圆满。钢板为布，焊枪为针，电弧为线，铁上绣花，她已成为行走在工业艺术中的电焊芭蕾。

她不止把焊疤绣成了花，还在血肉之躯绣上了永恒之花……

一粒彤红的铁水倏地钻入她单薄的工裤褶皱，烧了进去。她顾不上看一眼，咬紧牙关：“坚决不能动，赶紧焊好！一旦间断，焊缝会产生接头，影响美观，也不牢固。”

正修复连采机受损核心部件的顾秀花，蹲在距地面仅50厘米的设备底部仰焊，任大腿烧出一个深 5 ~ 6 毫米、大拇指甲盖般的坑。半年后，伤口在腿上留下一道疤，一片白印，像白色的海，周边收紧的肌肤宛如蜿蜒的海岸线。

“我是大夫，能给钢铁看病，并能‘对症下药’，必要时再来个微手术或整形。”作为神东设备“急救师”的她，在处理各种进口设备疑难问题上，始终保持着百万道焊缝“零失误零缺陷零失败”的纪录。

无数次现场解急，无数次传道授业，她忘了自己是大国工匠，忘了人民大会堂的领奖，也忘了是个女子，在焊接中，以青春，以美丽，以时光，把“疤”绣成励志的花。

2022 年，她依然定了一系列目标：写本书，发表一篇核心论文，完成创新项目 10 项，继续开展技术讲座和道德讲堂，技术攻关……

“秀花焊”，跳跃在钢铁设备上的芭蕾舞，定格在美好的艺术殿堂。顾秀花，用一把焊枪挥舞青春风采，温柔而坚定，温和而刚强，温婉而果敢。她始终追逐着心中华丽的焊工梦，以一朵焊花的姿态优雅盛放在人生舞台。

Part 4 | 第三篇

过断层

李振友

神东煤炭布尔台煤矿

工作面的煤机在吃力地前行，往日咔！咔！咔！清脆悦耳的割煤声，变成了呜！呜！呜！沉闷的呻吟声……

停机后，班长宋国英放下手中的煤机遥控器跳进溜槽中，他抱起一台钻机，对着坚硬的岩石扣动开关，哒！哒！哒！钎杆发出有力的钻击声，他好像一名战士端着机枪冲锋，任凭钻杆甩出的泥水溅了一脸，也顾不上擦。在宋国英身边，李昆和赵林红两个人架着另一台钻机打眼，由于底板不平钻机没有架稳，钻机倾倒后重重地砸在赵林红的肋部，宋国英看到后赶紧放下手中的钻机，跑过去将赵林红扶起。赵林红痛苦地用左手捂着肋部，疼得连话也说不出来，轻挥右手示意没关系。稍微坐了一会儿，他又站起来一步一步地走向钻机。李昆很想提醒赵林红，钻机震动会让肋部更疼的，但看到他坚毅的表情，李昆一句话也说不出来。钻机开动的一刹那，赵林红咬牙忍着疼痛，就这样他坚持了一个班。宋国英也创造了一个班打钻眼 31 个的最高纪录。

2020 年 7 月 8 日，国家能源集团神东煤炭公司布尔台煤矿综采三队负责回采的42108综放工作面推进至1078米处时，在40～70架之间揭露了一个冲刷带。疫情期间，煤矿承担着艰巨的保供任务，在这样的形势下遇到断层，困难程度可想而知。一场大会战正式打响，综采三队的弟兄们更是拼尽了全力。

综采三队曾经创造出综放工作面月产110万吨的全国最高纪录，培养出全国安全管理标准化示范班组一个，是煤矿名副其实的王牌队伍，员工们常年在艰苦的环境中摸爬滚打，练就了一身不怕吃苦、敢打硬仗的本领。

“弟兄们，断层马上就会过去的。”自工作面遇到断层以来，队长杨正伟在每班班前会上都用这句话鼓励同事们，也鼓励自己。虽然他内心非常着急，渴望快速度过断层，可断层并没有像他所期望的那样，而是越来越大。整个7月，工作面只向前推进了105.1米。进入8月，断层从最初长度不足40米，扩展到了80米，工作面的大型设备基本上每天更换。

“一二，走！一二，走！”20多个汉子一起喊着号子，用铁杠将重达3.2吨的输送机链轮，一步一步抬向工作面……

“看到检修班要更换输送机链轮，生产班同事们都主动留下来，直到把链轮顺利运到工作面，生产班同事们才升井。20多个同事一起喊着号子的场面很震撼，给人一种有困难一起扛，有水一起趟的感觉。抬链轮的铁杠子用弯了两根，可弟兄们腰杆始终是直的。”机电副队长李福忠感慨地说道。

在过断层期间，员工们主动放弃了休息。看到大家都不能休班回家时，支部副书记程利平计划把家属请到煤矿，让家属们在困难的时期给老公鼓鼓劲儿。慰问的日期定在 8 月 25 日。家属们到达后，杨正伟带着同事们在煤机处迎候，见到矿嫂们进来，大家不约而同开始鼓掌。矿嫂们找到自己的老公，关切地给老公擦脸上的汗水。

矿嫂们在后方提心吊胆，矿工们在井下吃苦流汗，做一个矿工多么不容易，而一个矿工家庭究竟承担了多少不为人知的辛酸？虽然离家不到 40 千米，可自己快两个月没见到妻子和儿子们了，想到这些杨正伟的眼圈湿润了。

8 月工作面又艰难地向前推进了 76.5 米。由于过断层期间工作面推进速度慢，采空区的积水涌向了工作面。输送机在水里泡着，打眼工作基本上都是站在积水中完成的。负责抽水的高金钟为了尽快将积水抽排干净，他一直守在水泵旁，不停地将手伸进泥水里捞吸附在泵底的煤渣，矿靴漏水了他也毫不在乎，在水里一泡就是七八个小时，升井洗完澡后，脚肿得连鞋都穿不上。

9 月工作面断层依旧没有减小的迹象，唯一不同的是队里新分来 3 名大学生。第一天入井，坐在车上听着巷道内呼呼的风声，张明浩感到十分新奇，他听说了工作面遇到了断层，但并不知道断层具体是个啥样子，很想问问井下的情况，可同事们都在车上睡觉，这让他很尴尬，感觉到了一丝丝凉意。

下车时，宋国英对张明浩说："你就跟着我，不要乱跑。"跟着宋国英进了工作面，正在他左顾右盼之际，头顶上的支架"咣"的一声响，吓得他一蹦老高，矿灯也甩了出去。宋国英赶紧抓住他："别怕，这是支架在泄压。"张明浩似懂非懂地答应着，再也不敢离开宋国英半步。

工作面又热又闷，他感觉有点喘不过气来，跟着宋国英在工作面走了一圈，还没等干活，工作服已经湿透了。

吃饭时张明浩接过宋国英递过来的班中餐，也顾不上端详，夹起一块猪排骨就使劲儿咬了上去。“轰隆”一声闷响，张明浩手里的班中餐一下子掉在地上，嘴里的猪排骨也不见了。宋国英过来关切地问：“吓着了吧？忘了告诉你工作面爆破了。”张明浩正在低头郁闷之际，红哥又递给他一份班中餐，接过班中餐张明浩说：“这也太吓人了，地动山摇的。”说话时张明浩两只手紧紧地握住班中餐。

晚上 9 点多洗完澡回到宿舍，床上的手机响了起来。这时张明浩才意识到，由于第一天入井心情特别兴奋，竟把手机忘在宿舍了。他是家里的独生子，父母远在东北。一看电话是父亲打过来的，想起了第一天入井遭遇，张明浩内心有一种说不出的委屈，他强忍着泪水接通了视频：“爸！妈！”“儿子，咋才下班呢？”“工作面遇到断层加班了。”“啥是断层啊儿子？”“断层就是……咋跟你们形容呢，就好比咱们东北黑

土地，本来是一马平川，忽然从中间冒出一座石头山把黑土地分成两半，我们现在干的工作就是穿过这座山。”“你这样一说我就知道了，老爸原来在修公路时凿过山洞，每天抱着钻机在石头上打眼，整得跟泥猴子似的，还得爆破是不？”“对！可别提了，爆破老吓人了。我们现在就是抱着钻机打眼，不过我觉得比打隧道难干多了。”一听老爸说爆破，张明浩又想起了班中餐掉在地上的瞬间。

张明浩感觉自己要哭了出来，为了不让父母看到，他找了个借口把视频挂断了，视频挂断的瞬间自己的眼泪流了出来。

整个 9 月工作面只向前推进了 42.3 米，原因是断层已经扩大到 160 米。连续奋战了三个月，三队员工的体力和毅力都已达到极限。进入 10 月，工作面断层的顶部和底部都见到了煤。接下来几天断层像泄了气的气球，迅速收缩变小，从最长时的 160 米收缩到仅有 15 米，高度也由原来的 3.5 米降到 0.5 米左右。虽然 10 月工作面只向前推进了 46.4 米，但这些可喜的变化让综采三队的弟兄们倍感振奋。

“弟兄们，断层马上就过去了。两个巷道也看不到断层了，三个多月的努力终于有了回报，咱们终于迎来了胜利的曙光。”杨正伟高兴地在班前会上说道。

可井下现实情况并没有像杨正伟所盼望的那样，两个班下来工作面中部又变成了全岩，而且还出现了更为严重的漏顶现象。刚刚燃起的希望瞬间又破灭了。

工作面上部漏顶，底部全是泥浆，前有坚硬的断层阻挡，后有采空区的积水追赶。同事们眼里是无奈的表情，整个综采三队弥漫着绝望的气息。

这个沉重打击使杨正伟产生了深深的挫败感，他无奈地看着工作面。同事们的辛勤付出，矿领导的理解支持，欠下的生产任务，一时种种艰辛历程全部涌上杨正伟的心头……

此时，身材瘦小的艾欢欢背着一桶马丽散吃力地从杨正伟身边走过，100 斤重的他背着一桶 60 斤重的马丽散，在泥泞中跋涉，人已向前走了两步，可一只靴子还在原地，他放下马丽散，从泥里拔出靴子再穿上，又继续弯下腰背起马丽散，他力气小扛不动，只能用绳子背，绳子把肩膀勒得都快出血了，脸上麻木的表情看着让人揪心。

工作面像一个失败的战场，看不到胜利的希望。杨正伟体会到了岩石的坚硬，体会到了断层的无情。看着工作面白花花的岩石，他眼前一片迷茫，失去了信心，无力地靠在支架立柱上……

“杨队？起来！还有弟兄们呢。放心吧，断层马上就会过去的。”李福忠拍了拍正在发愁的杨正伟说道。没有豪言壮语，只是一句“复制”的鼓励，让杨正伟感觉到一股柔软的力量直击心底。“弟兄们，断层马上就会过去的。”是啊！他一直用这样的方式鼓励同事们，而此时他才意识到，自己是多么需要这样的鼓励。

工作面漏顶处理好后，又向前推进了 15.8 米。11 月 13 日，断层终于过去了。从最初的举步维艰，到后来的愈挫愈勇，综采三队安全顺利地度过了 286.1 米超长断层，创造了布尔台煤矿迄今为止过断层的长度纪录，在百米井下上演了一部现代版的“愚公移山”，让愚公精神在布尔台煤矿落地生根。

用什么样的语言来赞美“愚公们”136 天的鏖战呢？人们常说日有所思，夜有所梦，也许从日记和梦境中能够感知到他们的内心向往吧！

员工李培义在日记中写道“接班的同事来了，我带着打眼时钻机甩出的满脸泥浆，拖着一身湿透的工作服，在走出工作面的那一刻，我茫然地回头望了一下战斗了十几个小时的工作面，依然看不到希望。坐在接班车里，看到同事们的脸已经被煤泥覆盖得找不见了五官的位置，只有一排排牙齿显得格外洁白。车走开了，脑海里是杨队每天说的那句‘弟兄们，断层马上就会过去的。’我知道这不是现实，同事们也知道，我不禁苦笑一下，无奈的滋味只有自己能够体会。不知不觉中我在车上睡着了，梦见我与自己的亲人，围坐在老家院子里的槐树下，我给儿子讲起了过断层时的艰苦时光，听着晚风吹动树叶的沙沙声，沐浴着温和的夕阳，我躺在椅子上幸福地笑了……”

Part 4 | 第四篇

二十载坚守 终将“水患”变“水利”

曹志国

北京低碳清洁能源研究院

瓦斯、煤尘、水、火和顶板是煤炭开采的五大危险源，煤炭开采过程常常伴生大量矿井水，每开采一吨煤就会产生约两吨水。近年来，我国煤炭产量均在 40 亿吨左右，因此随之产生的矿井水甚至高达 80 亿吨，但其利用率却不足 25%，我国每年因煤炭开采而损失的矿井水高达 60 亿吨。60 亿吨是什么概念呢？我国每年的工业和民用缺水总量为 100 亿吨，若把煤炭开发浪费的矿井水充分利用，就可以解决国家工业和民用缺水总量的 60%！

然而，由于自然地理环境等因素的限制，我国水资源分布不均，在我国煤炭的主产区，晋、陕、蒙、宁、甘五个省区的煤炭产量占全国的 70% 以上，水资源总量却仅占全国的 3.9% 左右，水资源短缺和煤炭开发利用之间存在巨大矛盾。因此，在西部干旱的煤炭产区，矿井水无疑成为一把双刃剑；用得好，即可造福一方百姓；用不好，则会成为巨大的安全隐患，给煤矿开采工作和当地环境带来不可逆的负面影响。

中国工程院院士、煤炭开采水资源保护与利用国家重点实验室主任顾大钊博士说，“从问题入手，通过合作创新解决技术难题，是我们的快乐之源，也是使命和价值所在”。在顾大钊的带领下，团队提出“煤矿地下水库储用矿井水”理念，构建了煤矿地下水库理论框架与技术体系，利用煤炭开采形成的采空区建设地下水库，并通过“三重防护”技术确保了地下水库储用矿井水的安全进行，用二十载坚守，实现了煤矿“水害”变“水利”的世界难题。

1996 年，顾大钊带领科技创新团队开始面对这一棘手问题，通俗来讲，就是在煤炭开采过程中，反传统而行之，不把矿井水排到地表，而将其存于井下，不仅可供井下使用，还可供给地面生产、生活和生态使用。在该技术研发过程中，起初团队沿着三条技术路线往前推进：一是想办法在煤炭开采过程中不产生矿井水；二是如果有水了，井下不敢存，能不能把水存在地面；三是把水存在井下。三条技术路线同时进行，但最终发现，由于西部大规模、高效率煤炭开采必然产生矿井水，矿井水在地面又存不住，因为地表蒸发量太大，蒸发量是降水量的 6 倍以上，前两条技术路线根本行不通，因而只能走第三条路线。然而，在第三条路线的推进过程中，团队又面临新的难题：一是井下到底能不能存水？二是如果井下能存水，能不能多存点水？三是井下能不能把矿井水全部存住而不外排？

1996—1998 年，团队建成了第一个工作面储水设施，证明了可以储水，并实现了储水 5 万立方米的巨大飞跃，尔后，团队把每一个工作面加大，同时将多个工作面相连，进一步扩大了储水空间；1998—2006 年，完成了第一个地下水库，储水 60 万立方米，但仍会出现往地面排水的现象；2006—2010年，团队在不同煤层、不同区域做了大量水库，并把水库连接，最终于2010年建成了第一个由四个水库组成的分布式地下水库，实现了矿井水不外排的愿景，创造了储水710万立方米的奇迹！

如今，国家能源集团在陕西和内蒙古交界的神东矿区形成了煤矿地下水库技术体系，解决了水源预测、水库选址、库容设计、坝体构筑、安全保障、水质控制等六大技术难题，建成了神东矿区地下水库示范工程。神东矿区建成了35座煤矿地下水库，储水量最高达3500万立方米，供应了神东矿区95%以上的用水。这不仅保障了世界唯一的2亿吨级矿区的生产、生活、生态用水，还实现了同步为周边电厂和煤制油项目实施供水。

2011—2013年，神东矿区地下水库为矿区井下供水4000万立方米，为地面供水4500万立方米，三年累计节水8500万立方米，因节水和减排矿井水节约费用而新增的利润高达15.91亿元；吨水建设成本仅3元，吨水运行成本仅1元，应用地下水库技术还提高了煤炭回收率，仅大柳塔煤矿，三年累计多回收煤炭1922.6万吨。

二十余载不懈坚守与持续攻关，终于实现了“水患”变“水利”的伟大奇迹，无疑对我国煤炭行业解决水害和用水难题有重要的参考意义。我国西部地区矿井大部分适合建设地下水库，若在西部矿区推广这一技术，每年可有效保护30多亿吨矿井水，相当于1500亿瓦装机容量火电厂（耗水14亿吨）、1亿吨煤制油（耗水6亿吨）、1000亿立方米煤制天然气（耗水7亿吨）、2万口页岩气井（耗水3亿吨）一年所需的水资源总量，新增水资源则可为地区经济发展带来数千亿元的经济

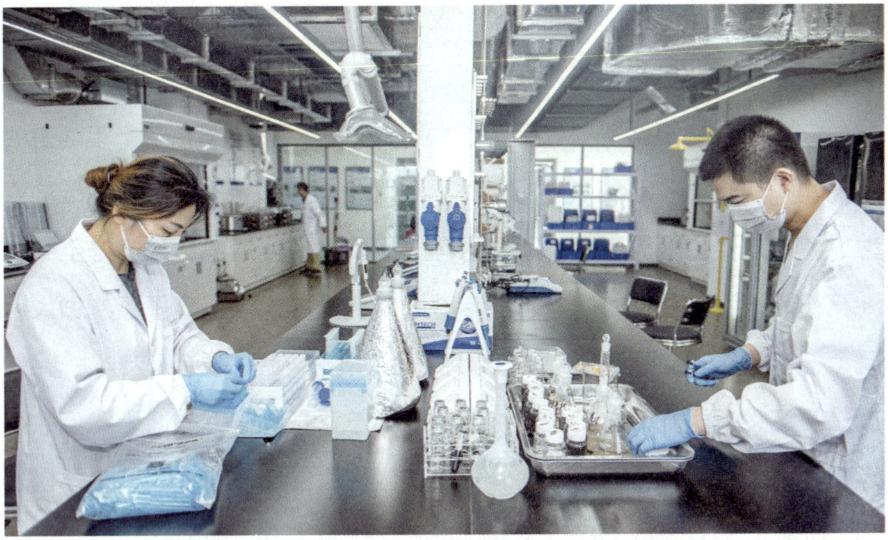

增加值，对支撑丝绸之路经济带的发展无疑具有重要意义。这一成果已在国家能源集团规划实施，自然资源部也将煤矿地下水库技术作为先进技术组织在全国推广应用，国家能源局已将煤矿地下水库技术列入“国家十三五能源规划”技术推广目录，科技部则将分布式煤矿地下水库技术列入了中美能源合作的议题之一。世界煤炭协会曾表示，这个项目是世界首创的，值得美国、澳大利亚、南非等面临缺水问题的世界主要产煤国推广。

国家能源集团煤炭开采水资源保护与利用国家重点实验室已于2015年正式获批成立运行，成为煤炭行业仅有的专注矿井水保护的国家级重点实验室，着力聚焦我国西部煤炭主产区煤炭开采地下水保护利用与地表生态修复领域，保障国家能源安全。与此同时，该实验室还开展跨学科产学研协同科技攻关，取得了煤炭开采水资源保护与利用基础理论和关键技术方面的原创性成果，培养了若干国家级战略科学家和煤炭开采水资源保护利用方面的科学家，为我国乃至世界能源行业的发展做出了巨大贡献。

二十余载井下坚守，只因科技报国的一片赤诚。回想二十年前主动拒绝澳大利亚高校留校任教的高薪“橄榄枝”，回想忍痛割舍的床前双尊、膝下儿女的烟火生活，回想青年时代因为热爱而投身并坚守至今的纯真初心，不论是将科研兴国的赤诚心转化为煤炭报国赤子情的顾大钊院士，还是舍小家为大家、坚定绿色开采梦的实验室副主任李全生博士，或是坚定心中所爱、常年驻守井下的矿井总工程师陈苏社博士和无数煤炭开采、水资源保护利用、水处理及矿区地表生态修复等领域的千人计划、国家百千万人才、煤炭工业技术创新优秀人才、教育部新世纪优秀人才等中青年人才，强大的科研实力锤炼了他们钢铁般坚定的意志，赤诚的报国心铸就了团队坚定如初的爱国情怀，也正是实力与情感的双重加持，国家能源集团科技创新团队才得以打破将矿井水抽到地面这一“天经地义的方法”，成功探索出了将“水患”变“水利”的科学路径，为世界煤炭“绿色开发”目标的实现夯实了坚实的基础。

科学技术是第一生产力，只有拥有坚定不移的信心和决心，一步一个脚印地踏实苦干，才能在兴国强国的道路上越走越远、越走越稳。就像由顾大钊院士带领的煤炭绿色开发科技创新团队一样，不断在“绿色开采”的道路上坚定前行。

Part 4 | 第五篇

一江清水向东流

邵 玮 窦 斌

国家能源集团战略规划部

九曲黄河万里沙，浪淘风簸自天涯。

绵延五千四百多千米的黄河，西起青海巴颜喀拉山脉，东至山东东营汇入黄海。这条奔腾不息的“母亲河”，见证了中华民族上下五千年的灿烂文明，如今更成为中国实现全面脱贫的见证者与亲历者。

身处青海省三江源核心保护区的玉树州曲麻莱县，是全国海拔最高、条件最艰苦、经济最落后的县份之一。2017 年，为贯彻落实习近平生态文明思想，国家能源集团赴曲麻莱县启动实施黄河源头生态保护项目与定点扶贫工作。

黄河源头如何因地制宜？

如何将扶贫与生态保护有机结合，是摆在国家能源集团面前的第一道难题。

黄河正源约古宗列曲和长江北源的主要源流均发源于曲麻莱县。这里地处中国南北两大水系的主要水源涵养地，平均海拔4500米，属高寒、缺氧、多风沙地区，牧草生长期短，加上鼠害严重等原因，草原沙化严重，生态环境极度脆弱。

国家能源集团负责定点帮扶曲麻莱县的青海公司与集团援派干部深入实地调研后发现，受高寒、高海拔影响，曲麻莱县公共建设基础薄弱，发展空间不足。牧民受教育程度普遍较低，缺乏劳动技能，生产方式单一，自身发展能力较弱，贫困人口很难实现自主就地脱贫。

“功成不必在我，功成必定有我”，这是国家能源集团挂职干部王哲峰来到曲麻莱县时内心坚定的誓言。他和同事们反复分解、细化、修订实施计划，最终由青海公司与集团援派干部共同编制出可研报告。因地制宜、精准施策，最大限度地保护“母亲河”，是这份“答卷”的关键，全面确保了黄河源头生态保护项目的科学性和可操作性。

各种措施包括推行退牧还草，在禁牧区草场按照国家既定标准发放禁牧补助；成立养殖合作社，在宜牧区流转草场建设配套基础设施，集中养殖搬迁的牛羊；在每户退牧户选聘一名生态管护员，领取补助参加草场生态保护；在退牧户中选聘牧民，在新成立的合作社参加劳动，享受工资待遇；发放采暖补助，解决退牧后无采暖燃料问题。

这套生态保护与扶贫组合方案妥善解决了草场、牲畜、人员安置等一系列问题，最大限度地保障了当地群众利益。

“无穷之路”逐步推进

2017 年初，国家能源集团先期投入 350 万元在曲麻莱县设立国家能源集团生态扶贫基金，在“黄河源头第一乡”曲麻莱县麻多乡开展生态扶贫。

项目选聘麻多乡 162 名建档立卡贫困人员作为生态管护员，让贫困群众参加生态保护工作，每月可领取 1800 元工资，每户年收入达到 2.16 万元，一举实现全家脱贫。

各种援助源源不断。紧接着，国家能源集团继续加大扶贫力度，2017—2019 年每年投入 1450 万元，设立国家能源集团黄河源头生态保护区以退牧还草，保护黄河“母亲河”。

麻多乡草场总面积 1915.87 万亩，退化面积 973.87 万亩，高达 51%。草地退化、荒漠化、土壤沙化严重，生态保护形势非常严峻。国家能源集团坚持分步骤逐步实施，确保项目有序有效。2019 年 11 月，黄河源头15万亩核心区首批2665头（只）牛羊完成转场搬迁，这标志着黄河源头核心区15万亩草场实现历史上首次禁牧，迈出了生态保护区建设的重要一步。2020年9月，17万亩核心区2625头（只）牛羊也完成转场搬迁。

至此，黄河源头核心区32万亩草场实现历史上首次禁牧。两期禁牧共涉及66户牧民，每户选聘一名生态管护员；先后建成2个拥有暖棚、机井、牧工宿舍等配套设施齐全的养殖合作社。

扶贫与环保的“无穷之路”，自然不能一蹴而就。为了确保禁牧后的综合治理，国家能源集团邀请中科院西北高原生物研究所专家对黄河源头生态保护提出专业意见和建议，在核心区建设了一座生态监测站，为长期治理提供了科学数据支撑。

愚公移山　党建引领转观念

扶贫，最难之处在于思想认识和观念的转变。如何让世代放牧的牧民改变沿袭千年的生活方式，其难度不亚于“愚公移山”。

曲麻莱县县长尼玛扎西感慨地说：“在整个项目实施过程中，最难的还是思想认识和观念的转变。生态保护的重要性大家都知道，但是要实现封山禁牧并不容易，这是一项复杂的系统工程。为此，国家能源集团和地方政府都付出了很大努力。”

面对当地牧民一开始不理解“封山禁牧”的巨大压力，国家能源集团挂职干部王锐迎难而上，以“一张蓝图绘到底，一任接着一任干”的精神，与地方政府及国家能源集团青海扶贫办工作人员克服艰难险阻，深入源头无人区摸排禁牧区内人口及牲畜情况。

王锐与乡村干部一起走村串户，逐家逐户宣讲政策，替群众从经济和生态各方面算账比较，征求群众意见。通过数月的群众思想工作，禁牧及补偿保障方案终于得到了当地群众一致同意。

不仅如此，在国家能源集团援派干部们的努力下，党的群众路线已在当地深入人心。截至 2020 年 3 月，国家能源集团向曲麻莱县选派扶贫干部 4 批次 6 人。每名援派干部都与牧民群众同吃同住同劳动，调研需求、宣传政策，排解顾虑、解决问题，真正获得群众的理解和信任，逐步理解、支持项目开展，最终成为项目的义务宣传员，带动了更多群众加入保护黄河源的项目中。

这种扎实敬业、兢兢业业的工作作风背后，是国家能源集团统一思想、凝聚力量、增强本领的集中体现。

2019 年 4 月，国家能源集团在“两山”理论的发源地浙江安吉和“两山”理论的实践创新基地——山西右玉县举办了“三区三州”贫困县干部“两山”理论学习班，帮助贫困县领导学习领悟习近平总书记“两山”理论内涵，牢固树立新发展理念，把“绿色发展理念”融入脱贫攻坚工作。曲麻莱干部参加了学习班，形成了要把脱贫攻坚战与绿色发展理念相结合的共识和强大的凝聚力、战斗力。

2019 年 7 月，国家能源集团又在浙江举办了藏区乡镇基层干部“两山”理论学习班，为生态扶贫的落地实施打好坚实的思想理论基础。

此外，从 2020 年开始，国家能源集团每年开展生态管护员能力和环保意识提升专题培训，共计培训生态管护员 2000 余人次，提高了生态管护员的工作能力和管护水平，加强了管护人员的责任意识。

功不唐捐 硕果累累

国家能源集团一改单纯“钱物支援”的模式，因地制宜创新生态帮扶模式。“授人以鱼不如授人以渔”，在保护环境的同时，让当地贫困群众吃上了绿色可持续“生态饭”。

从2017年实施“黄河源头生态保护项目”至今，黄河源的生态情况明显好转。草原退化趋势得到遏制，草原自然调节功能逐步恢复，禁牧区域内原有沙化、黑土化的面积大幅度缩小，草场水源涵养能力显著提高。

禁牧区的牧民生活水平得到明显改善，生产积极性也显著提高。通过迁移牛羊、建设合作社，实现了牲畜科学集中养殖，养殖水平和盈利水平大幅度提升。

例如，合作社初始集中养殖迁移的5290头（只）牛羊，通过规模化经营每年产生100余万元收入，禁牧区牧民牧户增收约2万元；每户每年管护员工资2.16万元；牧工工资每年平均到每户近2万元。

综合计算显示，禁牧区牧户每年通过劳动增收约6万元，除此之外还有补贴。牧民的生活水平得到明显改善，参与脱贫攻坚和乡村振兴的积极性和主动性节节高升。

改变思想，坚持从群众中来到群众中去。“黄河源头生态保护项目”坚持以人为本，通过各种培训与宣传，实现了牧民群众从“要我环保”

到“我要环保”的巨大转变，生态环保意识实现质的飞跃。

2017、2018 年度国家能源集团连续被青海省委省政府授予“脱贫攻坚先进单位”荣誉称号。截至 2021 年底，国家能源集团累计投入资金高达 6994.41 万元，其中用于生态扶贫项目的投入为 3250 万元，比例高达 46.5%。

2015 年，曲麻莱县贫困发生率为 21.8%，到 2019 年底已经实现绝对贫困清零。这一数字的巨大变化，坚持推进生态保护与脱贫攻坚的国家能源集团功不可没。作为能源骨干央企，未来集团将在实现中国乡村振兴的路上积极投入，引领乡村组织、产业、人才、生态、文化等全面振兴。

Part 4 | 第六篇

凤凰涅槃 浴火重生

莫 冰

国电电力发展股份有限公司

在美丽的云南曲靖，一个承载了当地人许多重工业时代记忆的地标——云南宣威发电厂，正迎来它的新生！

熠熠生辉的光伏板，工人们正紧张组建的各种架构，在五颜六色的鲜花映衬下，俨然一幅生动而又充满活力的新时代产业图景。这座有着60多年历史的老电厂，利用厂区闲置土地、厂房顶部、西山灰场等场所开展光伏生态环境综合治理项目，2021年宣威最大的光伏发电项目正在紧张施工中。

为了让这座老企业焕发新生，国家能源集团和国电电力发展股份公司领导多次赴云南省政府、能源局沟通，争取地方政府和能源主管部门理解支持企业转型工作，终于带领企业员工走出了困境，让这个跨越了半个世纪的老厂，又重新焕发了生机。

裂变成长

名正言顺，名副其实，实至名归，名垂青史……这些关于“名”的成语彰显了名号的重要性，印证了名号对于变化轨迹的记录，也透露出名号对于一个企业、一个人的举足轻重的意义。

宣威发电厂，国电宣威发电有限责任公司，国电电力宣威分公司……60 多年的老电厂，名字的几番变化，让大家看到了它改革的身影。在原宣威公司负责人赵传山看来，企业名称的变化最能直观地触摸到国企改革的脉络。

1958 年，经云南省水利电力厅批准，宣威发电厂成立，同年 11 月一期工程（2×25 兆瓦）破土动工。老一辈电力人以敢为人先的斗志，用辛劳和智慧，将乱石瓦砾化作平滩，一座火电厂拔地而起，成为当时云南省最大火力发电厂。

在之后的二十多年，宣威作为云南电力系统的主力火力发电厂，为云南省经济建设稳步增长提供了强有力的支撑。

2001 年，宣威发电厂改制更名为国电宣威发电有限责任公司。

2002 年宣威公司的发展步入了快车道，随着五期、六期、七期各 2 台 300 兆瓦机组扩建工程圆满结束，总装机容量已达 1800 兆瓦，其中五期扩建工程是国务院批准的“西电东送”首批 7 个工程中唯一的一个火电项目，也荣获国家建筑领域最高奖项——中国建筑工程鲁班奖（国家优秀工程）。

扩建工程结束后，宣威电厂成为云南第二大火力发电企业和重要的电源支撑点，也是云南电网直调的最大火电厂。

然而，2010年以来，受云南水电比例高、经济下行、电力消纳不足、煤价上涨等多方面因素叠加的影响，宣威公司电力负荷持续下降，入炉标煤单价逐年升高，再加上2016年云南下调燃煤发电上网电价，宣威公司生产经营环境持续恶化，连年亏损。2016年，宣威公司被国务院国资委列为挂牌督导的“僵尸企业”。消息一出，舆论一片哗然，当年辉煌无比、旱涝保收，捧着金饭碗过日子的企业竟然一夜之间会被打上“僵尸企业”的标签！这个结果所有人都不曾预料到。

怎么看？怎么办？

面对内忧外患的局面，该公司积极探索自救道路，明白只有转型发展全体干部员工才有出路。该公司领导班子多次研究后，决定正式启动新能源开发工作，并成立新能源发电项目开发领导小组，全面领导和负责公司新能源项目开发。

经过反复研究论证，国家能源集团最终确定采取“破产不停产、边生产边重整”的方式，对宣威公司实施破产，再通过“出售式重整”保留2台机组营运业务，解决好职工安置。

国电电力成立了国电电力宣威分公司，专门用于购买宣威公司9号、10号机组及相关资产。从2021年9月起，新成立的国家能源集团国电电力宣威分公司与宣威公司并列运营。至此，“老厂”涅槃重生。

在赵传山眼里，这个电厂几乎就是一块火电厂的“活化石”，经历了从工厂到公司、从计划经济到市场经济、从粗放管理到集约经营的发展历程。它从无到有，从贫瘠到辉煌，成为宣威这座小城的名片与骄傲，为宣威经济发展和社会事业进步做出了重要贡献。

涅槃嬗变

一段时间以来，老马看到新闻联播里播的中央经济工作会、中央政治局集体学习、国务院常务会议等重要会议，一直强调“煤电和新能源优化组合的问题”，强调推动新能源高质量发展问题，想着自己所在的有着 60 多年历史的“云南宣威发电厂”正在发生的嬗变，快要退休的他露出了欣慰的笑容。

这笑容是对老厂新生的期盼，是对国企改革的信心，是对能源发展的关切！

宣威金月湖畔，摇曳的垂柳、湖面的飞鸟和雄伟的电厂相得益彰，承载着一代代电厂人的记忆。然而 2020 年 5 月，一纸公告打破了金月湖的寂静，云南省宣威市人民法院裁定宣告：国电宣威发电有限责任公司破产。作为云南省第二大火力发电企业和重要的电源支撑点、国家能源集团在滇最大火电企业，宣威公司破产这一消息引发了社会极大关注，始建于 1958 年，超过 60 年历史的老牌火电厂，终究没有走出煤电发展的困境。

宣威电厂“破产了”“倒闭了”，一时间在当地成为热门话题，有人惊讶，有人好奇，也有人惋惜，对于宣威电厂的员工来说，多年来，历经风雨，他们已经和厂子建立了深厚的感情，员工的利益和企业紧紧地捆绑在一起，他们爱自己的厂子，就像爱自己的家。面对企业破产的消息，他们的目光中充满了迷茫、困惑和无奈，很多员工在沉默中，用回忆纪念着这座老厂的光辉历程。

金月湖畔的红嘴鸥飞走了，湖面上显得冷冷清清，对岸的宣威电厂也悄无声息，仿佛陷入了沉思。“破产”简单的两个字，却需要企业长期消化，按照“破产不停产、边生产边重整”的方案，人员如何配置、生产如何保障、重整如何进行，每一个问题都考验着这个“60 岁高龄”火电厂。

生死攸关，宣威公司不能选择，也没得选择，转型势在必行。在这个紧要关头，“稳定”是第一位的，这是任务，更是担当。该公司党委班子成员分别到分管部门召开座谈会，听取职工意见，号召全体员工要同心协力、排除万难，做好各项工作，确保政治社会稳定、员工队伍稳定、安全环保稳定，守住宣电人赖以生存的家园，加快实现宣威公司“涅槃重生”。

2021 年，是“十四五”开局之年，也是集团公司、国电电力新战略部署落地的奋进之年，站在新征程新起点，宣威公司在“破产清算”的同时，从未停止改革转型的决心与步伐。

按照习近平总书记提出的“30、60”“双碳”目标，结合国家大力发展新能源开发的有利时机，宣威公司按照国电电力最新战略定位和部署，充分用好 1200 兆瓦火电指标留在云南的机遇，着力探索“风光火储”一体化道路，同步推进转型升级，力争成为云南火力发电企业转型升级的典范。

道路决定出路，宣威公司向死而生的征程也正式开启……

目标一旦确定，就要撸起袖子加油干。然而，传统火电发展新能源，没有经验、没有路径，如何走好第一步成为关键。该公司党委首先从思想认识入手，深入开展“加快新能源产业发展”大学习、大讨论、大调研主题党日活动，深化党员干部对新能源产业发展主攻方向和战略定位的认识，统一思想、提振信心，奠定转型发展的思想基础。

方向明则思路清，该公司的“三板斧”顺利打开了转型发展新局面，取得了新能源开发建设方面的突破。2021 年 5 月 18 日该公司与宣威市人民政府签订了“合作协议”，提出在宣威市区域打造“‘风光火储一体化’新能源替代项目”。2021 年 6 月 30 日，与曲靖市人民政府签订“战略合作框架协议”，拟在曲靖市投资建设大于 5000 兆瓦“风光火储氢网一体化综合智慧能源基地项目”。2021 年 9 月 17 日，“宣威电厂新能源替代项目”作为云南省与中央企业项目合作的第一批签约

代表项目在“央企入滇”活动上进行签约……

在业务方面，立即委托设计单位开始对宣威区域新能源资源进行规划，与此同时，总经理利用空余和周末时间，带领新能源开发人员对规划场址进行实地踏勘，另外，加强与省地市三级人民政府的沟通协调。

2021 年开工建设的宣威 150 兆瓦热水光伏发电项目是落实央企入滇的第一个项目。此项目的建设标志着宣威公司转型升级新能源发展翻开了崭新的一页。今后，国电电力宣威公司将再接再厉，在新能源产业中不断前进，在曲靖区域将投资350亿元建设550万千瓦装机容量的“风光火储氢网一体化”新能源项目，为地方经济社会的发展做出新的更大的贡献。

浴火重生

在国电电力传统企业新能源发展工作会上，宣威公司将转型经验向全公司进行了汇报。与此同时，在金月湖畔，一群来自西伯利亚的红嘴鸥在欢快地飞翔，它们每年都要经过近4000千米的长途迁徙，一路艰险，跨越生死来到金月湖，它们向对岸欢叫着，仿佛也在祝贺着“老伙伴”的重生……

在这个光辉的历程中，顺应时势变化，与时俱进调整，成为企业发展的变奏曲。然而，守望企业改革发展，服务经济社会大局的初心始终未变！

宣威公司始终不忘“压舱石”的重任，严格执行各项规定和调度指令，干部员工勠力同心，在极为困难的2016年和2017年实现了两年机组无非停，10号机组创下单台机组连续无异常运行328天最佳纪录，荣获中国南方电网2016年度系统运行效能“金牌优胜”称号，成为云南省唯一一台获得此殊荣的火电机组。

这些也为宣威公司创造了效益，如2016年获得机组长期备用能力补偿3.39亿元，2017年1—7月获得机组长期备用能力补偿1.44亿元……然而在大环境的影响下，这样的提升对于巨额亏损可谓杯水车薪。2019年9月底，宣威公司带息负债51.145亿元，资产负债率225.02%，严重资不抵债，正式走上了“破产清算”的道路。当时，依据南方电网、云南电网提出的“宣威公司必须保留一台机组挂220千伏出线保障滇东北电网安全”的要求，通过“破产清算”，采用“破产不停产、边生产边重整”的方案，保留2台机组，处置4台机组。

新能源发展瞬息万变，这对于经验欠缺的火电单位是不小的挑战。2021年6月，该公司牵头的热水光伏发电项目建设方案得以顺利上报。然而云南省“保供给促投资”新能源项目实施方案中要求必须是竞争性配置确定投资主体。方案下发后，一直在推进新能源开发的人员迎来了新的挑战，自身推进的项目若竞配失败则意味着之前的所有努力将付诸东流。

当时，从曲靖市下发“保供给促投资”新能源项目实施方案到投标截止仅有半个月，公司在职员工从未参加过此类重大项目的投标，面对时间紧、任务重、对手实力强劲等诸多挑战，宣威公司在“转型生存”的压力下“破釜沉舟”。

“全力以赴做好投标工作，项目只能属于我们，否则对不起公司全体员工，更对不起上级公司对我们的大力支持。”该公司总经理带头签下军令状，抽调骨干人员组成项目投标小组，面对“对手”强大且众多，缺乏投标经验的困难，小组人员每天工作 12 个小时以上，12 天的时间里不断搜集材料、用心编写、反复论证，定稿的标书共有 352 页，合计 88148 字。

2021 年 10 月 25 日开标，公司热水光伏项目在评标过程中以 90 分夺得第一名，比第二名高出 17 分。11 月 3 日，云南省曲靖市“保供给促投资”新能源项目中标通知书发放，确定公司竞得 150 兆瓦热水光伏发电项目开发权，此项目成为集团在滇首个集中式光伏发电获准项目。

中国有个传说，垂死的凤凰会投入火中，在火中浴火重生。其羽更丰，其音更清，其神更髓，成为美丽辉煌永生的火凤凰。

凤凰涅槃是中国人的信念，也是宣电人的信念！

Part 4 | 第七篇

攀登，向上而行

武舒楠　王博文　戴雨露　张　泽

国家能源集团资本控股有限公司

国能绿色低碳基金、超短期融资券、中期票据、能源保供 ABS、“碳中和”ABS、“乡村振兴”专项证券等项目，一年内，一家央属产业金融公司，在经历大刀阔斧的改革之后，迎来了在资本市场的 10 余次“精彩亮相”。

探秘成绩的背后，总少不了一个关键词——二次创业，它体现了这家公司的发展轨迹：它曾有过辉煌历史，如今面对严峻复杂的挑战，主动以归零心态，重振行装，再踏征程。

这是属于国家能源集团资本控股有限公司（以下简称资本控股公司或公司）的改革故事，也是一段艰辛的“创业”历程。对比一年多前重组初期的阵痛时刻，资本控股公司在国家能源集团党组的正确领导下，向着深化改革攻坚的“高峰”，昂首挺进，向上攀登，逐渐迎来了曙光。

仅在 2021 年，资本控股“二次创业”任务目标即完成过半，利润总额完成年度目标的 102.90%，全员劳动生产率 409.91 万元 / 人，不良资产率为0。取得新业务牌照3个，新设商业保理、中电资产、基金管理公司；完成商业保理、中电资产、基金公司、河北银行和石嘴山银行等发展项目5个，落地大融资平台、“国能e链”等创新项目6个。公司拥有控参股企业10余家，获3A企业主体信用最高评级……

一年多来，资本控股改革的步伐铿锵有力、坚实沉稳，主营业务拓展成效显著。一年多来，资本控股人就像一群攀登者，总是在不断挑战自我中勇敢前行。改革，恰是他们的攀登行动。发展，就是他们心中的珠穆朗玛峰。

回首过往，从无到有，从小到大，伴随着资本控股公司的成长轨迹，总会有许多问号在脑海中萦绕。而当真正走近这些攀登者时，所有的疑问都会找到答案。

在创业中重生

攀登者跨出的每一步，都是在挑战自我中接近峰顶。

如果把资本控股公司自成立之日起至2020年10月这段岁月，放在攀登珠穆朗玛峰的里程中，不过是攀登者迈出的第一步。

2017年11月，神华集团与国电集团重组整合，国家能源集团——这家世界能源巨头横空出世。而由此带来的集团内部金融产业的整合，也使资本控股公司面临新的机遇和挑战。

2020年10月26日，作为国家能源集团金融产业投资与管理平台，国家能源集团资本控股有限公司揭牌成立，重整行装再出发。

相较重组前的岁月，资本控股公司面对的是经营板块压缩、业务构成变少、利润总额锐减、行业影响力下降等不利境况。如何让企业持续发展，焕发新活力，再上新台阶？

改革是大势所趋、发展所需、人心所向。但如何破除藩篱、激发活力？摆在资本控股公司面前的，是一道必须尽快破解的难题。是难题也是困局，如何破局，答案已在每个人心中。

在公司党委书记、董事长陈景东办公室的一面墙上，挂着两张他当年在珠穆朗玛峰大本营时拍摄的珠穆朗玛峰照片。巨大的山脊掩映在晚霞中，巍峨，神圣。

“珠峰在前，梦想在上。我们就是要从低点起步，牢固树立‘创业’精神，再造一个资本控股。”他说道。

资本控股公司决策层自觉把金融改革与发展工作放在集团公司全局中谋划和安排，制定了符合产业金融发展的“一四四五”战略，以“二次创业”谋篇布局公司创新发展，再造一个资本控股成为广大干部职工心中共同的“珠峰”。

机遇也格外眷顾改革者、奋进者。近年来，党中央、国务院对国有企业深化三项制度改革做出了一系列重要决策部署。国家能源集团也先后出台了相关的指导意见和实施方案。2021 年 3 月 11 日，印发的《国家能源集团关于深化三项制度改革的实施意见》提出，到 2022 年底，三能机制基本形成，三项制度改革取得新突破的目标，并明确要求金融板块率先进行市场化改革。

这无疑为资本控股公司创新发展提供了动力。如何在立足能源行业，服务集团实体经济发展的同时，又顺应金融资本市场发展变化的要求？

“改革”，成为资本控股公司实现“二次创业”目标和践行“一四四五”发展战略的“耦合器”和重要抓手。

在2021年工作会议上，资本控股公司提出了“勇于担当、冲锋在前，争当集团公司改革的排头兵和试验田”的口号，要求对标先进、瞄准一流，深化改革、推动发展。

趁着改革的强劲东风，资本控股公司迎来了发展的宝贵窗口期。在推进改革攻坚的征途中，充满荆棘、挑战，考验着资本控股公司将创新发展进行到底的决心、智慧和勇气。

“公司上下要认清形势，切实增强发展的紧迫感、责任感、危机感、使命感，始终保持‘战时状态’，奋力推进公司‘二次创业’。”在资本控股公司一次项目发展专题会上，公司党委向全体员工发出战斗宣言。

在公司办公楼内，像这样的宣传口号或标语，上墙入册，随处可见。公司员工思想中更形成了普遍共识，改革是前行的必然选择，是公司推

动高质量发展的内生需要。

所当乘者势也，不可失者时也。伴随着时代发展的大潮，资本控股公司“二次创业”的目标与“改革”的决心，相交相融。山已至，攀登者的脚步也愈发稳健、坚实。

一场大幕，就此徐徐拉开。

在克难中前行

潜伏于大洋深处两三百米深的洋流是带动复杂湍急海水流动的主要力量。改革，就是要让“深藏”于心底的蓬勃力量迸发、涌动。

按照国家能源集团的要求“率先改革”，资本控股公司跨“冰川”、迎“风雪”，无疑已经走在了队伍的最前面。

从喊出“争当排头兵”的口号到首轮公开竞聘，从成立 8 个专项工作组到 2021 年 7 月改革启动会的召开，短短几个月，每一步，他们都有条不紊又极为迅捷。

时间聚焦在 2021 年 7 月 15 日，这一天对于陈亮来说，注定不平凡。当天，资本控股公司在北京举办了首批职业经理人现场竞聘。这是国家能源集团系统三项制度改革开展以来，基层单位职业经理人改革的首次探索尝试。

在这次竞聘中，陈亮成功走上国能（北京）商业保理有限公司总经理的岗位。对他而言，这次竞聘既是展示能力和特长的重要舞台，也是他个人发展的一次重大变化。

由原来所谓的端着“铁饭碗”，到如今化身“职业经理人”，责、权、利进一步细化、量化，薪酬都要靠实实在在的业绩来兑现。

“说没有顾虑也是不可能的。但事业是自己的，新的平台让我们有了更大的施展空间和更好的舞台。”

竞聘，总会有输赢。“知道自己‘落选’的时候，心里肯定会有些不甘、失望，甚至是难过。”正在说话的，是资本控股公司此次竞聘的亲历者之一，这个时候，他已在新的岗位上努力工作、迎头赶上。“改革就是要让人远离‘舒适区’，我们必须跟得上改革的要求，重新出征。资本控股公司舞台足够大，肯定有我们发挥才能的地方。”

竞聘不过是这一年多来资本控股改革中的一个缩影。随着改革不断深入推进，各种难题接踵而至。

一难，便是冲破思想观念的障碍，最大限度地凝聚改革发展的共识。

一位来自基层单位的员工诉说着改革前的顾虑：“市场化改革还是不是国有资本？市场化改革了还能不能服务好集团主业？我们在市场经济浪潮中何去何从？”这些问题，一直不断地在他脑中萦绕，让他感到踟蹰彷徨。

“没有什么是一成不变的，但改革是触动人心的大事，因此争取员工的理解，凝聚员工的改革共识至关重要。”资本控股公司组织人事部主任李长涛谈到，“不光是参与的员工，起初，包括我们也希望改革能分步推进、部分实施，在改革的力度上也较为传统和保守，因此，光改革的方案，就被集团推翻了好几稿。”

改革之难，很大程度在于改观念。有的人害怕变革、畏惧风险，有的人等待观望、左右摇摆。

“受传统产业思维的影响，加上太多地顾虑公司系统对改革的适应程度，牵绊住了我们的步伐，还不能很好地适应客观形势的发展变化。”有公司领导在内部会议上剖析到，“改革需要有‘刮骨疗毒’的觉悟和决心。”这也成为资本控股后续改革始终坚持的方向。

二难，就是突破利益固化的藩篱，触动固有的利益格局。“铁交椅、铁饭碗、铁工资”是国企改革的老大难问题。解决干多干少一个样、干好干坏一个样的问题，减少审批、加大授权放权力度等，实现起来难度不小。

再难，也要上。

——完善公司治理。加快推进董事会建设，完善法人治理结构，落实经营主体责任，深化职能转变，加大授权放权，突出强化各级金融单位市场主体地位。

——改革体制机制。统筹推进市场化改革，重点以做实三项制度改革为基础，做好存量改革，做实“能出、能下、能减”；着重通过正向激励引导，做好“能进、能上、能增”的增量改革。

——促进创新发展。坚持“能源＋金融”发展方向，构建金融产业投资与管理平台，不断延伸综合金融服务范畴，2022 年底实现控股金融单元 7 个，产业投融资、资产管理、风险管理、国际金融和金融科技五大板块全面配齐。

改革过程中，让员工高度认同的是，公司始终坚持“开门搞改革”，保证员工有岗位、有舞台、有干劲。据公司综合部主任万柏辰介绍，公司 2021 年先后召开全体干部员工大会 7 次，举办改革宣讲会，讲清形势、讲明任务，得到了广大职工的理解支持，也让一些举措能够迅速实施和落地。

2021年，资本控股公司第一阶段改革已结束，第二阶段改革正深入推进。通过改革，本部机构压缩38%，本部员工精减36%，中层干部全体起立、全员竞聘，基层单位全部推行职业经理人制度，初步建立了“能上能下、能进能出、能增能减”的市场化经营机制。

在市场化机制搭建上下足苦功，在职能优化上做好文章，在市场人才选任上力求突破，在推进改革创新发展上求质效。深化三项制度改革是提升企业活力、效率的关键环节，是国企改革需要攻坚的关键一环。在“二次创业”的冲刺中，在义无反顾地向上“攀爬”中，他们信心倍增。

在开拓中奋进

不是每个攀登者，都能幸运地站在珠穆朗玛峰的峰顶。但唯有一步一步地将脚下的路踩实，才能有登顶的可能。

在资本控股公司，广大员工流露的都是对这场改革发自肺腑的理解、拥护和践行。

晚上10点，在北京到南京的高铁上，刚竞聘为资本控股所属保险经纪公司副总经理还不到1个月的周鹏，来不及休整一天的疲惫，看到微信群里大量转发的郑州暴雨视频，出于职业敏感的他，立刻投入紧张的工作状态，第一时间部署安排工作，马不停蹄地联系保险经纪属地机构……

作为一位有着近20年保险经纪从业经验的年轻“老专家”，周鹏干事创业的劲头十足，他经受住了河南极端暴雨、台风“烟花”带来的工作考验，与班子成员一道，交出了满意的保险答卷，2021 年协助索赔近 3 亿元。

而在相同的时间，资本控股公司风控审计与法律事务部，正在为原国电财务公司的注销工作而忙碌着。

“完全没有经验可借鉴，只能‘摸着石头过河’。时间紧任务重，要协调的事情也非常多。一年多来，大部分时间精神都处于高度紧绷的状态。”风控审计与法律事务部经理钟立琼诉说着一年来的曲折，她接手的这项任务，涉及原国电集团能否顺利完成注销，更关系到金融产业改革重组能否顺利完成，压力可想而知。

贴在桌上的一张纸，密密麻麻列满了项目推进的节点计划，旁边也画满了她标记的一个个对勾。

回忆里，她已经记不起为了推进这项工作，开过多少次碰头会，与地方银保监机构磨破了多少嘴皮，操作方案更改了多少回。最终用不到一年半的时间完成了财务公司解散清算注销工作，在重组的央企中创造了新的纪录。

伴随着奔腾的改革洪流，资本控股公司从干部到员工，普遍存在着一股创新发展的劲头。

在国能融资租赁有限公司金融市场部，有一个叫杜妲的小姑娘。如果放到从前，没人会想到这个 20 多岁的小姑娘会迸发出那么大的能量和热情。

“‘马上办、拼着干’，这是我们公司改革之后树立的工作理念。每个人都是主动加快节奏、提高效率。”除了敢于担当、责任心强，她更多地把自己高效完成评级准备工作，归功于整体工作环境的变化。

初夏的夜很短，作为评级工作小组的联络人，她加班加点，挑灯夜战，在极短的时间内完成通常情况下要几个月才能完成的工作，整理近年来的业务数据、完成项目招标、紧密联系评级机构……她和所有参与者通力配合，用“拼着干”的劲头践行着自己的职责。

如果说改革让员工干事创业、锐意进取的动力更足了，那么改革之后迸发的创新能力、发展后劲正日益彰显。

2021 年 11 月 11 日，由资本控股公司联合中国神华、国电电力、龙源电力发起设立“国能绿色低碳发展投资基金”。基金由国能私募基金公司负责管理、运作。基金投资运作后，可撬动约 600 亿元资金，投向绿色低碳产业。

“分秒必争，简直是打了一场‘硬仗’。”回忆起全国首单能源保供 ABS 的诞生，保理公司负责人罗健宇感慨很深。2021 年底，受多种因素叠加影响，我国能源供应持续偏紧。为有效发挥中央企业在能源电力保供生产中“国家队”和“主力军”作用，保理公司勇担重任，与时间赛跑，发行全国首单能源保供资产证券化产品（ABS），首期规模 50 亿元，募集资金将用于集团电厂的生产经营，全力助力打好打赢能源保供攻坚战。

绿色发展是金融的神圣使命。2022 年 3 月初，国能融资租赁公司水电项目组同事正加快推动青海玛尔挡项目的金融服务。玛尔挡项目是国家“十四五”重点能源项目，工期紧，急需量大价优的资金。项目组成员抢抓进度，疏通合作堵点，累计签订租赁合同 12.8 亿元，并于 3 月 25 日完成首笔 0.27 亿元的放款，擦亮了集团公司绿色金融金色名片。

在改革的推动下，资本控股公司各金融单元正蓬勃发展。2022 年一季度，本部及 5 个金融单元全部实现首季“开门红”。融资租赁利润总额同比增长 106.80%；保险经纪协助集团完成的 200 亿新增资产保险综合费率同比降低 30.8%；保理公司利润总额同比增长 185.25%；国能绿色低碳基金净值增幅超过 30%；中电资产产权交易规模达到 22.49 亿元。

“未来，我们还将努力打造期货平台。充分发挥期货工具平抑价格波动、防范市场风险的作用，培养一批专业人才队伍，研判动力煤市场发展，为集团发展助力。”公司企业管理与战略发展部副经理说道。

改革是为了更好地发展。自推动改革以来，“二次创业”与改革交融共生的决战取得了阶段性胜利。

站在更高的高度，也让他们有了更高的视野。

资本控股公司包括保险经纪公司、租赁公司在内的存量企业的发展更加成熟强劲，新增业务单元中，保理公司、基金公司、中电资产公司成立当年即实现盈利，为公司发展重塑“利基”，高质量专业化金融产业投资与管理平台雏形初见。全力推动重点发展项目落实，加快“国能 e 链”全面推广应用，搭建“国能金服”平台，筹建金融科技公司，期货、碳资产等项目正加快推进。

“我们还将深化改革与推动创新相互衔接、协同高效，努力在管理创新、金融业务创新等方面取得更大的成绩。不断内部挖潜、提质增效，向精细化、协同化发力要效益，确保公司高质量稳增长。”对于资本控股公司未来的发展，总经理、党委副书记宋静刚充满自信。

时隔几年再回顾这段难忘的岁月，一定在资本控股公司历史上留下了浓墨重彩的一笔。

行者无疆，勇者无惧。虽然历史从不缺惊涛骇浪、沧海桑田，但走过的一切，是资本控股人从未有过的经历。他们已经在向着“峰顶”全力冲刺，即将到来的一系列变化，也将激励着他们不断前行。

Part 4 | 第八篇

逐梦深蓝

曹友欣
国能（天津）港务有限责任公司

这里是京津冀的海上门户，是新亚欧大陆桥重要节点，也是 21 世纪海上丝绸之路战略支点——天津港。天津港务公司就坐落在这里，犹如一颗璀璨的明珠，在渤海湾畔绽放光彩。蓝天白云下，碧水绿波间，航道里巨轮往来，码头上大机耸立，轨道上火车奔驰，皮带巨龙飞快地运转，一派蓬勃兴盛的景象。

谁能想到，17 年前这里还是一片贫瘠的海域。党的十四大确定的跨世纪特大工程——国家西煤东运第二大通道战略项目出海口落地渤海湾，这片荒凉的海域迎来了改写命运的时机。在天津港务公司党委的正确领导下，广大党员充分发挥先锋模范作用，在这片炙热的海域，填海建厂，蓄势冉冉升起，集散文明，输送光明，照亮了千家万户，成就了一段从山河走向大海的传奇。

启航：为国家战略而生

为满足 21 世纪国民经济发展能源需求，20 世纪末党中央决定开发神府煤田，建设神府煤田到港口的第二条运煤大通道。

为拓展集团港口煤炭下水能力，满足沿海地区经济发展对煤炭需求量的快速增长，保障国家能源集团煤炭外运持续增长和天津港“北煤南运”战略的实施，国家能源集团与天津港强强联合，在毗邻黄骅港的天津港建设一座专业化煤炭码头，天津煤炭码头应运而生。

2004 年 1 月 16 日，神华集团与天津港（集团）有限公司共同签署组建现代化专业码头泊位“合作意向书”。一个月后，公司成立了临

时党支部，公司的筹建、经营和发展从此便有了坚强的领导。“我是党员，我先上！”“有困难，找党员！”第一批筹建人员入港，拉开了天津港务人艰苦创业的历史帷幕。他们以海浪为枕，以滩涂为铺，与风浪搏击，同天地斗智，在昔日平静的荒海滩涂上摆开了决胜的战场。新港出渤海，码头映长虹，一曲豪迈的建设之歌在蔚蓝色的渤海湾唱响。

2004 年 4 月 28 日，神华天津煤炭码头有限责任公司正式注册成立。同年 6 月 10 日，天津港南疆港区北侧围埝地基加固工程开工，标志着公司踏上了填海建港、沧海变桑田、滩涂变海港的征途。

项目建设伊始，公司瞄准“国内领先，国际一流”的目标，克服盐碱荒滩地质特殊、基础及生产设施为零等诸多困难，采用国内先进的技术和工艺，统筹规划项目施工进度，科学合理安排施工工序，对设备、物资、财务等实现全方位的信息化管理，实行全面调控的“一盘棋”精细化管理模式，广大共产党员冲锋在前，勇挑重担，大力发扬特别能吃苦、特别能战斗、特别能奉献的精神，保障了施工项目的顺利进行。

人进、海退、港起，一个个单项工程在建设者们的手中落成，一项项纪录被建设者们刷新，一个又一个“行业第一”在建设者们奋进的汗水中诞生。

2007 年 9 月 27 日，公司一期工程通过国家验收正式投产。2009 年，公司矿石回装工程顺利竣工。从建设到运营仅用 30 个月，创造了骄人的津煤速度，创下了“工程质量优良、工期提前 9 个月、投资节约 14.63%”的港口建设佳绩。公司先后荣获天津市水运工程质量奖、交通运输部水运工程质量奖、国家优质工程银奖，是中国水运工程领域基本建设项目管理的典范、交通运输部安全生产标准化一级达标单位。

奋楫：为能源运输脉动

处在运输枢纽位置的天津港务公司始终将能源供应作为重大使命。回顾天津港务公司发展历程，可以清晰地触摸到能源大动脉的每一次脉动。

坚持战略引领，推动公司高质量发展。天津港务公司紧紧围绕“一个目标、三型五化、七个一流”发展战略，聚焦“双碳”目标，以“巩固提升”和“优化转型”为两条工作主线，全面强基固本打牢安全生产基础，提质增效保持盈利优势，系统推进绿色环保发展，对标一流促进综合水平提升。大力拓展非煤业务，推进南疆项目整合和交通强国试点，公司进入了高质量发展的快车道。

新战略鼓舞人心，新征程催人奋进。公司以“智慧、绿色、效能、平安、幸福”五个港口建设为指引，聚焦创新驱动，推动治理体系和治理能力现代化，加速推进智慧港口建设。2020 年，公司“李长安劳模和工匠人才创新工作室”获国家能源集团首批命名，工作室牵头研究开发的柔性生产管控系统，开创了下一代智慧散料港口抽象模型和最佳实践，装船机智能作业系统具备“一大亮点三大国际首创”，开创了国内散料行业流程智能化控制的先河，逐步形成了“智慧港口”建设自主研发体系，公司累计获授权专利 151 项，荣获中国港口协会科技进步奖 1 项，被认定为“国家高新技术企业”。

随着新战略稳步推进，公司经营管理由最初的“体系建立”“探索性发展”“跨越式提升”向“高质量发展”迈进。公司创新开展“三定三维”管理体系研究与实践工作，不断探索符合实际管理需求的一套内部经营管控体系，项目作为国家能源集团优秀案例报国务院国资委。

公司不断拓宽管理、专业技术和生产技能 3 条人才序列成长通道，培育全国劳动模范 1 名，省部级劳动模范 4 名，国家能源集团劳动模范 2 名。公司先后荣获全国五一劳动奖状、中央企业青年文明号、国家能源集团先进基层党组织、首届文明单位标兵、首届文明单位等荣誉。

依托一体化运营优势和完备的港航环境，天津港务公司以精博强，以强博大，生产屡创佳绩。自开港以来，公司卸车装船共打破月度纪录 20 项，单班、单日卸车装船纪录 45 项，单个泊位的作业能力达到每年 1500 万吨，在国内煤炭下水港中居第一位，累计实现煤炭外运 5 亿吨，向地方政府上缴税款 12.87 亿元，为助力地方经济发展提供了津煤力量，展现了央企的责任与担当。

“十三五”期间，公司实现煤炭装船 2.2 亿吨、矿石业务 1000 万吨，主要指标“两升两降”。公司人均生产效率 12.7 万吨，全员劳动生产率 257 万元。

辉煌数载路，巍巍百年志。面对成绩，天津港务人没有满足现状，他们以昂扬的斗志和继往开来的抱负展开一幅高质量发展的美好画卷。

▶ 扬帆：为追逐梦想远航

2019 年 1 月 17 日，习近平总书记在考察天津港期间强调指出，经济要发展，国家要强大，交通特别是海运首先要强起来。要志在万里，努力打造世界一流的智慧港口、绿色港口，更好地服务京津冀协同发展和共建“一带一路”。总书记的重要指示为公司立足新发展阶段、贯彻新发展理念、服务新发展格局，开启“十四五”新征程注入了强大精神动力。

全面开启“智慧港口”建设快进模式，自主研发的“全天候高效散料堆场单机远程无人操控系统”正式投用，实现了国内散料港口行业翻、堆、取、装全天候自动控制，整体达到国际先进水平，该技术成果成功在广西防城港钢铁基地实现了跨行业输出转化。公司组织开展的煤炭港口柔性生产管控系统相关功能列入国家能源集团“基石项目”子模块。

如今，员工鼠标轻点、对讲机协调，煤炭就可以实现自动装卸。“我们全面实现了智能堆取料远程无人自动作业，工人们从过去简陋的驾驶室，挪进了智慧管控中心，其智慧化程度跻于国内先进水平。”中央企业技术能手王洪丽，2005 年来到这里工作，见证了这一智能化改造的全过程。智能创造的是效率和效益，远程集控运行以来，公司取装效率提高 8%，翻堆效率提高 6%，设备故障率控制在 1% 以内，年节约操作人力成本 60%。

近年来，公司认真贯彻习近平生态文明思想，以根治港区粉尘、污水污染为目标，全面推行全流程生产清洁化。坚持对标一流与自主创新相结合，加强煤炭起尘机理研究，通过改进翻车机底部洒水工艺，提高煤炭含水率，从源头解决煤炭起尘问题；设置洗带装置，有效解决了带式输送机沿线污染问题；建立了覆盖东西辅建区、堆场及翻车机房等区域的污水处理设施，与码头压舱水回收系统共同组成双线供水系统，成为现场生产供水的“双翼”。系统投入使用以来，单日污水处理量可达7860吨，实现了“雨污水零排放，市政水零占用”的“双零”目标，为绿色港口建设再添新利器；岸电上船系统开启了到港船舶的环保模式，绿色开放的发展之路越走越宽。

在智能化、绿色化发展的基础上，天津港务公司对外开放的“朋友圈”越扩越大、共建共享的“智慧圈、生态圈”越织越密。

穿梭在历史的长河中，天津港务公司历久弥新，蓄势待发，正以全新的姿态，牢记嘱托，志在万里，昂首阔步新征程，向着“智慧、绿色、效能、平安、幸福”的世界一流港口目标挺进。

Part 4 | 第九篇

初心不改 “青山”不老

陆 烨

国家能源集团湖北能源有限公司

中国武汉是一座英雄的城市，而这座城市也有一座英雄的电厂。

诞生于 1953 年的国能长源青山热电有限公司（以下简称青山公司），其前身是湖北省青山热电厂。作为山海关内第一座高温高压火力发电厂，为新中国钢铁事业发展提供能源保障。20 世纪 60 年代以来，根据党中央部署，千余名技术骨干远赴海外，以能源之光照亮“一带一路”建设。如今，这座集发电、供热、综合利用于一体的现代化“城市电厂”，如一颗明珠在长江之滨熠熠生辉。

▶ 创业之艰：从 0 到 61.36%

翻开一页页历史档案，青山公司从成立之初，就有着非同寻常的历史意义。

20 世纪 50 年代，刚刚成立的新中国百废待兴。为改变“北重南轻”

的重工业布局，党中央决定在南方兴建第一个大钢都。1953 年，伴随着武汉钢铁公司的兴建，配套电厂也开始筹建。1954 年春天，重工业部组织苏联专家组实地勘探，最终决定将拟建的武汉热电厂和华钢附属热电厂合二为一，在武汉市青山区建设一座热电厂。一个月后，国家计划委员会批准青山公司一期工程开始兴建，工程代号为“195”。

“这是国家第一个五年计划 156 项重点工程之一，自 1955 年初起，一批批工程建设者从全国各地奔赴武汉市青山区苏家湾，从此这块荆棘丛生、荒凉偏僻的地方就热闹起来了。”说起老一辈的奋斗岁月，现任青山公司党委书记、副总经理王彪依然很激动。

青山公司一期工程建设 4 台机组，总装机容量 112 兆瓦。84 岁的蒋正初老人，是最早一批参与建设的工人师傅。他回忆起那段日子说：“当时的生产骨干有的先到北京学俄语，再赴苏联实习；有的在武汉完成 3 个月培训班后，立即投身建设工作。以后这批骨干在湖北电力、华中电力乃至全国电力建设中，发挥着不可估量的作用。”

建设者住的是平房或芦席棚。房外下大雨，房内就下小雨。蒋正初说：“那会儿上下班，大家都得走上 2 公里，晴天一身灰，雨天一身泥，但个个干劲十足。”

“有了活儿，都抢着干。要是师傅一天不来，没有分到活，心里就难受。”原青山公司组织部部长高森儒是 1959 年进厂的，让他印象最深的是大家的学习劲头。“一上马就建设 4 台机组，这让青电人特别自豪。白天拼命工作，晚上抓紧学习。下班后，常常一个班组职工，围坐在一起学习、讨论。”

在一期工程建设中，先后有 18 位苏联专家参与援建。没有计算机制图，苏联专家就亲手绘制一张张设备图纸。他们实事求是、精益求精的精神，也在青电人的心中埋下了种子。蒋正初记得，有一次一位苏联专家在给煤机输送带上抓起一把原煤，问他能否说出水分、挥发分、发热量……“我当时心里没底，感到特别羞愧。”从那以后，蒋正初下苦功练习，渐渐地掌握了鉴别煤种的本领。

1957 年 8 月 21 日，一个载入中国电力发展史册的日子。随着 1 号机组正式并网发电，青山公司建成了新中国成立后山海关内首座高温高压火电机组。《人民日报》在一版显著位置载文报道，并盛赞为“我国电力工业发展的一件大事”。经过持续奋斗，1959 年，一期工程 4 台机组全部投产。“当时青山公司的装机容量占整个湖北省的 61.36%，年发电量占湖北电网的 52.19%，如果说湖北省亮起 10 盏灯，那么至少有 5 盏是由我们点亮的。”王彪这样说。

“一带一路”：星星之火燎原海外

伴随着武钢的快速发展壮大，青山公司的装机容量从一期扩容至十期。能发电，还能供热；有进口设备，也有国产设备；能烧煤、烧油、烧瓦斯，还有变电站；机型多，燃料结构复杂，管好用好这样的电厂，需要一大批懂技术、会管理的人才队伍，这在当时的中国是一笔极为宝贵的财富。从 25 兆瓦，到 600 兆瓦，从燃气机组、燃油机组到燃煤机组，青山公司在国内外承接机组大修 100 多台次，为全国 127 个电力企业培养了 3000 多名电力技术人才。

从国内的人才基地，到国外的电力援建，青山公司承担着历史赋予的特殊使命。19 世纪 60 年代初，能源建设对于亚非拉第三世界国家的经济发展意义重大。青山公司派出一批批技术干部和工人，到马里、毛里塔尼亚、缅甸、柬埔寨等国家，开展电力技术服务和工程建设。在半个多世纪里，千余名职工深入 10 余个国家，付出汗水和技艺，收获友谊和光明，为“一带一路”能源建设绘就美丽画卷。1976 年 12 月，援建人员在缅甸大使馆受到邓颖超同志亲切接见，万里之外的青电人牢记祖国重托，克服一切困难，为世界和平发展赋能。

1981 年，巴基斯坦水电发展总署决定在古杜电站续建一台 210 兆瓦机组，中国成功中标。该项目是我国成套出口项目中的第一套大型火电机组设备，是我国第一次通过投标方式进入国际市场进行电站商务运行，也是青电公司第一次承接的国外培训、商务运行指导工作。国务院领导指示：“古杜电站工程是钥匙工程，要用这把钥匙打开我国机电设备通向国际市场的大门。”

4 年时间，青电公司 80 余名技术人员远赴异国他乡，全过程负责机组商务运行指导，该项目获得成功后，1992 年青山公司再次与古杜电站 4 号机大修签订合同。古杜项目的良好开端，标志着青电公司从单一援建，向国际化、市场化转型。从此，青电公司的海外运行维护、检修及商务培训，在全球经济的浪潮中扬帆远航。

2007 年，汽机专工卢益首次参加也门哈瓦斯扩建项目。热带沙漠让他身体很不适应，脸上起泡，浑身长疹子，吃不下饭。更让卢益难受的是下班后的孤独。于是，他从沙滩上捡拾了 200 多颗石子，每天下班后准时往海里扔一颗。有天黄昏，卢益又去海边，突然一艘巨轮从海面上驶过，“CHINA！五星红旗！我国的微山湖舰！”听到同事们的呼喊，卢益抬头远眺，望见鲜艳的五星红旗正迎风飘扬，忍不住也扯开喉咙一起欢呼。卢益说：“那天以后，心中阴霾一扫而光，只有为国争光的壮志豪情。”

如今，在青山公司的档案室，珍藏着一幅幅海外援建的资料图片，这是青山公司的骄傲，也是中国的荣耀。

绿色转型：上大压小布局未来

2007 年 9 月 12 日 10 时 28 分，青山公司 1 号烟囱成功爆破。

正在现场采访的青山公司女职工李凌，目睹高达百米的烟囱倒地后发出巨大声响，烟尘慢慢腾起一朵蘑菇云。“想到这根烟囱伴随过我的父母和我 14 年的青春，眼眶顿时湿润了！”

从下决心点燃“湖北火电第一爆”，青山公司就以百倍勇气踏上凤凰涅槃的新征程。“青山公司是城市电厂，老机组能耗高、污染大，实现高质量发展就要有壮士断腕的决心和信心。”青山公司总经理、党委副书记张永红说得清晰而坚定。

11 台老小机组相继关停，青山公司出路在哪？经过反复研究、科学评估、3 年攻坚，2009 年 3 月，2 台 350 兆瓦热电联产项目，终获批复文件。新项目大胆运用脱硫脱硝、等离子点火、污水处理等先进技术，能耗仅为老机组的 1/10。

2009 年 12 月 28 日，满身盛装的布料机舒展长臂，将第一罐混凝土徐徐浇筑在 1 号机组厂房底板上，现场鞭炮齐鸣。新项目的开工，标志着“年过半百”的青电公司，向着绿色能源转型迈出关键一步。该项目有力推动了湖北省能源结构优化和循环经济发展，对于改善地区投资环境、提升居民生活品质，意义重大而深远。

时光不负追梦人。铭记着“艰苦创业、敢为人先”的青山精神，干部职工抢抓机遇，踏上二次创业之路。一千多个日日夜夜，建设者科学管控，攻坚克难，2011 年 11 月 19 日，13、14 号机组实现双投，2 台机组年发电量约 3.5 太瓦时，年供热量 10067 太焦。2 台机组投产满足了青山区工业、民用热力市场快速增长需求，缓解了武汉市“冬暖夏凉”工程的供热压力。在张永红看来，热电联产的运行模式，有效提高了机组发电效率，降低了能源消耗，促进了能源结构优化升级。“可以说，通过上大压小，升级换代，青山公司增添了发展新活力。”张永红说道。

战疫保电：党徽在一线闪耀

2020 年，注定让每一个青电人终生难忘。

武汉封城，市政污泥处置通道受阻，面临污泥围城的困境。经政府部门协调，青山公司临时成为疫情防控时期武汉市重点污泥处置单位，协助开展市政污泥应急处置工作。

没有经验，没有规程，时间紧迫，怎么办？青电公司立即抽调专业骨干，向周边电厂取经，结合疫情防控管理规定，研究编写污泥处置方案。为确保安全，在正式处置前，开展污泥掺烧试验。推土机班的师傅穿上厚厚防护服，用推土机将 90% 煤与 10% 泥进行混配。全厂上下密切配合，多次实施配掺、调整，确定最优方案和最严防疫措施。

叶明是青电公司运行值长，疫情发生后，他驻守一线保电供暖，妻子则奔赴医疗前线，参与防疫救治。污泥首次试烧，适逢叶明当值。“关注给煤机下煤情况”“观察进入炉膛后的参数波动情况”，随着一道道指令，集控室内气氛紧张有序。突然，一个大煤球堵住给煤机入口，出口风管风速急剧下降。叶明沉着冷静，下令将给煤量减至最低，并尽量保持通风出力，避免局部堵粉和灭火，全力确保机组运行安全。事后，他第一时间与相关部门沟通，在原方案中调整配掺比例和配掺均匀度。疫情期间，青山公司成功处置市政污泥近 1800 吨，为武汉市民正常生活提供有力保障。

这是一场没有硝烟的战斗，青电人把初心化作一缕缕笃定的“光”，守护武汉的光明和温暖。当电厂需要集中驻厂值守时，“我是党员，我报名！”热工党支部书记熊志辉第一个填上自己的名字。50多天里，他一次次指导职工解决设备故障；亲自制作“防控新冠十提示”等警示标语60余张，贴在班组显著位置；发现班组酒精、口罩用完了，想方设法采购防疫物资，送往生产一线。

哪里最困难，哪里就有党旗高高飘扬。青山公司党委时刻牵挂着困难党员职工，解决实际困难548件；为生活区116户独居老人送去防疫生活物资；30余名党员下沉社区，累计志愿服务达218天次；党员自发捐款4万余元，青山公司向社会捐款100万余元，向周边社区捐赠了近12万元的生活及防疫物资。

红雨随心翻作浪，青山着意化为桥。64年的风雨洗礼，青山公司初心不改、光耀八方。这座几乎与共和国同龄的发电企业，被誉为新中国的“电力博物馆”，她的发展与嬗变，既是中国电力工业励精图治、改革开放的一个缩影，也是中国共产党领导能源企业转型发展，共建“一带一路”，共创美好未来的生动见证。

Part 4 | 第十篇

赶考之路

李晓辉　李红英

山西公司霍州发电厂

2022年2月7日，春节假期后的第一天，霍州电厂党委班子开展“第一议题”学习，地点特意选在距离厂区20千米的霍州市师庄乡冯南垣村。

冯南垣村是习近平总书记春节前夕赴山西考察调研期间，第一站看望慰问的村子。大家来到现场，沿着总书记踏过的每一步路，用心感受着十几天前总书记在这里了解和关心的每一件事：灾后恢复重建如何、农民秋冬补种怎样、群众是否安全温暖过冬……逐字逐句重温总书记牵挂的心头事，认认真真学习习近平总书记的重要讲话，心中深受鼓舞，倍感振奋。“牢记总书记嘱托，走好新时代的‘赶考’之路”，成为每位班子成员的共同心声。

防汛抗洪　能源保供

还记得2021年10月，山西省出现有气象记录以来最强秋汛，11

个地市发生洪涝灾害，1.7 万余间房屋倒塌，超过 175 万人受灾。霍州市是受灾较为严重的地区之一，霍州电厂作为当地较大的国有能源企业，也经历了一场抗汛保供的艰苦鏖战。

10 月 4—5 日，霍州市连续出现区域性暴雨，累计降雨量达到 50 年来最高值。汾河水流量从 10 月 3 日的 19 立方米 / 秒，骤增至最高时 1120 立方米 / 秒，形成了自 1993 年以来最大洪峰。这给地处汾河岸畔且地势较低的霍州电厂带来极大威胁，厂区雨水不能顺利外排，出现河水倒灌的情况，严重影响安全生产。

5 日晚上 11 点，厂区排水管道彻底失效，汾河水从排洪口、雨水井盖等多处倒喷而出，路面较低位置积水超过了 1.5 米，生产区域部分电缆沟、泵房也不同程度进水，情况非常危急。

越危急越要担当。主要厂领导亲自挂帅，第一时间启动应急预案，24 小时值守现场指挥，2 支应急抢险突击队尽锐出战，2 台装载机、6 台潜水泵、200 多米消防水带、300 余个防水沙袋第一时间部署到位，全力开展抗汛抢险工作。全厂各部门管理人员、值班人员全部到场，冲锋在第一线，战斗在最前沿。

雨越下越大，一墙之隔的汾河水越来越凶猛，河水倒灌的情形也越来越严峻。党员干部、应急抢险队员坚守现场，按部就班抽水、搬运物资、填堵沙袋……同志们嗓子喊哑了，手掌磨破了，雨衣雨靴灌满了水来不及换，汗水和雨水浸透全身顾不得擦。由于河水夹杂着大量泥沙和杂物，潜水泵很容易被堵塞，大家只能轮班泡在水里不停地清理，保证抽水效果。

经过 72 小时的连续奋战，生产区域各处积水、淤泥基本清除，厂区道路运煤、运灰车辆恢复通行，机组设备正常运行。暴雨中，他们硬是用坚守和担当筑起了一道坚实堤坝，确保了人员、设备安全度汛，确保了 2 台机组安全稳定运行。

当得知铁路合作单位发生水害险情后，霍州电厂第一时间调集应急分队，筹措大功率水泵、汽车等救援机具应援，经路企双方合力攻坚，仅用 24 小时就恢复了车站正常秩序，守护了南同蒲线铁路经济命脉。

强降雨对山西区域的影响是全方位的。山西省内多地桥路受损，叠加前期煤炭去产能、煤炭价格上涨等因素，各供应商进煤困难、库存紧缺，再加上即将进入供暖期，供热电厂也开始了抢煤大战，部分矿点只能优先保证附近电厂燃煤供应，原进煤计划无法兑现，燃煤调运任务艰巨。

为此，霍州电厂领导亲自出征找煤源、协调政府部门，“软磨硬泡”争取供煤资源；调运人员开启全天候工作模式，想方设法开拓市场、发展新煤户。那段时间，为了保供，大家总是跑在路上，一天六七百千米

是常态，人人发扬“三千精神”全力缓解燃“煤”之急。

功夫不负有心人。2021 年国庆期间，霍州电厂单日最高接卸汽车煤 498 车次、火车煤 51 节，共 1.33 万吨，是临汾市 5 家火电企业中唯一实现双机高负荷且燃煤库存保持稳定的企业。霍州电厂干部职工用务实作风践行着“社会主义是干出来的”伟大号召，用坚定的意志扛起了能源保供的使命与任务，彰显了国有企业的责任与担当。

绿色转型 助力“双碳”

2022 年春节前夕，习近平总书记在山西考察时强调：“推进碳达峰碳中和，不是别人让我们做的，而是我们自己必须要做的……必须尊重客观规律，把握步骤节奏，先立后破、稳中求进。”

春节后的第二周，山西公司总经理金骥率霍州电厂党委班子集体调研霍州市乡村振兴和零碳小镇工作，并现场督导霍州电厂 100 兆瓦农光储旅一体化项目，这也是山西公司和霍州电厂深入践行“双碳”目标和新发展理念的一项具体工作。

正如习近平总书记强调的“这不是轻轻松松就能实现的，等不得，也急不得。”霍州电厂认真落实山西公司新能源产业规划发展建设工作会议精神，凝聚全厂智慧同向发力，开展“国家能源杯”绿色发展劳动竞赛，坚持集中分布并重，开发收购并举，奋力拼抢区域内优质光伏资源。

前行困难不可避免，攻坚克难事在人为。经过不懈努力，新能源项目发展取得突破：集中式、分布式、厂区屋顶光伏项目全面铺开，

2021年累计获批光伏指标160兆瓦。其中，霍州整县屋顶60兆瓦分布式项目列入山西省首批试点，师庄乡100兆瓦集中式光伏项目列入全省2021年保障性项目名录，厂区光伏在2021年12月21日发出第一度“光伏电”，成为山西公司首个并网发电的光伏项目，实现了公司光伏投产“零”的突破。霍州电厂干部职工在决战决胜新能源“6·30”投产项目劳动竞赛中，以快马加鞭的气势，向第二批集中式和分布式项目开发挺进，努力赢得光伏产业的新成绩。

乘风破浪正当时，快马加鞭自奋蹄。霍州电厂光伏项目实现多点开花，综合能源转型工作也没落下。2021年12月23日，企业与临汾市尧都区政府正式签署长输供热战略合作协议；2022年1月20日，又顺利与临汾市政府签署了该项目协议，为助力临汾“双碳”工作、促进企业转型发展迈出了坚实的步伐。

为了加速向综合能源供应商转变，霍州电厂紧紧围绕电、热、气、固排等资源，全方位开展综合利用工作：一批对外供气项目已取得进展、粉煤灰市场化处置稳步提升、年产20万吨建筑石膏技改项目快速建设……

成绩单提气，新目标聚力。霍州电厂积极构建以一流发电企业为“主体”，以新能源发展和供热转型为“两翼”的高质量发展新格局，企业“一体两翼”的发展格局正在形成，这是央企担当使命的要求，是企业高质量转型发展的需要，也是全体干部职工“争创一流”的决心和信念。

新的赶考路上，霍州电厂干部职工更加坚定自信……

Part 4 | 第十一篇

传承一种力量　闪光一种精神

樊照玲

黑龙江公司哈尔滨热电公司

“周健，铁路一会进车，煤种为宝矿煤，我们往 A 煤场储煤，夜间煤场扩垛时要精神集中，行车作业做好现场瞭望，层层压实垛型……”话筒一边传来熟悉而又果断的声音。周健放下手机看看时间，已是晚上 11 点了，旁边的同事一边戴防尘口罩一边嘀咕说：“又是陈班吧，上一个夜班给我来电话的时间比现在还晚，还每天早早来到单位。”

陈班是燃料运行推土机班班长陈长明。他在岗期间一直从事一个岗位，兵龄 6 年、党龄 38 年、工龄 43 年，距离他退休还有 300 多天。他曾多次获得国家能源集团东北公司优秀共产党员、哈热公司优秀共产党员称号。他每天与机车、煤垛、斗轮机打交道，听着那熟悉得不能再熟悉的机车轰鸣声和旁边水塔的流水声，闻着那夹杂着灰尘的熟悉烟气味道，望着煤场煤垛每天反反复复高低变化。

发扬实干精神 守初心冬储燃煤保供

每年国庆节，别人都手握国旗，与国同庆。而这几年陈班的国庆节却是在办公桌上插一面国旗，在岗位上以“储冬粮，备暖冬”方式为祖国庆生。这次他又在国庆节前几天接到工作任务，冬储煤的攻坚战又全面打响。他接到任务后立刻给媳妇和哥哥打电话，把计划假期“回锦州陪老丈人和回双鸭山看望卧病在床的85岁的老母亲”的行程取消。部门主任和书记知道这件事后劝他回去，再安排别人负责。陈班语重心长地说：“领导，我是一名党员，也曾是一名军人，做好工作是我的职责，遇到攻坚任务不能退缩。煤场、机车、人员我更了解，冬储煤垛型做不好会影响库存储量，影响冬季能源保供；如果煤垛压实做不

好，煤垛底部存煤会产生发热，对公司经济效益造成巨大的损失。”放下电话后，陈班戴上安全帽走向离他办公室只有 10 步之遥的干煤棚，再一次确认煤场的现存煤结构及存煤量。

陈班与公司采购部确认冬储煤种、煤量及预计到货时间后，一张手绘的煤场储煤布局图画了出来，堆煤高度、堆积角、分区堆煤程序、消防通道预留宽度等标注清晰。这张手绘图领导认可，员工信服，不仅预控了堆煤过程中的安全风险，也提高了堆煤工作效率，可圈可点。

晚上 12 点，煤场整个垛上一台推土机和两台装载机同时作业，两路斗轮机也同时堆煤。陈班在垛上用标准的手势指挥 3 名司机安全作业，现场安全监护工作一刻也不能忽视。他目测了一下煤垛高度已经超过 17 米，白天得到通知今晚是来煤量最大的一次，不能出现压车问题。公司党政群策群力、攻坚克难调来车皮，他用脚使劲地在垛上往下踩压，检测煤垛的压实程度。这时，耳边传来呼喊声：“陈班，我这面煤量推完了，我负责监护；你都在垛上待 5 个小时了，回去休息一下，你年龄那么大，不能和我们年轻人比”，陈班在他的耳边叮嘱安全注意事项后，才拖着疲惫的身体回到班组。

当他回到办公室时已过了午夜。他用干毛巾扫了一下身上的灰尘，对着镜子看着沾满煤粉的脸，摘下口罩，脸上黑白界限分明，他按按口罩勒的沟痕处，使劲咳嗽几下，清理鼻孔和嗓子。他用洗干净的手擦拭着胸前的党徽，心想：“挺住这几天，干煤棚就满了，冬储煤结束后利用周末就可以回双鸭山了。”他坐到凳子上看到手机上未接电话和未读微信，公司领导、部门主任、支部书记每天都来现场或打来电话，询问现场情况，关心存煤进度和需要支部帮助解决的问题。现场噪声太大，他没有听到消息声音，这个时间太晚了，他只给媳妇回复两个字“安好”，便去记录当天的工作日志。

弘扬奉献精神 担当使命煤场置换增效

2022 年 3 月，根据煤场管理去旧存新的原则，煤场储煤必须定期进行置换，将两个煤场先后全部清底耗用，存新煤。他积极同采购部沟通，掌握铁路来煤信息，找好时间平衡点，选择 10 ~ 15 天之内来煤量最少时间，估算出煤场置换的最佳期。

煤场置换工作承担着很大的风险，斗轮机两路设备备用，机车车况良好，为机组调峰预留高热值煤种，还要抢时间，提高置换速度。每到这项工作，陈班就要在单位住上 10 多天，清底、攒堆、收边，斗轮机喂煤，推土机和装载机全部上煤场作业。有一天，他在煤场检查清底煤还需要几天结束，一边用对讲机联系程控下次上煤量，一边询问采购部今天有没有车进厂。为了保证机车安全运行，确保 24 小时更好地为煤场作业服务，陈班合理安排员工在中午吃饭后进行机车注油保养，在晚上光线不好时给机车加油，抢时间，创效益。

最不想看到的事情还是发生了，两台机车相继出现了小故障，陈班急得团团转，一边联系维修人员进厂修车，一边督促员工仔细检查，看看能不能自己先修上一台推土机。现场斗轮机正在低位取煤，低位取煤时全靠机车把煤攒到一起给斗轮机“喂煤”，机组负荷大，一台装载机作业供应不上锅炉燃烧用煤。陈班打完电话后，一头钻到故障问题小的机车旁，一边拿上扳手开始拆卸螺丝，检查损坏部件和自己预判是否一致，一边喊人员去库房拿密封圈，班组司机小荀把备件递到陈班沾满煤粉、油漆漆的手中说：“陈班，我干吧，你在旁边告诉我就行。”陈班用手推了推安全帽帽檐，用衣服袖子擦了擦额头的汗，说道：“我们现在抢时间，我先看看能不能简单处理一下，应急先用，你们也去再仔细查一下另一台车，提前准备工作，为修车争取时间。”陈班快速地更换损坏的密封圈，排净油路中的空气，更换损坏的制动管路，还说着：“这人轮休、车不休，24 小时工作，它也受不了。”

是呀，每次煤场贮煤置换工作，无论是人还是机车，都接受了严峻的考验。但是，如果不这样做，煤场压底的煤不进行置换耗用，时间长了就会发热引起自燃，从而造成极大的安全事故和经济损失。

发扬工匠精神　有担当挖技术求创新

“今天，垛上作业司机，收车回去所有的机车全部清扫和冲洗”，对讲机传来陈班的工作指令。

“班长，昨天我的车都擦了，今天可以不用冲洗了吗？”司机张哥回复道。

“不行，张哥，你就执行任务吧，陈班严，他有严的道理，你看这都快十年了，我们的这几台车，只有一台车辆经历了整车大修，其他车辆只有一些小状况，如果没有他严格要求我们做好日常维护和保养，不得天天有车坏到煤垛上，我们哪有清闲的时候，这不就是小保养代替小检修，小保养带来大收益。”司机小王说道。

是呀，这些年陈班负责推土机班机车和煤场管理，他有一套自己的人员和机车管理方法。他自己常说:“抓好技术管理，也是为企业增效”。因此，他特别注重团队的培训工作，不断提升团队的日常保养技术。他严格要求员工执行日常保养标准，检查要细致，擦拭要彻底，注油要到位，不能把机车故障问题带到第二天，带病出车。班组员工都了解他军人作风，严格执行，事半功倍。

陈班工作中最能体现出哈热公司党委倡导的第一精神、学者精神、工匠精神。他最喜欢研究车，没事就在库房蹲着看；检修人员修车时，他也在旁边学习，拍摄视频留做培训资料；他也常常上网学习，掌握煤场新的管理经验、如何提升机车的健康水平。他常说，学到的东西总会用得到的。疫情防控期间，陈班凭借自己钻研，解决了机车维修大问题。一次机车在垛上作业时，启动机发生了故障。由于疫情，公司员工在厂区驻厂封闭，外委修车人员进不了厂，配件商店全关门。他就和班组员工把故障启动机拆下，打开查看损坏情况，发现结合面出现麻点，他就上网搜，打电话询问技术人员后，用砂纸对启动机结合面进行精细打磨处理，效果较好，回装后运行正常，确保了疫情防控期间的能源保供，也为公司节约了维修费用。

陈长明做事专心、用心，他在工作之余去想事，去做事。他搜集旧材料为班组制作机车室外检修吊架，自己动手更换液压油管、机车皮带。他还查看机车各项记录，拿出来研究、对比，调整机车使用情况。他发现使用装载机代替推土机从事一些工作，可以降低柴油耗量，降低公司发电成本。由于他对管理的机车保养到位，延长整机大修时间，每年节约机车维修费用达 10 万元以上。

有一种初心，就是陈长明对工作的热爱；有一种忠诚，就是萦绕在他头上的军魂。还剩下在岗 300 多天，他开始每天在自己的记事小本上用减法记录在岗时间，在岗时间越来越短，但闪光的党徽会永远陪伴他、激励他，与国家能源集团一样，充满不断前进的动力！

Part 4 | 第十二篇

“走上梁山”的故事

张志远

煤炭经营公司西安分公司

2019 年国庆假日后第一周第一天，秋风中还夹杂着一股热浪，这是秋老虎还在活跃的节奏，在这平凡的一天我接到一个不太平凡的电话，拉开了我“走上梁山”的故事。

寻常秋暑不寻常，千里一话近梁山

“喂，您好，请问您是销售集团西安公司的张志远张经理吗？”

“您好，我是，您…是…哪位？”我看着手机上一个陌生的宿迁电话号码问道。

“我是国电宿迁电厂燃料部的朱锦方，咱们国电和神华合并一年多了嘛，咱们也早就是一家人了，有些业务上的问题想跟你探讨交流一下，如果你们方便，我们想拜访一下你们西安公司怎么样？”

“啊？咱们是那个项王故里的宿迁吗？”我轻松地调侃了一句。

“哈哈，是的！是的！还是洋河酒厂的故里呢，它就在我们隔壁不远……”朱锦方也轻松愉快地应答了一句，瞬间这个聊天气氛就让我倍感轻松。

“好的好的，随时欢迎你们到千年帝都长安来。”我爽快地答应了对方的来访计划。

短短不到 3 分钟的电话，就这么拉开了销售集团西安公司和宿迁电厂的业务序幕，也无形地把我“拉上”了梁山。

两天后……

西安公司一楼会议室迎来了两位风尘仆仆的宿迁客人。大家分宾主落座，大集团一家人的两方瞬间就没了陌生感，也许这是煤炭人的自来熟。

朱锦方开门见山道：“我们宿迁电厂 2005 年建成投产，现在用的是 2018—2019 年新建的两台超超临界机组，我们这次拜访的目的呢就是听说瓦日线（山西瓦塘—山东日照铁路）已经开通了，瓦日线上有个梁山站，对……就是水泊梁山的那个梁山，梁山新建了一个全国最大的运河港口——济矿梁山港，我们就是想看看能不能请西安公司发铁路煤到梁山港，然后我们用拖轮把煤炭从梁山港走京杭大运河到厂。这样的话，我们运河的运输周期为 7 ~ 10 天，加上咱们铁路的运行时间，总运行时间肯定比我们下水煤海进河，就是北方港装船到长江口，从扬州附近走运河到厂这个周期要短很多，而且经济性肯定也有优势。”

“铁路运行周期从装车到梁山站一般为 3 天左右。”及时做了铁路运行功课的我及时补充道。

“那就是说如果这个业务能够开通，那咱们铁路煤到我们厂的时间为 10 ~ 15 天，比我们下水煤到厂时间减少了近一半！”朱锦方略显兴奋地说道。

“这是好事，是我们西安公司销售渠道的又一个新起点，又新增一个内部用户，我们这就给销售集团打请示，争取明年咱们业务能启动，期待合作愉快！”西安公司业务分管领导痛快地答应道。

就这样，短短的两天时间把我和梁山拉到了一起，注定我从此要“走上梁山”。

昔日水泊今成港，首上梁山牵铁河

2020 年的五月天，正值春花待谢、夏意懵然之时，九州大地弥漫着疫情之后的一丝兴奋，仿佛从春意之中看到了中华这片被疫情“病封”之后的国土慢慢地展现出他迷人的景色。我们一行 4 人踏上了西安至济宁的高铁。心里有那么一丝期待，期待看到 900 多年前的那个水泊梁山如今是什么光景；也有那么一丝兴奋，如果能把西安公司的铁路煤发到梁山，再从梁山港走京杭运河到宿迁电厂这个业务顺利开展，那就神奇地串联了水泊梁山和霸王故里两个英雄之地。偷偷地想着以后是不是见人就可以把这事拿出来吹吹牛，想着想着思绪就飘到了那个金戈铁马水浒英雄、破釜沉舟霸王无敌的传神时代，一幕幕电影里冲杀攻城的画面浮现在眼前……

正在我沉寂在这无限的遐想之时，“大美山东欢迎您，欢迎您来到济宁，这里是千年水泊之地，这里是孔子故里……”一句富有历史底蕴的广播声把我拉回了现实。同时我的电话也响了起来："张经理，你们到了吗？我们已经在车站外面了，就在出站口等你们！"宿迁电厂朱锦方说道。

"好的，朱哥，我们马上出站，站门口见！"我回应道。

到了站门口，那个不到 170cm、身影消瘦的朱哥一手拿着手机说着话一边朝我招手，"张经理，在这里，在这里，在这里！"

简单的几句寒暄之后就上了他们的车直奔梁山港。经过八九十千米一个半小时的车程，到了被称为国内运河第一大港的梁山港，下车映入眼帘的是震撼的基建场面。一边是 4 台港口散货装船机已然伫立，一边是港口卸货皮带正在安装，一边是露天煤场正在硬化，一边是铁路专用线上的翻车机正在安装，一边是港内配套监控出入设备正在调试……

负责接待及业务对接的济矿物流的张华在现场给我们介绍道："济

矿集团梁山港项目依托连接我国东西部的重载煤运铁路通道‘瓦日铁路’与京杭大运河交汇于梁山境内的特殊位置而建。主要建设 9.198 千米的铁路专用线，年到发量 1550 万吨和选配煤 240 万吨的煤炭物流中心，8 个 2000 吨级泊位港口码头和 17.5 千米的航道疏浚工程。2017 年 3 月公铁联运正式启动 ;2018 年 12 月港航工程全面建成，公铁水联运格局形成；截止到 2019 年 2 月底，济矿物流煤炭到发量达 1132 万吨；原定于 2020 年 2 月全面工程完工具备铁水联运的条件，由于受疫情影响可能推迟到 2020 年 8 月，届时随时请国能销售集团西安公司的煤炭发往梁山港……”

回到梁山港临时搭建的会议室，我们西安公司一行、宿迁电厂、济矿物流梁山港三方十几人就如何将西安公司至梁山港的煤炭发运业务顺利开通进行了实施期的探讨。在业务探讨中得知煤炭在梁山港中收货人及合同方需为济矿物流，此方案不符合国能销售集团自产煤销售管理办法，就在看到曙光的一刹那又被一丝阴霾笼罩……

在离开梁山港去往宿迁的路上我们一行 7 人情绪都有些低落，都在想这么好的业务却要夭折在第三方身上。最后还是我打开了话匣子:“朱哥，这没什么，好事多磨嘛，他们制度不是一成不变的，咱们也可以通过贸易煤啥的打开这个通道，起码我们知道了这个通道存在的经济性和必需性，终究是会好的……”

“也对，兴许他们下一任领导就变了思路呢，今天我就收获了另外一个我们厂的进煤渠道，这对我们宿迁电厂来说就是一个福音。”朱锦方也打破了之前心情的阴霾，把思路放在了更远的远方……

▶ 柳暗花明拨云日，百转千回终是春

时光的流逝总是那么不经意，匆匆半年而过，这半年里我和朱锦方分别给济矿物流业务对接打了几十上百个电话，请他们上报集团修改制度，针对国家能源集团能够政策放行，请他们带领导到我们两家单位分别考察交流。终于在 2020 年 11 月，西安公司和宿迁电厂再次收到济矿物流梁山港的邀请，告诉我们原定业务模式有转机，请我们过去再次商谈。

希望再次燃起，我也再次踏上了列车，再次上了梁山。经过半年多的交流相处，业务虽未开展但大家都成了朋友，这次的磋商非常简单愉快。济矿物流方面表示这半年来他们换了一任领导，上级集团也对我们的业务非常关注，已有了松口迹象，同时困难存在于他们原定八九月开通的铁水联运业务，受疫情影响，运河上的水路批复未能进京汇报可能延迟至年底，各自有所思想准备。济矿物流也希望我们三方尽快商定合同签订事宜，有备无患。

至此，西安公司和宿迁电厂各自做了请示上报工作，并于 2021 年 12 月取得了国家能源集团允许我们签订 20 万吨年度直达合同的批复。万事俱备只欠东风，"一级东风"为济矿物流取得他们上级公司同意宿迁电厂作为收货人的回复，"二级东风"为梁山港取得国家准予其京杭运河水路通航的批复。就这样，三方暂时进入了等待的静默期……

清风拂面的感觉很轻很舒服，但从未感到过兴奋，"一级东风"虽

然很小，但是很让人兴奋。2020 年 12 月 25 日我接到了一个令人振奋的电话："张经理，我是济矿物流张华啊，你们的事我们集团同意了，你们赶紧跟宿迁电厂签合同吧！"

短短的几十个字似乎是我 2020 年收到的最短最快乐的祝福，这一刻我要把快乐分享："朱哥，梁山港给你打电话了吧，咱们的合同可以签了"，我打通了朱锦方的电话。

"收到了兄弟，我也是刚接到的电话，2 年了不容易啊……"这一刻我俩都沉默了 2 秒钟，千言万语似乎不如这一刻的无言，它涵盖了多少等待和期盼。

"一级东风"吹过之后，"二级东风"终于在 52 天后到来，2021 年 2 月 15 日一个电话让我彻底释然："张经理你好，我是济矿物流的张华，前两天我们正式拿到了国家批复，我们铁水联运正式通航，你们可以请车发运了……"

2021 年 2 月 17 日，车次为 87102 从郭家湾站载重 3296 吨的第一列国家能源集团自产煤发运梁山北正式发出。这一天注定要载入西安公司和宿迁电厂的史册，这一天距离我接到宿迁电厂第一个电话的那天已经 862 天了，这是我做客户经理 7 年以来谈得最久最漫长的一笔业务，也是最值得怀念和注入精力最多的一笔业务。一转眼又是一年，和宿迁电厂的业务量从 2021 年初的 0 增加到 31.1 万吨。

回顾这段"走上梁山之路"，有艰辛，有汗水，有快乐，有收获……正如人生：起起伏伏总相伴，年年岁岁终有获。

Part 4 | 第十三篇

萤烛微光曾辉日月

刘 慧

新朔铁路新准铁路公司

凌晨，晓星慢慢地从推移着的淡云里完全显现。此时，隐约能看到他暗色工装帽下露出的几根发丝、半张看上去粗糙和透着冬日严寒的特有的红彤的脸。他正身坐着，鼻梁上架着一副黑框眼镜，睫毛纤长，眼神专注于前方的控制台，嘴里悠悠说道："上岗一分钟，安全六十秒，安全问题一丝一刻都不能放松"。

安顿完值班员，他走了出去，望着灯火通明的车站，他就静静地立在那儿，岁月在他的脸上刻下一道道痕迹，厚重的棉大衣让他看起来臃肿，他紧紧盯住前方。已是深冬，寒风刺骨，雪落在他黝黑的脸上，他却像雕塑一般，不肯动弹。此时的狂风像与他做伴，弹奏出一首激昂振奋的歌，雪花们没有任何组织地在空中随意起舞。他看见前方的大雾中有一束光奔他而来，越来越近，而他只是静静地立在那儿，任凭风雪将他的发丝捧起又放下。瘦弱如他。垂在身旁的手指轻轻抖动，用力握拳又松开，锋利的脸廓不曾露出一丝柔软。

"许主任，我刚刚和泰一亨集运站确认了今天晚上的煤源情况，也安顿了咱们班组的在岗小伙子们要更加仔细地开展作业，您放心吧！”值班员小刘轻声说道。“嗯，那就好，年关时节，大家辛苦了，作业的时候一定要更加小心谨慎，外出作业的时候，注意力要高度集中，安全顺利地站好今年的最后一班岗。”他转过身，逆着身后车站的光向值班员缓缓走近，五官轮廓利落分明，肃穆的脸上带着不达眼底的笑意，话语平静却给人以力量。“许主任，这么多年了，每年除夕都能看到您的身影，您辛苦了！”“小刘啊，人要有出世的精神才可以做入世的事业，做我们这行的，不管什么时候，都要把安全为先的观念刻在骨子里，要时刻保持警醒，因为我们肩上担负的是千家万户的灯火啊！”说着，那张布满岁月痕迹的脸上带着隐忍，浑浊的双眼温润又灼热，澄澈又坚定……

所谓，看千时烟波，栉风沐雨，繁华如许。念千番厚重，万里蹀躞，以此为归。

中国梦的实现，不仅需要决策者的高瞻远瞩，更需要 960 万平方千米土地上每一个人的兢兢业业。一列车想要勇往直前，绝对离不开每一个铁路排头兵的付出。许世伟，是万千车站卫士中平凡的一位，但他又是不平凡的。因为他所思量的，不是个人的荣辱得失，而是如何在工作中更加精益求精。他所追求的，不是个人的相关利益，而是如何成为一名更加合格的“排头兵”，让“中国梦”这列车行得更快更稳更安全。

崇论闳议，远见卓识

许主任是一位十分有见地有卓识的人，他在思考问题时，会比一般人想得更加长远、周全。这和他的学习习惯密不可分，在车站，常常能看到他手捧规章，时而眉头紧锁，时而喜笑颜开，仿佛书中的世界才是他灵魂真正的归宿。他休假时也很少回家，常常伏案到深夜，脑子里萦绕着：站场里新启用的临时平过道，要完善各岗位的联控制度，只有用语准确到位了，作业才能安全；信号员的操作系统要从 TDCS 换成 CTC，要抓紧联系指导老师开展培训工作，确保熟练度足够了，才能上岗操作；货物线要新增隔离开关，得抓紧编写停电或送电的登记签认和操作细则，确保每位调车人员的人身安全……“读书不觉已春深，一寸光阴一寸金”，咖啡杯口萦绕的热气早已散尽，他却不曾留意。只有那渐渐昏暗的月光才能提醒他放下手中的修改稿，熄灭昏黄的灯光……

博观而约取，厚积而薄发，永不止步的学习带给他的是事故应急时的快速反应能力和成为行业翘楚的高超专业技术。在数次座谈会上，他频频发表“金句”并在车站广为流传，字字珠玑，引人深思。在一次专题会议上，他曾说“日子是一天天过，书是一页页读，工作也是一天天做，要一步一个脚印，没有脚踏实地建立的东西，就没法儿形成精神和物质上的支撑，不管处于什么岗位，都要俯下身子做实事，只有每一个人做到了才能夯实车站安全生产基础。”“纸上得来终觉浅，绝知此事要躬行”。他是这样说的，也是这样做的：刚到站区时，他为了适应新的工作环境，保证各项安全生产工作顺利进行，他将工作热情全部投入新的工作环境中，用 100% 的精力持续完善自身的知识结构，走遍站场的每个角落，躬身力行地了解各岗位作业真实情况，遇到问题解决问题，从不推诿、不扯皮，首当其冲担起大任，抓住一切机会完善作业体系，带领全体职工车同轨、人同行，切实保障大伙儿人身安全，保证车站运输安全，齐心协力克服各种难题，不断开创工作的新局面。

仰望星空，脚踏实地

一个人的行动，比他说的话，更有详细的表现。所谓“知之者明，而行之者成”，将理论一一付诸实践是他多年来始终不变的工作作风，他常说“莫让言过于行”，于他而言，异于常人的坚持不懈和求真求实、一丝不苟的工作态度，是对这句话最好的诠释。不管是骄阳似火的七月天还是滴水成冰的寒冬腊月，他都坚持不懈地积极推动车务、电务、工务各部门与供电、通信、机务各个专业的协同配合，对站区内的重点区域、重点人员、重点设备进行仔细地摸排、盯控，以备面对突发状况时，

各部门能够第一时间及时出务，迅速处理，进而保证车站运输生产的安全与高效；组织车站成立“精英队”，推选队里的技术能手对站场里的工作环境、设备运行和大伙的业务水平进行指导和监督，竭力消除作业中可能出现的各种隐患，从根本上保障大伙的人身安全和作业安全……他的汗水总是凝结成珠，黝黑的皮肤在阳光照耀下显得格外耀眼，为了及时了解装车组织计划，掌握装车进度，以便对行车组织流程进行精心部署、统筹规划，他一刻不曾停歇地走基层、坐站台，渐渐的，白色布制的鞋也镀上了深黑的边阔，渐晕成了褐色装饰，没人能看到风雪中他的眼里是否也泛起过涟漪，只知道这个曾意气风发的少年将“保安全、保生产”的大任扛在肩上，如海水一样缄默，像鲸落一样无私。

▶ 肩负使命，不忘初心

赋予矢志，使命必达。

己亥末，庚子初，荆楚大地，染者数万，举国上下，人心惶惶。

深冬时节，疫情形势愈发严峻：车站值守人员不够、防护用品紧缺、休班返岗人员隔离措施不够完善……面对如此境况，他主动请缨，坚守岗位，他伟岸的身姿面向车站，一脸坚毅地望向灯火通明的站台，瘦弱的身子在风雪中忍不住抖了抖，心中却坚定了信念：“疫情防控是场大考，我只有毫不放松，做到全员流动‘信息实、来路明、去向清’，才能胜在日常，赢在细节。”为了做好车站疫情防控全流程管理，他带领大伙儿建立防控管理群，自制出入人员消杀流程，经常性地自我研判，查找薄弱环节……“白昼终将战胜黑夜”，在他的带领下，疫情的扩散得到了有效防范和遏制，给这场战“疫”交了一份满意的答卷。

“慎终如始，则无败事”。这是他人生的座右铭，或许几年弹指一挥间带给了他鬓角的华发和满身的疲惫，却没能动摇他的初心。不管在何时，他总是在关键行动中坚持亲临现场观察和指挥，风雨无阻。为了深入贯彻“日保月、月保季、季保年”的生产理念，他牵头带领全员签订安全健康环保目标责任状，层层压紧、压实每个人自身的主体责任和监督责任；为了将“三零一二零”学习成果转化为促进运输生产工作的强劲动力，他积极组织开展安全生产宣贯工作，重点解读与生产作业息息相关的新《安全生产法》内容，带领大伙儿分期开展危险源辨识，应急救援演练，防火防暑防寒安全培训……用科学的安全管理标准化方法和安全生产理念贯穿铁路运输行车的全过程；为了加强现场作业人员的人身安全管控，他定期带领大伙儿进行安全标准自查、填补安全监管漏洞、确保设备平稳运行、实现安全生产稳定，为公司安全生产计划、车站安全年目标的实现做好前提保障。

勇气有时候是一瞬间的闪念，有时候是一辈子的执念。从走进万水泉南车站那一刻起，这个 28 年前充满青春与朝气的少年便再也没有回头。他用青春刻画了一个在铁路行业中恪尽职守、紧抓安全、竭诚奉献的高大形象；用实际行动守护铁路安全，为运输事业挥洒汗水；用无私奉献、兢兢业业展示了一名共产党员的优秀本质。

“冀以尘雾之微，补益山海，荧烛末光，增辉日月”，平凡的英雄终将会成为一代楷模，而他，也会为所坚守的铁路运输事业而奋斗终生！

Part 4 | 第十四篇

守护绿水青山　争做“双碳”践行者

冯海波

科环集团国能龙源蓝天节能技术有限公司

青春由磨砺而出彩，人生因奋斗而升华，在国家能源集团响应国家“碳达峰、碳中和”的道路上，冯海波用行动诠释责任，用奉献彰显担当，用奋斗书写电力人生。

面对燃煤机组深度调峰与新能源大面积建设的窗口期，冯海波带领的上海分公司坚持“实”字为要、“干”字当头，实时掌握研究发展相关政策，结合上海分公司实际提出了“重点抓住火电灵活性改造、大胆开拓光伏新能源建设、积极拓展综合能源供给”的战略布局思想，以“二次创业”号召为引领，带领分公司走向健康可持续的发展道路。

奋楫笃行　他是优秀团队“掌舵人”

优秀的团队，需要一个优秀的舵手，冯海波便是这支队伍的领头人。2018 年随着龙源节能公司的成立，冯海波从烟台龙源来到龙源蓝天节能，并担任上海分公司党支部书记、总经理。然而，在大家眼中，他更像一个老大哥、一个领路人。他常挂在嘴边的话便是“困难不可怕，只要肯想办法。”“人生难得几回搏，现在不搏何时搏！”

冯海波在电力行业工作了20余年，有着丰富的项目实施、管理经验。为了保证项目顺利推进和实施，他曾多年年均差旅达300天以上。在工作中，他始终坚持务实的工作作风。“社会主义是干出来的，一个优秀的团队和项目也是由一天天的付出成就出来的！”他用自己的身体力行感染着身边的每一位同志。

在数不清的日日夜夜里，无论是寒冬，还是酷暑，无论项目现场条件如何艰苦，在冯海波的带领下，团队几乎都是舍小家、为大家，用他们的“专业、敬业和爱业”默默浇筑着心中绿色节能事业的梦想。

在冯海波的带领下，团队形成了一个拥有丰富的系统工程设计和系统调试运行经验的电力行业专业化团队。其中技术部机、电、土、控、水、技经等专业齐全。冯海波始终坚持团队的发展思路是以技术研发为基础，以推动电厂节能减排为宗旨，以EPC总承包模式、以技术服务引领市场。通过这些年的努力，建立了一支人员精干、业务过硬的专业化团队，具备工程项目全过程技术服务能力。团队团结、勤奋、凝聚力强，同时具备很强的创新意识和创新能力，本着提高电厂整体经济效益的目的，开展合理客观的研究，致力于为电厂提供整套节能技术方案，提出了多项国内首创的技术方案和思路，已获得多项发明和实用新型专利。

▶ 洞悉市场变化　开展“火电灵活低碳”升级改造

市场分析会是冯海波带领的分公司团队每月召开的例会之一，2019年4月9日，冯海波刚从山西、河北、内蒙古调研回来，当天下午便召集分公司市场、技术人员召开当月市场分析会，冯海波在会上讲到自己调研的几个北方供热电厂多受产能过剩及新能源建设影响，电厂多以半负荷运行，甚至在供暖期都不能做到“以热定电”，如何使煤电生产更高效、清洁、低碳、灵活，是团队下一步重点研究的新方向。

▶ 破冰道路上砥砺前行

从2019年5月开始，冯海波带领技术人员多次深入华北地区电厂进行调研工作。从听取电厂生产部门的节能意愿到机组运行参数的收资，冯海波带领大家在两个多月的时间里走访了大同、天津、鄂尔多斯、霍州等数十个电厂，并与国能电科院太原分院开展合作，为下一步分公司进军燃煤机组灵活性改造工作打下坚实基础。

在冯海波带领的团队努力下，经过两年多时间的积累和沉淀，成功拿到国电电力大同发电有限责任公司灵活性供热改造任务，冯海波任项目总负责人。此次灵活性改造项目由8号机组高低旁供热改造EPC、9号机组高低旁供热改造EPC、9号机组低压缸微出力EPC 3个项目组成，从当年 5 月开始可研初设工作到项目投产只有短短 6 个月时间，工作任务十分艰巨。

3 个 EPC 项目要在当年供热期前投产，项目面临三大难：参建单位多，项目协调组织工作难；高低旁供热改造涉及高温高压，设计安全管控难；施工作业面广、交叉作业多，施工组织难。面对“三大难”，冯海波带领大家主动出击，打破常规，出三招破三难。他们与各参建单位共同制定项目总工期计划，配合其他参建单位制定本单位项目任务书。同时建立健全 EPC 项目例会制度，定期在例会上与业主、电科院、设计院、供货商、施工单位共享工作进度，实现以制度建设为依托的项目管理模式，破一难。他们优化 EPC 项目组织机构，以拥有施工图设计能力 + 工程管理能力的综合型人才组建 EPC 项目部，涵盖热机、土建、热控、电气设计专业，同时项目部还拥有 3 名注册建造师。在设计阶段，管道应力计算尤为重要，设计院人员与项目部技术人员扎根现场，在设

计院放线图刚下来的时候，冯海波便带领大家在现场及时放线。改造工程现场碰撞是大概率事件，于是，他们结合现场条件，布置调整管线，随后及时和设计院沟通，重新调整应力计算，破二难。他们加强安全红线管理，对高空作业、吊装作业、焊接作业等重要风险点位始终以“四零”为目标，以“四铁”为工作作风，破三难。

在冯海波带领下，大同灵活性改造项目于 2021 年底成功通过验收并投运。该项目是国内首台超临界 660 兆瓦机组采取“超低背压低压缸微出力 + 高低旁”联合供热改造项目，在基于机组热力计算、主机摸底试验、控制逻辑设计优化、关键设备优化及设计的基础上，对机组高低旁供热系统和低压缸微出力供热系统实施升级改造，并引进全球首台电液联动同轴双阀板全密封微调蝶阀，高安全性及调节精度确保低压缸微出力改造后机组安全稳定运行，实现了锅炉在不转态情况下 20% 负荷深度调峰。该项目的成功实施将助力国家能源集团“碳达峰、碳中和”目标任务的实现。

破浪前行　开拓新能源领域

2021 年春节过后，冯海波带领大家再次直面挑战。集中全员力量，对内挖潜、向外寻源，从市场、设计、技经等部门抽调一批专业人员，牵头组建了新能源光伏团队。俗话说隔行如隔山，冯海波心里也没底。为了学习和了解技术路线，他不断地查阅资料，咨询专家，组织团队各个专业开展学习探讨，不断联系厂家咨询技术方案，进行经济性评价。

冯海波和团队成员们为新能源光伏发电这项全新业务领域不断地夯实基础并做好技术储备。

大西北作为全国可再生资源最富集的地区之一，地势平坦、风光无限，可开发利用的空间巨大，“新能源开拓就从大西北出发”，这是冯海波在分公司 2021 年首个市场分析会上打出的口号。

2 月的大西北，虽已立春但天气仍然寒冷，这一次冯海波带领新能源团队再次出发前往新疆、甘肃、宁夏等地进行调研工作。回到上海后，为了让新能源的政策能够深入人心，冯海波利用周末时间组织新能源知识培训，从初次部署分公司新能源战略定位到发动全员项目寻源，再到每个时间节点项目进展情况，让分公司员工对新能源项目的认识和进度有了清晰的认识，激发了大家投身新能源项目的干事热情。

广大员工也在冯海波的激励和鼓舞下，组织保障、技术保障、资金保障……一系列的举措纷纷出台，在攻坚时刻形成了一股合力。冯海波率先带头，分区分片分任务，新能源发展的蓝图不断描绘，绿色发展、多元互补的局面全面打开。

冯海波带领团队在新疆、宁夏等区域开展多个光伏项目，包括国能新疆温泉发电有限公司温泉县 50 兆瓦光伏发电项目、宁夏电力平罗公司 5.4 兆瓦功率自发自用分布式光伏项目及宁夏电力供热公司泵站屋顶分布式光伏发电项目等，实现新增合同额 1.43 亿元。其中宁夏平罗公司与宁夏供热公司两个光伏项目已于 2021 年 12 月实现一期并网发电。

综合能源市场的开拓升级

冯海波带领技术团队本着“绿色、高效、节能、智慧”理念，迎合“双碳”目标，积极探索技术研发，开展节能改造项目。其中，最具代表性的就是神东矿区绿色高效节能供热项目及神东矿区绿色高效节能供热煤制油配套改造项目。在冯海波的主持下，上海分公司跨板块，结合煤炭、化工行业，科学整合优势资源，专业联合，通过共同努力研究探索，最终完成了神东矿区绿色高效综合治理的可行性方案。冯海波带领技术人员自 2018 年 7 月开始，多次前往神东集团进行现场收资、调研、实地踏勘，针对神东集团节能环保改造领域开展了多个课题的专项研究。2018 年 9 月完成第一版矿区供热规划设想。2018 年 12 月，神东集团给节能公司下达了开展可行性研究的委托函。之后，冯海波协调各方资源，配合业主及集团相关单位积极开展可行性研究与科技项目的申报工作，期间完成 8 版可研报告，参加过数次专家评审会议。神东矿区绿色高效节能供热项目及神东矿区绿色高效节能供热煤制油配套改造项目都获得了国家能源集团立项批复，为科环集团以及系统内相关单位项目承接打下了良好基础，也为公司撬动了近 20 亿的市场储备。

踏平坎坷成大道，越是艰险越奋斗。冯海波正是以敢想敢干的勇气和自我革新的作为，带领团队闯出了一条新路、大路、好路。回首望去，这番壮阔的征程，正是“明知山有虎，偏向虎山行”的勇毅和“图难于其易，为大于其细”的笃行，走出了电力工作者的自信和风景。